国际贸易与经济发展探析

岳浩生　刘英杰　赵红梅 ◎ 著

中国书籍出版社
China Book Press

图书在版编目（CIP）数据

国际贸易与经济发展探析 / 岳浩生, 刘英杰, 赵红梅著. -- 北京：中国书籍出版社, 2024.8. -- ISBN 978-7-5068-9994-9

Ⅰ.F74

中国国家版本馆 CIP 数据核字第 2024YE3478 号

国际贸易与经济发展探析

岳浩生　刘英杰　赵红梅　著

图书策划	邹　浩
责任编辑	毕　磊
责任印制	孙马飞　马　芝
封面设计	博建时代
出版发行	中国书籍出版社
地　　址	北京市丰台区三路居路 97 号（邮编：100073）
电　　话	（010）52257143（总编室）　（010）52257140（发行部）
电子邮箱	eo@chinabp.com.cn
经　　销	全国新华书店
印　　厂	晟德(天津)印刷有限公司
开　　本	710毫米×1000毫米　1/16
印　　张	15.75
字　　数	263千字
版　　次	2025 年 1 月第 1 版
印　　次	2025 年 1 月第 1 次印刷
书　　号	ISBN 978-7-5068-9994-9
定　　价	78.00元

版权所有　翻印必究

前　言

在21世纪的今天，随着全球化的不断深入和信息技术的飞速发展，国际贸易已成为推动全球经济增长的重要引擎。经济全球化促使各国经济更加紧密地联系在一起，国际贸易的规模和复杂性也随之增加。加入世贸组织以来，中国对外贸易取得了举世瞩目的成就，中国已成为全球贸易增长的重要推动力量之一，国际贸易总量排名不断提升，全球市场份额逐年攀升，并为全球贸易增量做出显著贡献。中国经济表现出强劲的增长潜力，制造业基础雄厚，产业链较为完整，形成了独特的竞争优势。同时随着技术创新和产业升级的加速推进，中国在高新技术产品和服务贸易中的表现也日益突出，这种趋势表明中国正向高质量经济发展的目标迈进。

当前国家间经济发展格局错综复杂，主要国家和地区的贸易政策日趋保守，国际市场需求疲软，全球供应链受到多方面因素影响，中国在参与国际经济合作中面临诸多挑战。然而作为全球第二大经济体，中国对外经济发展的战略意义重大，通过深化改革、扩大开放、优化产业结构，增强了在国际经济体系中的影响力，推动多边贸易合作和经济全球化的发展，为世界经济增长注入动力。

《国际贸易与经济发展探析》一书正是在这样的国际背景下编写，旨在深入分析国际贸易的内在机制及其对经济发展的影响。通过对国际贸易基础理论和实践策略的系统阐述，本书将理论与实践相结合，探讨在全球化背景下，如何利用国际贸易实现经济增长的目标。书中通过对国际分工、经济全球化、出口贸易、关税与非关税措施、国际要素流动等关键领域的深入分析，揭示了当前国际贸易中面临的机遇与挑战。特别是在云计算和数字经济的推动下，书中探讨了这些新兴技术如何改变传统贸易模式，分析了电子商务、现代物流和金融服务在国际贸易中的作用。

本书的最终目的是通过对国际贸易与经济发展的全面剖析，帮助读者理解国际贸易在现代经济中的重要性，掌握数字经济对国际贸易的推动作用，从而为政策制定者、企业管理者和研究者提供有价值的参考。本书在国际贸易理论与实践的结合中，展现了数字经济时代的国际贸易新模式和新趋势。希望通过本书，读者能够全面了解全球经济发展中的中国角色，并为推动国家和企业在国际市场上的竞争力提供理论和实践指导。

目 录

第一章　国际贸易基础 1
- 第一节　国际贸易导论 1
- 第二节　国际贸易的作用 7
- 第三节　国际分工 14
- 第四节　经济全球化 17

第二章　出口贸易 23
- 第一节　国际市场的开拓 23
- 第二节　出口价格 28
- 第三节　出口货物装运程序 32
- 第四节　其他出口货物装运 35

第三章　关税与非关税措施 41
- 第一节　关税的分类 41
- 第二节　关税措施 47
- 第三节　非关税壁垒 53
- 第四节　非关税措施 63

第四章　国际要素流动 70
- 第一节　国际劳动力流动 70
- 第二节　国际借贷 77
- 第三节　外国直接投资和跨国公司 83

第五章　国际服务贸易 88
- 第一节　服务业、服务贸易与经济增长 88
- 第二节　服务与服务业 92
- 第三节　服务贸易 97

第四节　服务业国际直接投资 102

第六章　国际贸易结算

第一节　国际贸易结算票据概述 109
第二节　国际贸易结算的方式 117
第三节　国际贸易融资方式 123
第四节　国际贸易结算的风险管理 131

第七章　云计算在国际贸易中的应用

第一节　云计算概论 140
第二节　云计算的关键技术 147
第三节　云计算在国际贸易交易前准备工作中的应用 153
第四节　云计算在国际货物贸易环节中的应用 159

第八章　国际贸易经济发展方式

第一节　中介贸易方式 163
第二节　特殊贸易方式 172
第三节　技术贸易方式 179
第四节　其他贸易方式 185

第九章　国际电子商务背景下的现代物流与金融服务

第一节　国际电子商务与物流 193
第二节　供应链管理与物流管理信息系统 203
第三节　电子货币与电子支付 208
第四节　网上银行与保险业务 212

第十章　数字经济与数字贸易协同发展路径

第一节　数字经济与数字贸易发展概述 216
第二节　数字产业化与产业数字化的数字贸易协同发展路径 222
第三节　数字化治理与数据价值化以及数字贸易协同发展路径 231
第四节　基于金融服务的数字经济与数字贸易协同发展路径 236

参考文献 **243**

第一章 国际贸易基础

第一节 国际贸易导论

一、总贸易体系与专门贸易体系

国际贸易是全球经济的核心驱动力之一，它不仅促进了各国之间的资源分配和经济合作，还推动了全球生产力的提升。国际贸易体系可以分为总贸易体系和专门贸易体系，这两种体系在贸易实践中各有其独特的特点和作用。以下探讨这两种贸易体系的定义、特点及其在国际贸易中的应用和影响。

（一）总贸易体系的定义及特点

总贸易体系是指国家或地区在一定时期内进出口商品和服务的总和，它包括所有形式的国际贸易活动，无论是跨国公司之间的贸易还是小型企业的跨境交易。总贸易体系反映了一个国家整体的国际贸易状况，是衡量一个国家对外贸易依赖程度的重要指标。一是总贸易体系包括所有商品和服务的进出口活动。它不仅涵盖了传统的货物贸易，如制造品、农产品、原材料等，还包括服务贸易，如金融、教育、旅游等。通过总贸易体系，可以全面了解一个国家在国际市场上的竞争力和经济结构。二是总贸易体系具有广泛的覆盖面和综合性，它反映了一个国家与世界各国的贸易关系和经济联系。无论是与发达国家还是发展中国家的贸易往来，都纳入总贸易体系的统计范围。因此，总贸易体系的数据可以为政府制定贸易政策和经济规划提供重要依据。最后，总贸易体系的统计数据具有重要的经济意义。通过分析总贸易体系的数据，可以了解一个国家的对外贸易依赖度、进出口商品结构、贸易伙伴分布等信息。这些数据不仅为政府决策提供参考，也为企业制定国际市场策略提供重要依据。

（二）专门贸易体系的定义及特点

专门贸易体系是指在特定商品或服务领域内的国际贸易活动，与总贸易体系不同，专门贸易体系具有更强的针对性和专业性，通常用于分析某一特定行业或商品在国际市场上的表现。专门贸易体系的应用范围较窄，但其统计数据具有高度专业性和精确性。一是专门贸易体系聚焦于特定商品或服务的国际贸易，例如汽车、电子产品、医药品等行业的国际贸易情况，通常通过专门贸易体系进行统计和分析。专门贸易体系的数据可以揭示某一行业的国际竞争力、市场份额及其在全球价值链中的地位。二是专门贸易体系的数据具有高度的专业性和精确性，由于专门贸易体系仅关注特定商品或服务，其统计数据更加详细和精确。例如通过专门贸易体系，可以了解某一商品的进出口数量、价格、贸易伙伴分布等详细信息，这些数据对行业分析和市场预测具有重要意义。最后，专门贸易体系在政策制定和行业研究中具有重要作用。政府和企业可以利用专门贸易体系的数据，制定有针对性的贸易政策和市场策略。例如政府可以根据某一行业的贸易情况，制定出口促进政策或进口限制措施；企业可以根据市场需求和竞争状况，调整生产和销售策略，提升国际市场竞争力。

总贸易体系和专门贸易体系是国际贸易统计和分析中的两种重要方法，总贸易体系涵盖所有商品和服务的进出口活动，反映了一个国家整体的国际贸易状况；而专门贸易体系则聚焦于特定商品或服务的国际贸易，具有高度的专业性和精确性。在国际贸易实践中，两种体系各有其独特的作用和价值。通过对这两种贸易体系的研究，可以更全面和深入地了解国际贸易的运行机制和发展趋势，为政府和企业制定科学合理的贸易政策和市场策略提供有力支持。

二、对外贸易额与对外贸易量

对外贸易是衡量一个国家经济开放程度和国际竞争力的重要指标，对外贸易额和对外贸易量是评估国际贸易活动的两个关键指标。对外贸易额通常用货币单位表示，而对外贸易量则用物理单位表示。以下探讨这两个指标的定义、特点及其在国际贸易分析中的应用和影响。

（一）对外贸易额的定义及特点

对外贸易额是指一个国家在一定时期内的商品和服务进出口总值，它通常以货币单位（如美元）表示，是衡量一个国家对外贸易规模的重要指标，对外贸易额的统计数据反映一个国家在国际市场上的经济活动和贸易状况。一是对外贸易额包括进出口贸易的总价值，它不仅反映商品贸易的总量，还包括服务贸易的总值。通过对外贸易额，可以全面了解一个国家在全球市场上的经济活动和竞争力，例如一个国家的出口贸易额可以反映其在全球市场上的产品竞争力，而进口贸易额则可以反映其对外国商品和服务的需求程度。二是对外贸易额的变化趋势可以揭示经济发展状况和贸易政策的效果，对外贸易额的增长通常表明一个国家的经济活跃、国际市场需求旺盛；而对外贸易额的下降则预示着经济衰退或贸易保护主义政策的影响。例如中国加入世界贸易组织（WTO）后，对外贸易额迅速增长，反映了其对外开放政策的成功和经济快速发展的趋势。最后，对外贸易额的数据具有重要的政策指导意义。政府可以通过分析对外贸易额的数据，制定和调整贸易政策，促进经济发展。例如通过分析某一时期的出口贸易额数据，政府可以了解哪些行业具有国际竞争力，从而制定支持这些行业发展的政策；通过分析进口贸易额数据，政府可以发现哪些商品和服务的国内需求量较大，从而制定相应的进口促进政策。

（二）对外贸易量的定义及特点

对外贸易量是指一个国家在一定时期内的商品和服务进出口总量，它通常用物理单位（如吨、件、立方米等）表示，是衡量国际贸易活动的实际规模和物质流动的重要指标，对外贸易量的统计数据反映国际市场上商品和服务的实际流动情况。一是对外贸易量包括商品和服务的物理总量，它反映一个国家在国际市场上实际交易的商品和服务数量，例如一个国家的出口贸易量可以显示其生产能力和出口产品的市场需求情况，而进口贸易量则可以显示其对外国商品和服务的实际需求量。二是对外贸易量的变化趋势可以揭示国际市场需求和供给的实际情况，对外贸易量的增长通常表明国际市场需求旺盛，供给充足；而对外贸易量的下降则预示着市场需求疲软或供给不足。例如在全球经济危机期间，对外贸易量的急剧下降反映全球市场需求的急剧萎缩和经济衰退的影响。最后，对外贸易量的数据具有重要的市场分析意义。企业可以通过分析对外贸易量的数据，制定和调整生产和销售策略，提升市场竞争力，例如通过分析某一时期的出口贸易量数据，企业可以了解哪些产品在国际市场上需求量较大，从而增加这些产品的生产和出口；通过分析进口贸易量数据，企业可以发现哪些外国商品在国内市场上需求量较大，从而调整进口策略，满足市场需求。

对外贸易额和对外贸易量是评估国际贸易活动的两个重要指标，对外贸易额以货币单位表示，反映了一个国家对外贸易的经济价值和规模；而对外贸易量则以物理单位表示，反映了国际市场上商品和服务的实际流动情况。通过对这两个指标的研究，可以更全面和深入地了解一个国家的对外贸易状况、经济发展趋势和市场需求变化，为政府和企业制定科学合理的贸易政策和市场策略提供有力支持。在国际贸易实践中，充分利用对外贸易额和对外贸易量的数据，可以有效提升国家和企业在全球市场上的竞争力，推动经济持续健康发展。

三、对外贸易差额

对外贸易差额是一个国家在一定时期内出口和进口之间的差额，是衡量一个国家国际贸易平衡状况的重要指标，贸易差额可以是贸易顺差，也可以是贸易逆差，对一个国家的经济发展和宏观经济政策有着重要影响。以下探讨对外贸易差额的定义、类型及其经济影响，分析其在国际贸易中的作用。

（一）对外贸易差额的定义及类型

对外贸易差额是指一个国家在一定时期内出口总值与进口总值的差额，根据其数值的不同，对外贸易差额可以分为贸易顺差和贸易逆差。一是贸易顺差指一个国家的出口总值大于进口总值，即净出口为正值。这意味着该国通过对外贸易赚取了外汇，增加了国家的外汇储备。贸易顺差通常被认为是经济健康和竞争力强的标志，因为它反映了一个国家在国际市场上的竞争优势和产品的高需求。二是贸易逆差指一个国家的进口总值大于出口总值，即净出口为负值，这表明该国通过对外贸易支出了更多的外汇，减少了国家的外汇储备。贸易逆差并不一定意味着经济不健康，但持续的贸易逆差会导致外汇短缺、汇率贬值等经济问题。最后，贸易平衡是指一个国家的出口总值与进口总值基本持平，即净出口接近于零。这表明该国的对外贸易处于平衡状态，没有明显的外汇盈余或赤字，贸易平衡通常被认为是稳定和可持续经济发展的标志。

（二）对外贸易差额的经济影响

对外贸易差额对一个国家的经济发展和宏观经济政策有着深远的影响，贸易差额的不同类型会对国家经济产生不同的影响。一是贸易顺差对经济的影响，其可以增加一个国家的外汇储备，增强其国际支付能力和经济自主性，大量的外汇储备可以用于稳定汇率、偿还外债、进口必要商品和服务等。此外，贸易顺差通常伴随着高出口和经济增长，反映一个国家的经济实力和国际竞争力，然而过大的贸易顺差也引发贸易伙伴的不满，导致贸易摩擦和保护主义抬头。二是贸易逆差对经济的影响，其意味着一个国家需要借入外汇以支付进口商品和服务，这导致外债增加和外汇储备减少。持续的贸易逆差导致汇率贬值、通货膨胀和经济不稳定。然而贸易逆差也不完全是负面的，它可以促进国内市场竞争，推动技术进步和产业升级。同时通过进口高质量商品和服务，可以提高国内消费者的生活质量和消费水平。最后，贸易平衡对经济的影响，贸易平衡反映一个国家对外贸易的稳定状态，有利于经济的可持续发展，贸易平衡通常伴随着均衡的国际收支和稳定的汇率，有助于避免国际收支危机和货币贬值。然而实现贸易平衡并不容易，需要政府在贸易政策、汇率政策和产业政策等方面进行综合调控。

（三）对外贸易差额的政策调控

为了实现对外贸易差额的平衡和经济的可持续发展，各国政府通常会采取一系列政策措施进行调控，这些政策措施包括贸易政策、汇率政策和财政政策等。一是贸易政策的调控，政府可以通过调整关税、进口配额、出口补贴等措施影响对外贸易差额，例如提高进口关税可以减少进口商品数量，增加贸易顺差；而增加出口补贴可以促进出口商品竞争力，扩大国际市场份额。此外，政府还可以通过签订自由贸易协定，减少贸易壁垒，促进贸易平衡。二是汇率政策的调控，汇率是影响对外贸易差额的重要因素。政府可以通过调整汇率水平，影响出口和进口商品的价格竞争力。例如货币贬值可以提高出口商品的价格竞争力，促进出口增长，减少贸易逆差；而货币升值则可以降低进口商品的价格，提高进口数量，增加贸易逆差。政府还可以通过外汇干预和资本管制等措施，稳定汇率，促进贸易平衡。最后是财政政策的调控。政府可以通过调整财政支出和税收政策，影响对外贸易差额。例如增加基础设施建设和公共服务投入，可以提高国内产业竞争力，促进出口增长，减少贸易逆差；而提高消费税和进口税，则可以抑制国内消费和进口需求，增加贸易顺差。此外，政府还可以通过产业政策和科技创新政策，支持高附加值产业发展，提升国际市场竞争力，促进贸易平衡。

对外贸易差额是衡量一个国家国际贸易平衡状况的重要指标，通过对贸易顺差、贸易逆差和贸易平衡的研究，可以深入了解对外贸易差额对经济发展的影响，贸易顺差可以增加外汇储备，促进经济增长，但过大的顺差引发贸易摩擦；贸易逆差导致外债增加和经济不稳定，但也可以促进市场竞争和技术进步；贸易平衡有利于经济的可持续发展，但实现平衡需要综合调控。政府通过贸易政策、汇率政策和财政政策等措施，可以有效调控对外贸易差额，促进经济稳定和可持续发展。在全球化和国际贸易日益密切的今天，合理调控对外贸易差额，对国家经济发展和国际竞争力的提升具有重要意义。

四、对外贸易或国际贸易结构

对外贸易结构是指一个国家在国际贸易中出口和进口商品的构成情况，它反映一个国家经济发展的特点、产业结构和国际竞争力。了解和分析国际贸易结构对制定贸易政策、促进经济发展具有重要意义。以下探讨国际贸易结构的定义、影响因素及其对经济发展的影响。

（一）国际贸易结构的定义及分类

国际贸易结构主要包括商品结构和市场结构，商品结构是指出口和进口商品的种类及其比例，如农产品、工业制成品、技术产品等。市场结构是指贸易伙伴国的分布情况，包括与各国的贸易额和贸易比重。商品和市场结构共同构成一个国家的对外贸易结构，反映其在全球贸易中的地位和角色。

（二）影响国际贸易结构的主要因素

国际贸易结构受多种因素影响，包括资源禀赋、产业政策和技术水平，资源禀赋决定了一个国家在国际市场上的比较优势，如自然资源丰富的国家往往出口原材料。产业政策通过关税、补贴等措施影响出口商品结构，而技术水平则决定了一个国家能否生产高附加值产品，提升国际市场竞争力。市场需求变化和国际经济环境也会对贸易结构产生重大影响。

（三）国际贸易结构对经济发展的影响

合理的国际贸易结构有助于促进经济发展和产业升级，出口高附加值产品可以增加外汇收入，提升国民经济水平。多样化的市场结构有助于分散贸易风险，稳定经济增长。然而过度依赖某些商品或市场会带来经济脆弱性和风险。因此，优化国际贸易结构，推动产业多元化和市场多样化，是实现经济可持续发展的重要策略。

国际贸易结构是衡量一个国家经济发展和国际竞争力的重要指标，通过分析商品和市场结构，可以了解一个国家的贸易优势和潜在风险，资源禀赋、产业政策和技术水平等因素共同影响贸易结构的形成。优化贸易结构，推动高附加值产品出口和市场多样化，有助于提升经济发展质量和抗风险能力。在全球化日益深入的今天，科学调整和优化国际贸易结构，对实现经济持续健康发展具有重要意义。

第二节 国际贸易的作用

一、国际贸易与国家

国际贸易是全球经济活动的核心部分，对国家的经济发展和社会进步有着深远影响，它不仅促进资源的优化配置和经济增长，还推动技术进步和生产效率的提升。以下探讨国际贸易在延续社会再生产、实现社会产品价值、获得成本降低的效益、利用与转化生产要素，以及接受国际经济"传递"等方面对国家的作用。

（一）延续社会再生产

国际贸易在延续社会再生产过程中起到了关键作用，一是通过国际贸易，国家可以获取国内无法生产或生产不足的商品和服务，满足社会生产和消费的需求，这种跨国资源的流动和配置，有助于弥补国内资源短缺，确保社会再生产过程的顺利进行。例如日本作为一个资源贫乏的国家，通过国际贸易进口大量的原材料和能源，支持其制造业的发展和社会再生产的延续。二是国际贸易促进了国内企业的技术进步和生产效率的提升，通过与国外企业的竞争和合作，国内企业可以学习和引进先进的生产技术和管理经验，提升自身的竞争力和生产效率。这种技术和经验的交流，不仅有助于国内企业的成长，还推动了整个国家经济的持续发展和再生产过程的优化。最后，国际贸易扩大了国内市场的规模，增强了企业的生产能力和经济效益，通过出口商品和服务，国家可以开拓国际市场，增加销售收入，提升企业的生产能力和经济效益。这种市场的扩大和销售收入的增加，为社会再生产提供强大的经济支撑和动力，确保社会再生产过程的持续进行和优化发展。

（二）实现社会产品价值

国际贸易在实现社会产品价值方面发挥重要作用，一是通过国际贸易，国家可以将国内生产的商品和服务销往国外市场，实现社会产品的价值转换和增值。出口贸易不仅为国家带来外汇收入，还提升商品和服务的市场价值和竞争力。例如中国的电子产品和家电通过国际贸易出口到全球市场，实现了产品价值的最大化和增值。二是国际贸易促进国内市场的多样化和消费水平的提升，通过进口贸易，国家可以引进国外的优质商品和服务，丰富国内市场的供应，提升居民的消费水平和生活质量。这种多样化的市场供应，不仅满足了消费者的多样化需求，还推动了国内企业的创新和产品升级，提高了社会产品的整体价值。最后，国际贸易推动了国家经济结构的调整和优化。通过参与国际贸易，国家可以根据国际市场的需求和变化，调整和优化国内的生产结构和产业布局，实现社会产品价值的最大化。例如韩国通过发展出口导向型经济，调整和优化了国内的产业结构，提升了社会产品的整体价值和竞争力。

（三）获得成本降低的效益

国际贸易为国家带来显著的成本降低效益。一是通过国际贸易，国家可以从国际市场上获取价格更低的原材料、能源和中间产品，降低生产成本，提升产品的竞争力和市场份额。这种成本的降低，不仅提高了企业的利润水平，还增强了国家的经济竞争力和国际市场地位。二是国际贸易促进了专业化生产和规模经济的发展，通过国际贸易，国家可以根据比较优势原则，专注于生产具有竞争优势的商品和服务，实现专业化生产和规模经济效益。例如德国在机械制造和汽车工业方面具有明显的比较优势，通过国际贸易扩大生产规模，降低生产成本，提升国际市场竞争力和经济效益。最后，国际贸易推动了技术进步和创新，降低了生产成本和提升了生产效率。通过与国外企业的合作和竞争，国内企业可以学习和引进先进的生产技术和管理经验，提升生产效率，降低生产成本。这种技术和经验的交流，不仅有助于企业的成长，还推动了国家经济的持续发展和生产成本的降低。

（四）利用与转化生产要素

国际贸易在利用与转化生产要素方面发挥重要作用。一是通过国际贸易，国家可以有效利用和转化自然资源、劳动力和资本等生产要素，提升生产效率和经济效益，例如资源丰富的国家可以通过出口原材料和能源，获取外汇收入，支持国内经济的发展和生产要素的转化。二是国际贸易促进人力资源的优化配置和技能提升，通过国际贸易，国家可以吸引国外的高素质劳动力和专业人才，提升国内的技术水平和生产能力。同时国内劳动力可以通过参与国际贸易，学习和掌握先进的生产技术和管理经验，提升自身的技能水平和竞争力。最后，国际贸易推动资本的流动和配置，促进经济的发展和生产要素的转化。通过国际贸易，国家可以吸引和利用国外的资本投资，支持国内的经济建设和生产要素的优化配置。这种资本的流动和配置，不仅有助于国内经济的发展，还推动了生产要素的转化和经济效益的提升。

（五）接受国际经济"传递"

国际贸易使国家能够接受和应对国际经济的"传递"效应。一是通过国际贸易，国家可以参与全球经济的分工和合作，接受国际经济的传递效应，提升自身的经济实力和国际竞争力。例如全球金融危机期间，通过参与国际贸易，国家可以吸收和应对国际经济的冲击，保持经济的稳定和发展。二是国际贸易促进国际经济政策和制度的传递和实施，通过参与国际贸易，国家可以学习和借鉴国际经济政策和制度，优化和调整国内的经济政策和制度，提升经济治理能力和水平。例如加入世界贸易组织（WTO）后，中国通过学习和借鉴国际经济政策和制度，提升了贸易政策的透明度和规范性，增强了国际市场竞争力。最后，国际贸易推动了国际经济合作和协调，增强了国家应对国际经济风险的能力。通过国际贸易，国家可以加强与其他国家的经济合作和协调，建立和完善国际经济合作机制，共同应对和解决国际经济问题和风险。例如通过参与区域经济合作和自由贸易协定，国家可以提升经济合作水平和应对国际经济风险的能力，确保经济的持续稳定发展。

国际贸易在国家经济发展中扮演着重要角色,通过延续社会再生产、实现社会产品价值、获得成本降低的效益、利用与转化生产要素,以及接受国际经济"传递"等多方面的作用,推动了国家经济的持续健康发展。了解和分析国际贸易对国家的作用,有助于制定科学合理的贸易政策和经济发展战略,提升国家的国际竞争力和经济发展质量。在全球化日益深入的今天,充分发挥国际贸易的作用,对实现经济的可持续发展和社会进步具有重要意义。

二、国际贸易与企业

国际贸易是企业实现增长和发展的重要途径。通过参与国际市场,企业可以获取更高的利润率,提高生产效率,实现规模经济效益,并顺应产品生命周期的变化。以下探讨国际贸易对企业的具体作用,分析其在提高企业竞争力和经济效益方面的重要性。

(一)获得高额利润率

国际贸易为企业提供了获得高额利润率的机会。一是通过出口,企业可以进入更大、更多样化的国际市场,扩大销售渠道和市场规模。这不仅提高了产品的销售量,还提升了企业的盈利能力。例如苹果公司通过在全球市场销售其电子产品,获得了巨大的利润增长。二是国际市场的价格水平和消费能力通常高于国内市场,这为企业提供了更高的售价空间和利润率。通过国际贸易,企业可以将产品销往高收入国家和地区,获得更高的销售收入和利润。例如奢侈品制造商如路易威登和香奈儿,通过在全球高端市场销售其产品,获得了显著的利润。最后,国际贸易还可以帮助企业分散市场风险,稳定收入来源。在全球化背景下,单一市场的经济波动影响企业的销售和利润。通过参与国际贸易,企业可以在多个市场分散风险,确保持续稳定的利润来源,例如丰田公司通过在全球市场销售汽车,降低了对单一市场的依赖,确保了利润的稳定增长。

(二)提高生产效率

国际贸易促进了企业生产效率的提高。一是通过国际竞争,企业需要不断提升技术水平和管理能力,以保持竞争优势,国际市场的激烈竞争促使企业进行技术创新和工艺改进，提升生产效率。例如华为公司通过参与国际市场竞争，不断进行技术研发和创新，提升了生产效率和产品质量。二是国际贸易推动企业与国际先进企业的合作与交流，促进技术和管理经验的学习和引进。通过国际合作，企业可以学习和借鉴先进的生产技术和管理模式，提升自身的生产效率和竞争力。例如中国的制造企业通过与德国、日本等先进制造国家的企业合作，引进了先进的生产技术和管理经验，提升了生产效率。最后，国际贸易还可以优化企业的供应链管理，提升生产效率。通过参与国际贸易，企业可以在全球范围内选择最优的供应商和原材料，降低生产成本，提高生产效率。例如跨国公司如耐克，通过在全球范围内采购原材料和外包生产，优化了供应链管理，提升了生产效率和利润率。

（三）达到规模经济

国际贸易帮助企业实现规模经济，降低生产成本，提高经济效益。一是通过扩大国际市场，企业可以增加生产量，实现规模经济。大规模生产可以降低单位产品的固定成本，提高生产效率和经济效益。例如三星电子通过在全球市场销售其电子产品，实现了大规模生产，降低了生产成本，提高了经济效益。二是国际贸易可以促进企业在全球范围内优化资源配置，实现规模经济。通过国际贸易，企业可以在全球范围内寻找最优的生产基地和市场，降低生产和运输成本，提高经济效益。例如跨国公司如宝洁，通过在不同国家设立生产基地和销售网络，优化了资源配置，实现了规模经济。最后，国际贸易还可以推动企业进行技术创新和工艺改进，提升生产效率，实现规模经济。通过参与国际市场竞争，企业需要不断进行技术创新和工艺改进，提升生产效率，降低生产成本，实现规模经济。例如特斯拉通过技术创新和工艺改进，提升了电动汽车的生产效率，实现了规模经济。

（四）顺应产品生命周期

国际贸易帮助企业顺应产品生命周期的变化，优化产品市场策略。一是通过国际贸易，企业可以在不同市场推出不同阶段的产品，延长产品生命周期。通过在新兴市场推出成熟产品，企业可以延长产品的销售周期，提高经济效益。例如汽车制造商通过在新兴市场销售成熟车型，延长了产品生命周期，提高了销售收入。二是国际贸易可以帮助企业在产品生命周期的不同阶段进行市场扩展和调整。通过国际贸易，企业可以在产品的引入期和成长期进入新市场，扩大市场份额和销售收入。例如智能手机制造商通过在全球市场推出新产品，扩大了市场份额和销售收入。最后，国际贸易还可以帮助企业在产品生命周期的衰退期进行产品升级和更新，保持市场竞争力。通过国际贸易，企业可以学习和借鉴国际市场的技术和管理经验，进行产品升级和更新，提升市场竞争力。例如家电制造商通过引进国际市场的先进技术和设计，进行了产品升级和更新，提升了市场竞争力。

国际贸易对企业的作用深远且多样，通过获得高额利润率、提高生产效率、达到规模经济以及顺应产品生命周期等多方面的影响，推动企业的增长和发展。通过参与国际市场，企业可以优化资源配置，提升技术水平，扩大市场份额，实现经济效益的最大化。在全球化日益深入的今天，充分利用国际贸易带来的机遇，对企业提升竞争力和实现可持续发展具有重要意义。

三、国际贸易与国民

国际贸易不仅对国家和企业有深远的影响，也对国民的生活质量和个人发展起着重要作用。通过国际贸易，国民可以享受更多样化的商品和服务，提升生活福利，满足个人需求偏好，并通过参与国际经济活动增长才干和实现自身价值。以下探讨国际贸易在增加国民福利、满足需求偏好以及促进个人发展方面的具体作用。

（一）增加福利

国际贸易通过多种方式增加国民福利。一是国际贸易扩大了消费者的选择范围，使得国民能够以更低的价格购买到高质量的商品和服务。通过进口贸易，消费者可以获得国际市场上丰富多样的商品，从而提升生活质量。例如通过进口电子产品和家电，消费者可以以更低的价格享受先进的科技产品。二是国际贸易促进了经济增长，带来了更多的就业机会和收入来源。出口贸易推动国内生产的扩展和企业的成长，增加就业机会，提高国民的收入水平。例如制造业和服务业通过参与国际市场，创造了大量的就业岗位，提升了国民的收入和福利水平。最后，国际贸易带来了技术和知识的交流与传播，提升国民的技能和素质。通过与国际市场的接触，国民可以学习和掌握先进的生产技术和管理经验，提升自身的技能水平和职业竞争力。例如通过跨国培训和技术交流，国民可以获得国际先进的职业技能，提升职业发展前景和生活福利。

（二）满足需求偏好

国际贸易有效满足了国民的多样化需求偏好。一是通过进口贸易，国民可以享受到来自世界各地的特色商品和服务，满足个性化和多样化的消费需求。例如进口食品、服装、电子产品等满足了消费者对不同文化和品牌的偏好，提升了消费体验和生活质量。二是国际贸易促进了市场竞争，提升了商品和服务的质量和创新水平。通过国际竞争，国内企业需要不断提升产品质量和创新能力，以满足国民的需求偏好。这种竞争带来了更高质量的商品和服务，满足了国民对高品质生活的追求。例如家电和汽车行业通过国际竞争，不断推出创新产品，满足了消费者对高科技和高性能产品的需求。最后，国际贸易推动文化交流和融合，丰富国民的精神文化生活。通过国际贸易，国民可以接触和了解不同国家和地区的文化和生活方式，满足对文化多样性的需求。例如进口电影、音乐、书籍等文化产品丰富了国民的文化生活，提升了精神福利和生活质量。

（三）增长才干和实现自身价值

国际贸易为国民提供了增长才干和实现自身价值的机会。一是通过参与国际贸易活动，国民可以获得更多的学习和职业发展机会。跨国公司和国际项目为国民提供丰富的职业培训和发展平台，提升个人技能和职业竞争力。例如外资企业在国内设立的培训项目和国际交流项目，为国民提供了宝贵的学习和发展机会。二是国际贸易推动创业和创新，为国民提供实现自身价值的途径。通过国际市场的开放和贸易便利化，国民可以更容易地开展国际创业和创新活动，实现个人的创业梦想和创新价值。例如互联网和电子商务的发展，为国民提供了开拓国际市场、实现创新创业的平台和机会。最后，国际贸易促进全球化视野的培养和国际化素质的提升。通过参与国际经济活动，国民可以了解和适应不同的文化和市场环境，提升国际化素质和全球化视野。这种全球化的视野和素质，为国民在国际舞台上实现自身价值和贡献力量提供了坚实的基础。例如通过国际交流和合作，国民可以在国际事务中发挥积极作用，实现自身价值和社会贡献。

国际贸易通过增加福利、满足需求偏好以及促进个人发展，对国民生活和个人发展产生深远的影响。通过扩大商品和服务的选择范围，促进经济增长和技术交流，提升国民的生活质量和福利水平。同时国际贸易满足了国民的多样化需求，推动了市场竞争和文化交流，丰富了国民的精神文化生活。此外，国际贸易为国民提供增长才干和实现自身价值的机会，通过职业发展、创业创新和国际化素质的提升，促进个人的全面发展和社会进步。在全球化日益深入的今天，充分发挥国际贸易的作用，对提升国民生活质量和实现个人发展具有重要意义。

第三节　国际分工

一、国际分工的概念与作用

国际分工是全球经济活动的重要组成部分，通过各国在不同产业和生产环节中的专业化分工，优化了全球资源配置，提高了生产效率和经济效益。理解国际分工的概念和作用，有助于更好地把握国际贸易和全球经济发展的趋势。以下探讨国际分工的概念及其在全球经济中的重要作用。

（一）国际分工的概念

国际分工是指各国根据其资源禀赋、技术水平和劳动力素质等优势，专门从事某些商品或服务的生产，并通过国际贸易进行交换。国际分工的基础是比较优势理论，即每个国家应专注于生产那些在相对成本上具有优势的产品，从而实现全球生产效率的最大化。一是国际分工基于比较优势理论，这意味着国家应专注于生产那些其生产成本相对较低的产品。例如资源丰富的国家可以专注于原材料和农产品的生产，而技术先进的国家则可以专注于高科技产品和服务的生产。二是国际分工促进了专业化生产。通过专注于某些特定的生产环节或产业，各国可以提高生产效率，降低生产成本，从而在国际市场上获得竞争优势。例如中国通过专注于制造业，成为全球重要的制造中心。最后，国际分工通过国际贸易实现资源的优化配置。各国通过出口自己生产的商品和服务，进口其他国家生产的商品和服务，实现了资源的跨国流动和优化配置，提高了全球经济的整体效率和福利水平。

（二）国际分工的作用

国际分工在全球经济发展中发挥着重要作用，主要体现在提升生产效率、促进技术进步和推动经济增长等方面。一是国际分工提升全球生产效率，各国根据其比较优势进行专业化生产，可以最大程度地发挥各自的资源和技术优势，降低生产成本，提高生产效率。例如德国专注于汽车制造和机械制造，通过国际分工提高了这些产业的生产效率和全球竞争力。二是国际分工促进技术进步和创新。通过参与国际分工和全球价值链，各国企业可以接触到全球最先进的技术和管理经验，提升自身的技术水平和创新能力。例如美国的科技公司通过国际分工，能够获得全球范围内的技术资源和市场需求，推动了科技创新和产业升级。最后，国际分工推动全球经济增长。通过国际分工和贸易，各国可以实现经济的互补和合作，共同推动全球经济的增长和发展。例如亚太地区通过参与国际分工，实现了经济的快速增长，成为全球经济增长的重要引擎。

国际分工是全球经济活动的重要组成部分，通过各国在不同产业和生产环节中的专业化分工，优化全球资源配置，提高生产效率和经济效益。国际分工的概念基于比较优势理论，强调各国应专注于生产那些在相对成本上具有优势的产品。国际分工的作用主要体现在提升生产效率、促进技术进步和推动经济增长等方面。理解和把握国际分工的概念和作用，有助于更好地参与和推动全球经济的发展和合作。在全球化日益深入的今天，国际分工的重要性更加凸显，对全球经济的持续健康发展具有重要意义。

二、当代国际分工的特点

随着全球化和科技进步的不断发展，当代国际分工呈现出新的特点。这些特点不仅反映了全球经济发展的新趋势，也揭示了各国在全球经济体系中的不同角色和地位。以下探讨当代国际分工的三个主要特点：国际分工基础在深化、国际分工形式多样化、国际分工格局的主导与层次化。

（一）国际分工基础在深化

当代国际分工的一个显著特点是其基础在不断深化。一是全球生产网络和价值链的复杂化推动了国际分工基础的深化。企业不再局限于本国或本地区的资源和市场，而是通过全球供应链和价值链整合全球资源，提高生产效率和竞争力。例如苹果公司的产品设计在美国，但生产和组装分布在全球多个国家和地区，这种全球化生产模式体现了国际分工基础的深化。二是信息技术和通信技术的快速发展进一步推动了国际分工基础的深化。现代科技使得企业可以更高效地进行跨国协作和管理，减少国际贸易的时间和成本，提高生产和物流的效率。例如企业通过电子商务平台进行全球采购和销售，通过云计算和大数据技术优化供应链管理，实现了更高效的国际分工。最后，全球经济一体化进程的加速也是国际分工基础深化的重要推动力。各国通过签订自由贸易协定和经济合作协议，降低贸易壁垒，促进商品、服务、资本和技术的自由流动。这种经济一体化进程，使得各国在全球经济体系中的分工更加紧密和深入。

（二）国际分工形式多样化

当代国际分工的另一个重要特点是其形式多样化，一是传统的商品贸易分工继续存在，但服务贸易分工的重要性日益凸显。随着全球经济向服务业转型，金融、信息、教育、医疗等服务贸易在国际分工中的比重不断增加。例如印度的IT服务业通过提供外包服务，成为全球信息技术分工的重要一环。二是生产环节的专业化和细化使得国际分工形式更加多样化。企业在全球范围内将生产过程分解为多个环节，并将不同的环节分配到最有比较优势的国家进行生产。这种细化的专业化分工，形成了全球生产网络。例如汽车制造业中，零部件的生产和组装分别在不同国家进行，每个国家专注于特定环节的生产。最后，跨国公司在国际分工中的角色和作用更加多样化。跨国公司通过直接投资、合资合作、技术转让等多种形式，参与和推动了国际分工的发展。例如跨国公司通过在发展中国家设立工厂，利用当地的低成本劳动力，降低生产成本，提高市场竞争力。

（三）国际分工格局的主导与层次化

当代国际分工格局呈现出主导与层次化的特点。一是发达国家在国际分工格局中仍然占据主导地位，特别是在高技术、高附加值产业方面。发达国家凭借其先进的技术、强大的研发能力和完善的产业体系，在全球价值链的高端环节占据主导地位。例如美国在信息技术、生物医药、航空航天等高科技领域处于全球领先地位。二是新兴市场国家在国际分工中的地位不断上升，成为全球生产和贸易的重要力量。随着经济的发展和产业升级，新兴市场国家在制造业、服务业等领域的国际分工中扮演着越来越重要的角色。例如中国通过大力发展制造业和科技创新，成为全球制造业的重要基地和技术创新的活跃国家。最后，国际分工格局的层次化特征明显，各国在全球价值链中的分工位置和功能各异。不同国家根据其资源禀赋、技术水平和产业优势，分别在全球价值链的不同层次上发挥作用。例如发达国家主要从事高技术含量、高附加值的研发和设计工作，而发展中国家则更多从事劳动密集型的生产和加工工作。

当代国际分工呈现出国际分工基础在深化、国际分工形式多样化以及国际分工格局的主导与层次化等特点。这些特点不仅反映了全球经济发展的新趋势，也揭示了各国在全球经济体系中的不同角色和地位。通过深入理解和把握当代国际分工的特点，各国可以更好地制定和调整其经济政策和贸易战略，提升在全球经济中的竞争力和影响力。在全球化日益深入的背景下，国际分工的深化、多样化和层次化将继续推动全球经济的发展和繁荣。

第四节 经济全球化

一、经济全球化的概念与动因

经济全球化是当代世界经济发展的重要趋势，它不仅改变了国家之间的经济关系，也深刻影响各国的社会结构和发展模式。理解经济全球化的概念及其动因，有助于把握全球经济的运行机制和发展趋势。以下探讨经济全球化的概念以及推动经济全球化的主要动因。

（一）经济全球化的概念

经济全球化是指商品、服务、资本、技术和信息在全球范围内的自由流动和高度融合。它使得各国经济相互依赖、相互影响，形成一个统一的全球经济体系。经济全球化不仅包括贸易和投资的全球化，还涵盖金融、技术、文化和劳动力的全球化。一是经济全球化意味着商品和服务在全球范围内的自由流动，通过减少贸易壁垒和关税，商品和服务可以更加便捷地在各国市场间流通。例如国际贸易的增长使得各国消费者可以购买到更多种类的国外商品，提升了生活质量和消费水平。二是经济全球化涉及资本的全球流动，跨国投资和金融市场的开放，使得资本可以在全球范围内寻找最优配置，从而提高资源利用效率和经济增长速度。例如跨国公司在全球范围内进行投资，带动了东道国的经济发展和技术进步。最后，经济全球化还包括技术和信息的全球传播。技术创新和信息技术的发展，使得知识和信息可以迅速在全球范围内传播和共享，推动了全球生产力的提升和经济发展。例如互联网和移动通信技术的普及，使得各国之间的信息交流更加便捷和高效，促进了全球经济的一体化。

（二）经济全球化的动因

经济全球化的形成和发展，受到多种因素的推动，这些动因包括技术进步、政策开放和企业跨国经营等。一是技术进步是经济全球化的重要推动力，信息技术和通信技术的迅猛发展，大大降低了跨国交易和交流的成本，提高了国际贸易和投资的效率。例如互联网的普及使得企业可以通过电子商务平台进行跨国销售，打破了传统贸易的时空限制。二是政策开放是经济全球化的重要保障，各国政府通过签订自由贸易协定、减少贸易壁垒和开放金融市场，促进了商品、服务和资本的自由流动。例如世界贸易组织（WTO）的成立，推动了全球贸易规则的制定和执行，促进了国际贸易的自由化和便利化。最后，企业跨国经营是经济全球化的重要实践者。跨国公司通过在全球范围内设立子公司和生产基地，优化资源配置，提升生产效率和市场竞争力。例如跨国公司苹果和耐克，通过全球供应链管理，实现了生产的全球化布局，提升了企业的全球竞争力。

经济全球化是商品、服务、资本、技术和信息在全球范围内的自由流动和高度融合，形成一个统一的全球经济体系，技术进步、政策开放和企业跨国经营是推动经济全球化的主要动因。通过理解经济全球化的概念及其动因，各国可以更好地把握全球经济的发展趋势，制定和调整其经济政策和发展战略，提升在全球经济中的竞争力和影响力。在全球化日益深入的今天，经济全球化将继续推动全球经济的繁荣和发展，为各国带来更多的机遇和挑战。

二、经济全球化的积极影响

经济全球化作为现代世界经济发展的核心趋势，不仅改变了国家间的经济关系，也在全球范围内产生了深远影响。它推动了资源的优化配置、产业的调整和技术的进步，同时也提升了企业的经济效益和竞争力，帮助解决国际社会面临的共同问题，尤其对发展中国家产生了积极影响。以下详细探讨经济全球化的五大积极影响。

（一）促进全球资源优化配置

经济全球化通过自由贸易和投资，促进了全球资源的优化配置。一是各国可以利用比较优势生产效率最高的产品，提升全球资源的利用效率。例如资源丰富的国家可以集中生产原材料，而技术先进的国家则专注于制造高附加值产品。二是全球化使得资本、劳动力等生产要素可以跨国流动，配置到最能发挥其效用的地方。例如跨国公司在发展中国家设立工厂，利用当地的低成本劳动力，提高生产效率。三是国际贸易使得商品和服务能够在全球范围内自由流通，消费者可以获得更多选择，企业也能拓展市场，增加收入来源。例如消费者在超市里可以购买到来自世界各地的食品和商品，提升了生活质量。四是经济全球化推动了技术和知识的全球传播，各国可以通过引进先进技术和管理经验，提升本国的生产力。例如中国通过开放政策引进了大量的外国技术和投资，促进了经济的快速发展。最后，全球化促进了各国之间的经济合作和互补，有助于全球经济的协调发展，例如通过区域经济合作组织，各国可以在经济政策上进行协调，促进共同发展。

（二）促进全球产业调整和技术进步

经济全球化推动了全球产业的调整和技术进步。一是全球化促使企业在全球范围内进行产业布局，实现生产的专业化和规模化。例如汽车制造业中的各个零部件生产环节分布在不同国家，实现了全球协作生产。二是全球化使得技术创新和研发活动更加国际化，推动了技术进步。例如跨国公司在全球范围内设立研发中心，利用不同地区的技术优势，促进技术的快速发展和应用。三是全球化促进了产业的转移和升级，发达国家将部分劳动密集型产业转移到发展中国家，实现了产业的优化配置。例如电子制造业从美国转移到东亚地区，推动了当地经济的发展和产业升级。四是国际竞争促使企业不断创新和改进技术，以保持竞争优势，例如全球市场的激烈竞争促使企业不断研发新产品，提升生产工艺，提高产品质量和市场竞争力。最后,全球化促进了知识和信息的全球共享,各国可以通过合作和交流,共享最新的技术和管理经验。例如通过国际会议和学术交流,科学家和工程师可以分享研究成果,推动科技进步。

(三)有利于提高企业的经济效益和竞争力

经济全球化提升了企业的经济效益和竞争力。一是通过进入国际市场,企业可以扩大销售渠道和市场份额,增加收入来源,例如华为公司通过开拓全球市场,成为全球领先的通信设备制造商。二是全球化使得企业可以利用全球资源和生产要素,降低生产成本,提高生产效率。例如耐克公司通过在东南亚设立生产基地,降低了生产成本,提高了产品的价格竞争力。三是国际市场的竞争促使企业不断提升产品质量和服务水平,以满足全球消费者的需求,例如苹果公司通过不断创新和改进产品,赢得了全球消费者的青睐,提升了品牌竞争力。四是全球化使得企业可以通过跨国并购和合作,获取先进技术和市场资源,提升自身竞争力。例如吉利收购沃尔沃后,通过技术合作和品牌共享,实现了技术升级和市场扩展。最后,全球化推动了企业的管理现代化和国际化,提升了企业的管理水平和运营效率。例如通过引入国际先进的管理模式和经验,企业可以优化组织结构,提升运营效率和管理水平。

(四)为解决国际社会共同面临的经济与社会问题提供了有利条件

经济全球化为解决国际社会共同面临的经济与社会问题提供了有利条件。一是全球化促进了经济增长和发展,有助于减少贫困和改善生活条件。例如通过国际贸易和投资,发展中国家可以实现经济增长,增加就业机会,提高居民收入。二是全球化促进了环境保护和可持续发展,各国可以通过合作应对全球环境挑战,例如通过国际环境协定,各国可以共同应对气候变化、减少污染和保护自然资源,促进可持续发展。三是全球化推动了公共卫生和医疗合作,有助于应对全球卫生危机。例如通过国际卫生组织,各国可以共享疾病防控和治疗经验,协同应对全球疫情,保护人民健康。四是全球化促进了文化交流和多样性,各国可以通过文化交流增进理解和合作,例如通过国际文化节和交流项目,各国人民可以了解不同的文化和生活方式,增进友谊和合作。最后,全球化推动了教育和科技合作,有助于提升全球教育水平和科技创新能力。例如通过国际教育交流和科研合作，各国可以共享教育资源和科技成果，提升教育质量和创新能力。

（五）对发展中国家的积极影响

经济全球化对发展中国家产生了积极影响。一是全球化为发展中国家提供了更多的贸易和投资机会，促进了经济增长和发展，例如中国通过加入世贸组织，扩大了国际贸易和吸引外资，实现了经济的快速增长。二是全球化促进了发展中国家的产业升级和技术进步。通过引进先进技术和管理经验，发展中国家可以提升产业水平和竞争力。例如印度通过发展IT外包产业，实现了技术升级和产业转型。三是全球化增加了发展中国家的就业机会和收入水平，通过参与全球生产和贸易，发展中国家的企业可以扩大生产，增加就业机会，提高居民收入，例如越南通过发展制造业和出口贸易，增加了就业机会，提升了居民生活水平。四是全球化促进了发展中国家的基础设施建设和现代化，通过吸引外资和国际合作，发展中国家可以改善基础设施，提升经济发展水平，例如非洲国家通过引进外资，建设交通、能源和通信等基础设施，提升了经济发展能力。最后，全球化推动发展中国家的社会进步和文化交流。通过参与全球化进程，发展中国家可以借鉴国际先进的社会管理经验和文化资源，提升社会治理水平和文化多样性，例如巴西通过参与国际文化交流，促进了文化多样性和社会进步。

经济全球化通过促进全球资源优化配置、推动全球产业调整和技术进步、提高企业经济效益和竞争力、解决国际社会共同面临的问题以及对发展中国家的积极影响，展示了其广泛而深远的积极影响。理解和把握经济全球化的积极影响，有助于各国制定更为合理的经济政策和发展战略，充分利用全球化带来的机遇，提升国家和企业的国际竞争力，促进全球经济的共同繁荣和发展。在全球化日益深入的今天，经济全球化将继续发挥其重要作用，为各国带来更多的机遇和挑战。

三、经济全球化的主要内容

经济全球化主要涵盖以下几个方面。

一是贸易全球化，即商品和服务在全球范围内的自由流通。各国通过减少关税和贸易壁垒，促进国际贸易的发展，使商品和服务能够更便捷地进入不同国家的市场。二是资本全球化，指资本在全球范围内的自由流动。跨国公司通过直接投资、证券投资和银行贷款等方式，在全球范围内进行资本配置，提高资源利用效率和投资收益。第三是技术全球化，涉及技术和知识在全球范围内的传播和应用。各国通过合作研发、技术转让和国际专利保护等方式，推动全球技术进步和创新。第四是信息全球化，指信息和数据在全球范围内快速传播和共享。互联网和信息技术的发展，使信息交流更加便捷和高效，促进全球经济一体化。最后是人员全球化，涉及劳动力和人才在全球范围内的自由流动。通过移民、跨国就业和国际教育等方式，提升了全球人力资源的配置效率。

第二章 出口贸易

第一节 国际市场的开拓

企业要开展国际贸易,首先需要对目标领域的国际市场进行调研,以发现商机和潜在的贸易伙伴。接着,需要对未来客户进行信用调查,这不仅可以降低贸易风险,还可以为将来正式签订买卖合同提供依据。

一、国际市场调研

国际市场调研是企业进入和拓展国际市场的关键环节,通过系统地收集和分析目标市场的信息,企业可以更好地了解市场需求、竞争环境和消费者行为,从而制订有效的市场进入策略和营销方案。以下探讨国际市场调研的含义、目的、主要内容和调研渠道,帮助企业在国际市场上取得成功。

(一)国际市场调研的含义

国际市场调研是指企业为了解和掌握目标市场的环境、需求、竞争和机会,系统地收集、整理、分析和解释相关信息的过程。这一过程包括市场现状分析、消费者需求研究、竞争对手分析和市场机会评估等多个方面。一是国际市场调研是企业获取市场信息的重要手段。通过调研,企业可以获取目标市场的经济环境、政治环境、文化背景和法律法规等方面的信息,为市场进入和营销决策提供依据。二是国际市场调研是企业制定市场进入策略的基础。通过调研,企业可以了解目标市场的需求和偏好,识别市场机会和潜在风险,制定切实可行的市场进入策略。三是国际市场调研有助于企业评估市场竞争环境。通过分析竞争对手的市场份额、产品定位、价格策略和销售渠道等信息,企业可以制定有效的竞争策略,提升市场竞争力。最后,国际市场调研是企业进行市场营销策划的重要环节。通过调研，企业可以了解目标市场的消费者行为和购买习惯，制定针对性的营销方案，提高市场营销的效果。

（二）国际市场调研的目的

国际市场调研的目的是帮助企业在进入和拓展国际市场时做出明智的决策，确保市场策略的科学性和有效性，具体目的包括以下几个方面。

一是了解市场需求和趋势。通过市场调研，企业可以了解目标市场的需求结构、消费偏好和购买能力，识别市场需求的变化趋势和潜在的市场机会，为产品开发和市场定位提供参考。

二是评估市场潜力和风险，通过调研，企业可以评估目标市场的规模和增长潜力，识别市场进入的障碍和风险，制定应对策略，降低市场进入的风险。

三是分析竞争环境和对手，通过对竞争对手的调研，企业可以了解其市场定位、产品特点、价格策略和销售渠道等信息，制定有效的竞争策略，提升市场竞争力。最后，制定市场进入和营销策略，通过调研，企业可以制定符合目标市场特点的市场进入策略和营销方案，提高市场营销的效果，确保市场进入的成功。

（三）国际市场调研的主要内容

国际市场调研的主要内容包括市场环境调研、消费者需求调研、竞争对手调研和市场机会调研等方面。

一是市场环境调研，市场环境调研包括对目标市场的经济环境、政治环境、法律环境和文化环境等方面的调研，通过调研，企业可以了解目标市场的宏观环境，为市场进入决策提供参考。

二是消费者需求调研，消费者需求调研包括对目标市场消费者的需求结构、消费偏好、购买行为和支付能力等方面的调研，通过调研，企业可以了解消费者的需求特点和变化趋势，为产品开发和市场定位提供依据。

三是竞争对手调研，竞争对手调研包括对目标市场主要竞争对手的市场份额、产品特点、价格策略、销售渠道和市场营销等方面的调研。通过调研，企业可以了解竞争对手的市场策略和竞争优势，制定有效的竞争策略。

最后是市场机会调研。市场机会调研包括对目标市场潜在市场机会和市场进入障碍的调研，通过调研，企业可以识别市场机会，制定市场进入策略，降低市场进入的风险。

（四）国际市场调研渠道

国际市场调研的渠道包括一次调研和二次调研。一次调研是指企业通过直接接触目标市场，获取第一手资料的调研方法；二次调研是指企业通过搜集和分析已有的资料和数据，获取市场信息的调研方法。

一是一次调研渠道，一些常见的一次调研渠道包括问卷调查、深度访谈、焦点小组和实地考察等，通过这些渠道，企业可以直接获取目标市场的第一手信息，了解市场需求、消费者行为和竞争环境。

二是二次调研渠道，二次调研渠道包括政府统计数据、行业报告、市场研究机构的数据和企业内部资料等，通过这些渠道，企业可以获取现成的市场信息，节省时间和成本，提高调研效率。

三是网络调研渠道，随着互联网的发展，网络调研成为企业获取市场信息的重要渠道，企业可以通过网络问卷调查、在线访谈、社交媒体分析和大数据分析等方法，获取目标市场的实时信息和消费者反馈。

最后是专业调研机构，企业还可以委托专业市场调研机构进行市场调研，这些机构拥有丰富的调研经验和专业的调研方法，可以为企业提供高质量的市场调研报告，帮助企业做出科学的市场决策。

国际市场调研是企业进入和拓展国际市场的重要环节，通过系统地收集和分析目标市场的信息，企业可以更好地了解市场需求、竞争环境和消费者行为，从而制定有效的市场进入策略和营销方案。国际市场调研包括了解市场环境、分析消费者需求、评估竞争对手和识别市场机会等方面的内容，调研渠道包括一次调研、二次调研、网络调研和专业机构调研等。通过深入的市场调研，企业可以降低市场进入的风险，提高市场营销的效果，确保在国际市场上的成功。

二、寻找贸易伙伴

在开展国际贸易的过程中，找到合适的贸易伙伴是企业成功的重要因素之一，一个可靠的贸易伙伴不仅可以帮助企业拓展国际市场，还能确保贸易活动的顺利进行。以下探讨寻找贸易伙伴的途径、主动询盘以及寄发产品名录、价目表和样品等方法，帮助企业有效寻找和建立国际贸易合作关系。

（一）寻找贸易伙伴的途径

寻找合适的贸易伙伴是开展国际贸易的关键步骤。一是参加国际展览会和贸易博览会是寻找贸易伙伴的重要途径，在这些活动中，企业可以直接接触潜在客户，展示产品和服务，并建立初步联系，例如广交会和法兰克福书展都是国际知名的贸易博览会，吸引了全球各地的买家和卖家。二是通过专业的贸易网站和在线平台也是寻找贸易伙伴的有效方式，许多国际贸易网站提供了企业和产品的详细信息，使买卖双方可以方便地找到匹配的贸易伙伴，例如阿里巴巴和环球资源等平台为企业提供了广泛的贸易机会。三是通过行业协会和商会等机构的介绍和推荐，企业也可以找到合适的贸易伙伴，行业协会和商会通常拥有丰富的行业资源和广泛的人脉网络，可以为企业提供可靠的合作伙伴信息。例如美国商会和中国国际贸易促进委员会等组织，定期为会员企业提供贸易合作信息和机会。

（二）主动询盘

主动询盘是企业寻找贸易伙伴的积极方式之一。一是企业可以通过邮件或电话向潜在客户发送询盘，介绍自己的产品和服务，并表达合作意向，这种直接沟通方式可以迅速引起对方的兴趣，并建立初步联系。二是企业在主动询盘时应注意询盘的专业性和针对性。询盘邮件内容应简明扼要，内容包括企业介绍、产品描述、价格信息和联系方式等。此外，企业应针对不同客户的需求，定制个性化的询盘内容，提高询盘的有效性。例如针对不同市场的客户，企业可以调整产品的描述和报价，以符合当地市场需求。最后，企业在主动询盘后应及时跟进，保持沟通和联系，通过定期的邮件、电话或视频会议，企业可以与潜在客户建立信任关系，并进一步洽谈合作细节。例如在询盘后的一周内，企业可以发送跟进邮件，感谢对方的回复，并提供更多产品信息或样品。

（三）寄发产品名录、价目表和样品

寄发产品名录、价目表和样品是企业吸引潜在客户、展示产品和建立合作关系的重要手段。一是企业可以向潜在客户寄送详细的产品名录和价目表，展示产品种类、规格、价格等信息，使客户全面了解企业的产品和服务，例如电子产品制造商可以寄送产品手册，详细介绍各类产品的功能和技术参数。二是企业可以寄送产品样品，让客户实地了解和体验产品质量和性能，样品的寄送可以增加客户对产品的信任感，并促成实际的购买决策。例如服装企业可以寄送不同款式和面料的样品，让客户亲自感受产品的质地和设计。最后，企业在寄送产品名录、价目表和样品时,应注重包装和细节,体现专业和细致的服务态度。包装应美观、牢固,确保样品在运输过程中不受损坏,此外,企业还应附上详细的联系方式和公司介绍,方便客户联系和咨询。

寻找贸易伙伴是开展国际贸易的重要步骤,通过参加国际展览会和贸易博览会、利用专业贸易网站和在线平台以及通过行业协会和商会的推荐,企业可以有效地找到合适的贸易伙伴。主动询盘是一种积极的寻找方式,通过专业、针对性强的询盘内容和及时跟进,企业可以迅速建立与潜在客户的联系。寄发产品名录、价目表和样品是展示产品、吸引客户和建立合作关系的重要手段,通过精美的包装和详细的信息,企业可以提升客户的信任感和购买意愿。

三、资信调查

在国际贸易中,了解和评估潜在客户的资信情况是确保交易安全和降低风险的重要环节。资信调查帮助企业掌握客户的信用状况、财务能力和商业信誉,为决策提供可靠依据。以下探讨资信调查的时间、主要内容、方法和资信等级,帮助企业有效进行资信评估。

(一)资信调查时间

资信调查应在与客户建立初步联系后尽早进行,一是在签订合同之前进行资信调查,可以了解客户的信用状况,避免因信用问题导致的交易风险。二是在客户提出大额订单或长期合作意向时,进行资信调查可以评估客户的支付能力和商业信誉,确保合作的可持续性。再次,当客户所在国家的经济环境发生变化时,及时进行资信调查,有助于评估新的风险因素,调整合作策略。最后,定期对长期合作客户进行资信调查,可以监控其信用状况的变化,确保合作的稳定性和安全性。

(二)资信调查的主要内容

资信调查的主要内容包括客户的基本信息、财务状况、信用记录和业务表现。一是收集客户的基本信息,如公司名称、注册地、经营范围、法定代表人等,有助于全面了解客户的背景。二是评估客户的财务状况,通过分析财务报表、资产负债表、利润表等,了解其财务健康状况和支付能力。三是查阅客户的信用记录,包括银行信用、商业信用和法院记录等,评估其信用历史和信用等级。最后分析客户的业务表现,通过了解其市场地位、客户群体、销售渠道和业务量等,评估其经营能力和市场信誉。

(三)资信调查方法

资信调查的方法主要包括直接调查、间接调查和第三方调查。一是直接调查是指企业通过与客户的直接接触,如访谈、实地考察等,获取客户的资信信息。二是间接调查是通过公开资料、行业报告、客户提供的信息等,间接获取客户的资信情况。三是第三方调查是指委托专业的资信调查机构进行调查,这些机构具有丰富的调查经验和资源,可以提供详尽的资信报告。最后,利用大数据和网络资源,通过在线数据库和社交媒体等,快速获取客户的信用信息和市场评价。

(四)资信等级

资信等级是对客户信用状况的综合评价。一是资信等级通常分为几个等级,如A级、B级、C级等,等级越高,表示客户的信用状况越好。二是资信等级的评定基于多个指标,包括财务状况、支付记录、信用历史和业务表现等。三是资信等级可以作为企业决策的重要参考依据,对于高等级客户,可以给予更多的信任和合作优惠;对于低等级客户,则需要加强风险控制和保障措施。最后,资信等级的动态监控和更新非常重要,通过定期资信调查,及时调整对客户的信用评价,确保合作的安全性。

资信调查是国际贸易中不可或缺的重要环节,通过合理安排调查时间、全面了解客户资信情况、选择合适的调查方法以及科学评定资信等级,企业可以有效降低交易风险,确保合作的稳定性和安全性。在实际操作中,企业应结合多种调查方法,综合分析客户的信用状况,为国际贸易决策提供可靠依据。

第二节 出口价格

在出口业务中,不同的贸易术语会导致价格构成的显著差异,此外,货物价格还涉及运费、保险费、佣金、折扣和汇率等因素,增加了其复杂性。因此,出口商应熟悉并掌握每种报价的价格内容及其计算方法。

第二章 出口贸易

一、出口价格的构成

出口价格是企业在国际市场上销售产品的重要因素，合理的价格策略不仅能增强企业的竞争力，还能保证利润的最大化。出口价格通常由货物成本、营运费用（国内费用）和预期利润三个主要部分构成，以下详细探讨这三部分的具体内容和其对出口价格的影响。

（一）货物成本

货物成本是出口价格的基础，直接影响产品的定价，一是货物成本包括原材料、制造费用和人工成本等，例如制造一件电子产品所需的芯片、屏幕、电池等原材料成本构成了货物成本的主要部分。二是货物成本还包括生产过程中消耗的能源和设备折旧等费用。最后，生产过程中所需的人工费用，如工人的工资和福利，也构成了货物成本的重要部分。企业需要准确计算这些成本，以确保产品价格能覆盖所有生产支出。

（二）营运费用（国内费用）

营运费用是指在国内市场上为将产品准备好用于出口所产生的费用。一是运输费用是营运费用的重要组成部分，包括从工厂到港口的内陆运输费用。二是包装费用也是不可忽视的部分，出口产品通常需要特殊的包装以确保运输过程中的安全。最后，报关费用和检验检疫费用也是营运费用的一部分，涉及产品出口前的各项法律和质量检测。这些费用都需要纳入出口价格的考虑范围，以确保出口活动的顺利进行。

（三）预期利润

预期利润是企业在定价时考虑的关键因素，是企业进行国际贸易的主要动机。一是预期利润需要考虑市场竞争情况，在竞争激烈的市场中，利润率需要适当降低以获取市场份额。二是企业需要根据风险评估来确定合理的利润率，包括汇率波动、国际市场需求变化等风险。最后，预期利润还应考虑长期发展的需要，确保企业有足够的利润来进行再投资和持续发展。合理的预期利润不仅能保证企业的盈利，还能增强其在国际市场上的竞争力。

出口价格的构成包括货物成本、营运费用和预期利润三个主要部分。准确计算货物成本是定价的基础，营运费用确保产品能顺利出口，而预期利润是企业追求的最终目标。通过综合考虑这三方面，企业可以制定出合理的出口价格，既能保证市场竞争力，又能实现利润最大化，推动企业在国际市场上的持续发展。

二、主要出口价格

在国际贸易中，出口价格的确定是至关重要的环节。不同的贸易术语会影响价格的构成和最终报价。以下探讨几种主要的出口价格类型，包括FOB、CFR、CIF以及佣金价和折扣价，并分析它们的构成及其在国际贸易中的应用。

（一）FOB出口价格

FOB（Free on Board，装运港船上交货）价格是指出口商在装运港将货物装上买方指定的船只后，买方承担所有费用和风险，一是FOB价格仅包括货物成本和国内运输费用。二是出口商须负责货物的包装和装船费用。三是出口商还需办理出口清关手续。最后，买方承担从装运港到目的港的海运费用、保险费和卸货费用。

（二）CFR出口价格

CFR（Cost and Freight，成本加运费）价格是指出口商承担货物运至目的港的费用，但不包括保险费，一是CFR价格包括货物成本和国内运输费用。二是出口商须负责货物的包装、装船费用和海运费用。三是出口商需办理出口清关手续。最后，买方承担目的港的卸货费用和保险费用。

（三）CIF出口价格

CIF（Cost, Insurance and Freight，成本加保险费和运费）价格是指出口商承担货物运至目的港的费用和保险费，一是CIF价格包括货物成本和国内运输费用。二是出口商须负责货物的包装、装船费用、海运费用和保险费用。三是出口商需办理出口清关手续。最后，买方只需承担目的港的卸货费用。

（四）佣金价与折扣价

佣金价和折扣价是国际贸易中常见的价格调整方式。一是佣金价是指在报价中包含了支付给中间人的佣金,出口商需根据合同支付相应的佣金。二是折扣价是指出口商在报价中给予买方一定的折扣,以吸引买家或增加订单量。三是折扣可以根据不同的情况给予,包括现金折扣、数量折扣等。最后,出口商需在报价中明确佣金和折扣的计算方法和条件,以确保双方利益。

主要出口价格包括FOB、CFR、CIF和佣金价与折扣价,每种价格类型都有其独特的构成和应用场景。FOB价格强调买方承担装船后的费用和风险;CFR价格包含了运费,但不包括保险费;CIF价格则覆盖了运费和保险费。佣金价和折扣价则通过佣金和折扣的方式调整价格,促进交易。出口商须熟悉并掌握这些价格类型及其计算方法,以制定合理的报价策略,确保国际贸易的顺利进行。

三、对外报价的原则与计算

在国际贸易中,准确和合理的报价是确保交易顺利进行的重要因素。对外报价不仅要符合市场需求,还需考虑成本、风险和利润等多方面因素。以下探讨对外报价的原则和计算方法,以帮助企业制定科学合理的出口报价。

(一)对外报价的原则

对外报价应遵循以下基本原则。一是报价要符合市场竞争力。企业需充分了解目标市场的价格水平和竞争情况,确保报价具有竞争力,能够吸引买家。例如企业应参考市场上同类产品的价格,结合自身成本制定合理的报价。二是报价要覆盖所有成本和合理利润。出口报价不仅包括生产成本,还需涵盖运输、包装、保险、关税等各项费用,确保企业在扣除所有成本后仍能获得合理利润。例如在计算CIF价格时,企业需将货物成本、运输费和保险费一并考虑在内。

(二)对外报价的计算

对外报价的计算需要综合考虑各种成本和费用。一是明确货物成本,包括原材料、制造费用和人工成本等。例如生产一件家具的成本包括木材、五金件和工人工资等。二是计算附加费用,如国内运输费、包装费、装船费和保险费等。例如从工厂到港口的运输费、出口包装费用等,都应计入最终报价中。

最后添加合理利润,确保企业在国际贸易中获得预期收益。例如企业可根据市场情况和风险评估,确定适当的利润率,并将其加到最终报价中。

对外报价是国际贸易中的关键环节，需遵循市场竞争力和成本覆盖的原则，同时综合考虑各种成本和费用。通过准确计算货物成本、附加费用和合理利润，企业能够制定科学合理的出口报价，确保在国际市场上的竞争力和盈利能力。掌握对外报价的原则和计算方法，是企业在国际贸易中取得成功的重要保障。

第三节　出口货物装运程序

一、班轮货物装运程序

班轮货物装运是国际贸易中常见的运输方式之一，其程序复杂且涉及多个环节。理解班轮运输的定义、特点、业务程序以及非集装箱班轮运输的托运手续与程序，有助于企业更好地管理和执行国际物流操作。以下详细探讨班轮货物装运的相关内容，以期帮助企业在国际贸易中顺利完成货物运输。

（一）班轮运输的定义

班轮运输是指船舶按照固定的航线、港口、班期和费率进行的定期航运服务。一是班轮运输具有固定航线。船舶按预定的航线运行，确保货物能按时送达目的地。二是班轮运输具有固定港口。船舶在特定的港口停靠，提供货物装卸服务。三是班轮运输具有固定班期。船舶按照预定的班期出发和到达，提供定期的运输服务。最后，班轮运输具有固定费率。班轮公司制定并公布固定的运费标准，供托运人参考。

（二）班轮运输的特点

班轮运输在国际贸易中有着显著的特点。一是班轮运输具有较高的可靠性。由于班轮按照固定的航线和班期运行，货物运输的时间和到达地点较为确定。二是班轮运输具有较强的适应性，班轮公司提供多种类型的船舶和服务，能够满足不同货物的运输需求。三是班轮运输具有较高的经济性，固定费率和班期使得运输成本相对较低，适合大宗货物的长途运输。最后，班轮运输具有较强的市场竞争力。多个班轮公司在同一航线上竞争，为托运人提供更多的选择和更优的服务。

（三）班轮运输业务程序

班轮运输的业务程序包括订舱、装货、运输和卸货四个主要环节。一是订舱是指托运人与班轮公司签订运输合同，预定舱位和船期，托运人需要提供货物信息，如货物种类、数量、包装等。二是装货是指托运人将货物运至装货港，班轮公司安排装船，托运人需提供相关单据，如装货单和提单。三是运输是指班轮按照固定的航线和班期，将货物运至目的港，在运输过程中，托运人可以通过班轮公司提供的跟踪服务，了解货物的运输状态。最后，卸货是指货物到达目的港后，班轮公司安排卸货，托运人凭提单提取货物。

（四）非集装箱班轮运输托运手续与程序

非集装箱班轮运输主要用于散货和大宗货物的运输，其托运手续和程序与集装箱运输有所不同。一是托运人需要提供详细的货物信息，包括货物种类、数量、重量、包装等。二是托运人需办理货物的报关和检验检疫手续，确保货物符合出口国和进口国的法律法规。三是托运人需与班轮公司签订运输合同，确定运输条款和费用，合同中需明确货物的装卸港、运输时间、运费标准等。最后，托运人需按照班轮公司的要求，将货物运至装货港，并办理相关装船手续，如提供装货单、提单等单据。

班轮货物装运程序涉及班轮运输的定义、特点、业务程序，以及非集装箱班轮运输的托运手续与程序，班轮运输具有固定的航线、港口、班期和费率，具有较高的可靠性、适应性、经济性和市场竞争力。班轮运输业务程序包括订舱、装货、运输和卸货四个主要环节，而非集装箱班轮运输则主要用于散货和大宗货物的运输，需办理详细的托运手续和程序。了解和掌握班轮货物装运的各个环节，企业可以更好地管理国际物流，确保货物顺利运输，降低运输风险，提升国际贸易的效率和效益。

二、集装箱班轮货物装运程序

集装箱班轮运输是现代国际贸易中最常见和重要的货物运输方式之一，集装箱运输不仅提高了运输效率，还降低了货物损坏和丢失的风险。以下探讨集装箱货物的装箱方式及种类、交接方式，以及集装箱班轮运输的托运手续与程序，帮助企业全面了解和掌握集装箱班轮运输的操作要点。

（一）集装箱货物的装箱方式及种类

集装箱货物的装箱方式和种类是集装箱运输中的关键环节，直接影响运输的效率和安全性。一是装箱方式主要分为整箱装运和拼箱装运，整箱装运（FCL，Full Container Load）是指一个集装箱由一个托运人装满，适用于大批量货物的运输；拼箱装运（LCL，Less than Container Load）是指一个集装箱由多个托运人的货物拼装而成，适用于小批量货物的运输。二是集装箱的种类多样，根据货物的特性选择合适的集装箱种类至关重要，常见的集装箱种类包括标准干货箱、冷藏箱、开顶箱、框架箱和罐式箱等。标准干货箱适用于大多数普通货物；冷藏箱用于运输需要保持低温的货物，如食品和药品；开顶箱适用于装卸难度较大的超高货物；框架箱适用于大型机械设备；罐式箱则用于液体和气体的运输。最后，装箱过程中应注意货物的安全和防护措施。装箱前应对集装箱进行检查，确保无损坏和泄漏；装箱时应合理摆放货物，避免超重和不平衡，必要时使用防滑垫和固定装置；装箱后应封闭集装箱并加固，确保货物在运输过程中不受损坏。

（二）集装箱货物的交接方式

集装箱货物的交接方式涉及多个环节，需要严格遵循操作规范，以确保货物顺利交接和运输。一是货物交接方式主要包括堆场交接和码头交接。堆场交接是指托运人将货物交至指定的集装箱堆场，由班轮公司负责装船；码头交接是指托运人直接将货物交至码头，由班轮公司装船。这两种交接方式各有优缺点，企业应根据实际情况选择合适的交接方式。二是货物交接过程中需办理相应的单证手续。托运人需提供装箱单、托运单和提单等单据，确保货物信息准确无误。装箱单详细列明货物的种类、数量、重量和包装等信息；托运单是托运人向班轮公司申请运输的文件；提单是货物装船后由班轮公司签发的货物收据和运输合同。最后，货物交接过程中应注意货物的安全和防护。交接时应对集装箱进行检查，确保无损坏和泄漏；交接后应加固集装箱，确保货物在运输过程中不受损坏；必要时应购买货物运输保险，以防止意外损失。

（三）集装箱班轮运输托运手续与程序

集装箱班轮运输的托运手续和程序包括订舱、装箱、报关、装船和提单等环节。一是订舱是托运人与班轮公司签订运输合同，预订舱位和船期。托运人需提供货物信息，如货物种类、数量、包装等，并支付订舱费。二是装箱是指托运人将货物装入集装箱，并运至指定的集装箱堆场或码头。装箱时应注意货物的安全和防护，确保装箱操作规范。三是报关是指托运人向海关申请出口许可，并提交相关单证，如商业发票、装箱单、报关单等。报关时应确保单证信息准确无误，货物符合出口国和进口国的法律法规。四是装船是指集装箱由堆场或码头装船，运至目的港。装船后，班轮公司签发提单，作为货物运输的收据和合同。最后，提单是货物到达目的港后，托运人凭提单提取货物。提单是货物所有权的证明，托运人应妥善保管。

集装箱班轮货物装运程序涉及装箱方式及种类、交接方式以及托运手续与程序。要合理选择装箱方式和集装箱种类，确保货物安全装箱；选择适合的交接方式，办理相应单证手续；严格按照订舱、装箱、报关、装船和提单等程序操作，是确保集装箱班轮运输顺利进行的重要保障。企业应熟悉并掌握这些程序和操作要点，以提高国际物流效率，降低运输风险，确保货物安全、及时到达目的地。

第四节　其他出口货物装运

一、提单及其应用

在国际贸易中，提单（Bill of Lading，B/L）是至关重要的单据之一。它不仅是运输合同和货物收据，还起到物权凭证的作用。理解提单的定义、性质与作用及其种类和使用方法，对确保国际贸易的顺利进行具有重要意义。以下详细探讨提单的相关内容，帮助企业更好地管理和运用提单。

（一）提单的定义

提单是由承运人签发的货物收据、运输合同和物权凭证。一是作为货物收据，提单证明承运人已经收到托运人交付的货物，并负责将其运送至目的地。例如当出口商将货物交给班轮公司时，班轮公司会签发提单，确认收到货物并准备装船。二是提单作为运输合同，规定了托运人与承运人之间的权利和义务。运输合同内容包括运输路线、装卸港、运费和交货时间等条款，例如提单上会明确指出货物从装货港到卸货港的运输细节和承运人的责任。三是提单是物权凭证,持有人凭借提单可以提取货物。提单的这一性质使其在国际贸易中具有重要的金融功能,可以用作信用证支付方式中的主要单据。例如买方在支付货款后,可以通过提单向承运人提取货物。

(二)提单的性质与作用

提单具有法律约束力和多重功能,确保国际贸易活动的顺利进行。一是提单作为货物收据,记录了货物的数量、重量、包装和质量等信息,提供了运输过程中货物的详细描述。例如提单上会详细列明货物的数量和规格,确保运输双方对货物有一致的认识。二是提单作为运输合同,明确了承运人的责任和义务,承运人需按照提单上的条款进行运输,确保货物按时、安全地送达目的地。如果出现货物损坏或丢失,提单作为合同证据,可以用于追究承运人的责任,如果货物在运输过程中损坏,托运人可以依据提单向承运人索赔。三是提单作为物权凭证,具有流通性和金融功能,持有人凭提单可以提取货物,提单的转让相当于货物所有权的转移。例如出口商可以将提单背书转让给银行作为融资抵押,获得贸易融资。

(三)提单的种类及其使用

提单根据不同的标准可分为多种类型,每种类型在使用上具有不同的特点和用途。一是按提单是否可以转让,分为记名提单、不记名提单和指示提单,记名提单仅限于提单上指定的人提货;不记名提单可以由提单持有人提货;指示提单可以通过背书转让给他人,例如出口商在使用指示提单时,可以将其背书给银行,银行再转让给进口商。二是按提单是否清洁,分为清洁提单和不清洁提单,清洁提单表示货物表面状况良好,无任何瑕疵;不清洁提单则注明货物有瑕疵或包装不良,例如清洁提单通常在信用证结算中被要求,因为它能保证货物的表面状况良好。三是按提单是否已装船,分为已装船提单和收货待运提单,已装船提单表示货物已经装上船只;收货待运提单则表示货物已被承运人接收,但尚未装船,例如进口商通常要求已装船提单,以确保货物已经在运输途中。

提单作为国际贸易中的关键单据,具有货物收据、运输合同和物权凭证的多重性质和作用,提单的种类多样,包括记名提单、不记名提单、指示提单、清洁提单、不清洁提单、已装船提单和收货待运提单,每种提单在实际使用中有其独特的功能和用途。企业在国际贸易中需熟练掌握提单的使用方法,确保货物运输的顺利进行和贸易活动的安全性。同时理解提单的法律效力和金融功能,有助于企业有效管理国际贸易中的风险,提升贸易操作的专业水平和效益。通过深入了解和灵活运用提单,企业可以更好地参与全球市场竞争,实现贸易目标。

二、货物收据

在国际贸易中,货物收据是证明承运人收到货物并负责运输的重要文件,货物收据的内容、签发人、性质及功能对确保货物顺利运输、保障贸易双方权益具有重要意义。以下探讨货物收据的界定、内容及签发人,货物收据的性质及其功能,以及FCR(Forwarder's Certificate of Receipt)签发人与出口商的关系,以全面理解货物收据在国际贸易中的应用。

(一)货物收据的界定、内容及签发人

货物收据是承运人或其代理人在收到货物后签发的,证明其已接收并将负责运输至目的地的文件。一是货物收据的界定包括其作为承运人收到货物的确认,以及承运人对货物的责任起始点。货物收据可以由船公司、航空公司、铁路公司或货运代理签发,具体形式和内容因运输方式而异。二是货物收据的内容通常包括托运人和收货人的名称和地址、货物描述(如种类、数量、重量、体积)、装货地点和目的地、运输方式、装运日期、提单号码等。此外,货物收据上还注明特殊的运输要求或货物状况,如是否为危险品、是否需要冷藏运输等。三是货物收据的签发人通常为承运人或其代理人,承运人可以是直接负责运输的公司,也可以是货运代理公司。货运代理公司在签发货物收据时,通常以代理人的身份代表承运人行事,签发货物收据时,承运人或代理人应确保信息准确无误,以避免因信息错误导致的纠纷和责任问题。

(二)货物收据的性质及其功能

货物收据具有多重性质和功能,是国际贸易中重要的法律和商业文件。一是货物收据是承运人收到货物的证明,它确认了承运人已接收托运人的货物,并将负责将其运输至指定目的地,这一性质使得货物收据在贸易中具有重要的法律

效力，可以作为货物交接和责任划分的依据。二是货物收据具有合同性质，签发货物收据意味着承运人和托运人之间达成了一项运输合同，承运人承诺按照合同条款将货物运输至目的地，并承担相应的责任和义务。这种合同性质确保双方权利和责任的明确，有助于避免和解决运输过程中出现的纠纷。三是货物收据具有物权凭证的性质，持有货物收据的合法持有人可以凭此提取货物，特别是在提单（B/L）中，这一性质更加明显。货物收据的物权凭证性质使其在国际贸易中具有重要的金融功能，可以用作信用证支付方式中的单据，帮助托运人进行贸易融资。

（三）FCR签发人与出口商的关系

FCR（Forwarder's Certificate of Receipt）是由货运代理签发的货物收据，确认其已收到出口商交付的货物，并将负责安排运输。一是FCR签发人与出口商之间是一种代理关系，货运代理代表出口商与承运人或其他运输服务提供者联系，安排货物的运输和交接。签发FCR时，货运代理应确保货物信息的准确性，并及时向出口商提供运输进展信息。二是FCR签发人与出口商之间还存在一定的信任关系，出口商依赖货运代理的专业知识和服务能力，确保货物能够安全、及时地运输至目的地。因此，货运代理在签发FCR和安排运输时，应尽职尽责，维护出口商的利益，如果在运输过程中出现问题，货运代理应及时与出口商沟通，并采取相应措施解决问题。三是FCR签发人与出口商之间的合同关系，签发FCR时，货运代理与出口商通常会签订一份运输服务合同，明确双方的权利和义务，合同中应包括运输方式、费用、时间安排、责任划分等内容。通过合同，出口商可以确保货运代理提供高质量的服务，并在出现争议时有据可依。

货物收据在国际贸易中具有重要的法律和商业意义，其界定、内容及签发人、性质及功能，以及FCR签发人与出口商的关系，构成了其在国际运输中的关键作用。货物收据作为承运人收到货物的证明、运输合同和物权凭证，确保了国际贸易活动的顺利进行。通过理解和正确运用货物收据，企业可以更好地管理国际物流，降低运输风险，确保货物安全、及时到达目的地。同时建立和维护与货运代理的良好关系，确保FCR签发过程中的信息准确和服务质量，有助于提高国际贸易的效率和效益。

三、海运单

海运单是国际海运货物运输中重要的单据之一，它与提单类似，但在某些方面具有不同的功能和使用场景,理解海运单的定义、性质及作用,海运单的形式与内容,及其流转程序,对出口企业确保货物运输的顺利进行和贸易安全具有重要意义。以下详细探讨海运单的相关内容,帮助企业在国际海运中更好地管理和运用海运单。

(一)海运单的定义、性质及作用

海运单(Sea Waybill)是由承运人或其代理人在收到货物后签发的,用于证明承运人已接收货物并将负责运输至目的地的文件。一是海运单的定义包括其作为承运人收到货物的确认,以及承运人对货物的责任起始点,海运单通常不具有物权凭证的性质,不可转让。二是海运单的性质主要体现为货物收据和运输合同,作为货物收据,海运单记录了货物的数量、重量、体积和包装等详细信息,确认承运人已接收货物。作为运输合同,海运单规定了承运人与托运人之间的权利和义务,明确了运输路线、装卸港、运费和交货时间等条款。三是海运单的作用在于简化货物交接流程,加快货物流转速度,由于海运单不具备物权凭证的性质,故货物的收货人无需凭单提货,只需向承运人证明其身份即可提取货物。这种简化的交接流程有助于减少货物在港口的滞留时间,提高运输效率。例如大型物流公司在使用海运单时,可以更迅速地完成货物交接,降低物流成本。

(二)海运单的形式与内容

海运单的形式和内容直接影响其使用和功能。一是海运单的形式通常为标准化的单据格式,便于国际贸易中不同国家和地区的使用,海运单通常由承运人或其代理人签发,并在单据上标明"Sea Waybill"字样,以区别于其他运输单据。二是海运单的内容包括托运人和收货人的名称和地址、货物描述(如种类、数量、重量、体积)、装货地点和目的地、运输方式、装运日期、运费及支付方式等详细信息。此外,海运单还包含特殊的运输要求或货物状况,如是否为危险品、是否需要冷藏运输等。三是海运单上的各项内容须准确无误,确保货物在运输过程中的顺利交接。例如托运人需确保货物描述详细准确,避免因信息不符而导致的纠纷;承运人需在海运单上明确运费及支付方式,确保运输费用的顺利结算。

(三)海运单的流转程序

海运单的流转程序相对简单,主要包括签发、交付、运输和提货四个环节,一是签发海运单是由承运人或其代理人在收到货物后进行的,确认其已接收托运人的货物。签发时,承运人须核对货物信息,确保海运单内容准确无误。二是交付海运单是指承运人将签发的海运单交付给托运人,作为货物运输的凭证。托运人在收到海运单后,须将其转交给收货人或其代理人,以便后续提货使用。由于海运单不具备物权凭证的性质,收货人无需凭单提货,只需向承运人证明其身份即可。三是运输过程是指承运人按照海运单上的条款,将货物从装货地点运输至目的地。在运输过程中,承运人须确保货物的安全和完整,按照合同约定的时间和路线完成运输任务。最后,提货是指收货人在货物到达目的地后,凭借海运单或其他身份证明向承运人提取货物。提货时,收货人须核对货物信息,确保货物与海运单描述一致,如发现货物损坏或数量不符,收货人应及时向承运人提出索赔。

海运单作为国际海运货物运输中的重要单据,具有货物收据和运输合同的性质,简化了货物交接流程,提升了运输效率。海运单的形式和内容标准化,便于国际贸易中不同国家和地区的使用,其流转程序包括签发、交付、运输和提货四个环节。通过正确理解和运用海运单,企业可以更好地管理国际物流,确保货物安全、及时地运输至目的地,提升国际贸易的效率和安全性。同时掌握海运单的操作要点,有助于企业降低物流成本,增强国际市场竞争力。

第三章 关税与非关税措施

第一节 关税的分类

一、关税的概念

关税作为国际贸易中最常见的一种税收形式，是指一国对进出口货物和物品所征收的税款。关税政策不仅是各国政府实现财政收入的重要手段之一，同时也是调控对外贸易、保护本国经济的重要工具。关税政策的制定和实施对一国经济的影响深远，它不仅关系到国家的经济安全，还直接影响到企业的竞争力和消费者的福利水平，了解关税的概念和分类，对于深入研究国际贸易具有重要意义。

（一）从价税与从量税

从价税是根据进出口货物的价格按照一定比例征收的关税，这种税收方式是最为普遍和常见的，比如，一国对进口汽车征收10%的关税，假设一辆进口汽车的价格为2万美元，那么其关税为2000美元。从价税的优点在于它能够随着商品价格的变动而灵活调整税收负担，体现了一定的公平性。然而从价税也存在一定的不足之处，如商品价格波动较大时，税收收入的不稳定性会影响政府的财政计划。相对于从价税，从量税是按照进出口货物的数量或重量征收的关税。例如对每吨进口钢材征收50美元的关税。这种税收方式的优点在于其税收收入相对稳定，不受商品价格波动的影响。但从量税也存在一定的局限性，特别是在价格差异较大的商品上，同等重量或数量的商品因为其价格的巨大差异而导致税收负担的不公平。两种税收方式各有利弊，在实际运用中，很多国家会根据具体情况，选择适合自己的关税形式，甚至采取从价税和从量税相结合的方式，以平衡税收公平与税收收入的稳定性。

（二）普遍税与优惠税

普遍税是对所有国家的进出口货物一视同仁，按照统一的税率征收的关税，这种税收方式强调税收公平，避免了因国别不同而产生的贸易歧视，然而在国际贸易实践中，各国往往会根据政治、经济和外交关系，对特定国家或地区实施优惠税率。这种税率低于普遍税率，称为"优惠税"，优惠税的实施主要体现在自由贸易区和区域经济合作组织中，例如欧盟内部成员国之间的贸易多实行零关税政策，以促进区域内经济一体化和贸易自由化。此外，一些发达国家会对发展中国家和最不发达国家的部分商品，给予关税减免或零关税待遇，以支持这些国家的发展。普遍税和优惠税的并存，反映了国际贸易中的复杂性和多样性，普遍税保障了税收公平，而优惠税则有助于实现特定的经济和外交目标，在实际操作中，各国需要根据自身的战略利益，灵活运用这两种关税形式。

（三）出口关税与进口关税

关税按征收对象的不同，可以分为出口关税和进口关税，进口关税是对从国外进口的商品征收的关税，这种税收方式旨在保护国内产业，防止国外商品对本国市场的冲击。进口关税是各国关税政策的主要形式，对一国的贸易保护和经济安全具有重要作用。出口关税则是对本国生产并出口到国外的商品征收的关税。出口关税的主要目的是控制国内资源的流失，调节国内市场供求平衡，并增加国家财政收入。例如中国对某些稀有金属和矿产品实行出口关税，以保护国内资源，促进资源的合理利用，虽然出口关税在国际贸易中相对不太常见，但在一些特定领域和特定时期，出口关税仍然发挥着重要作用。进口关税和出口关税的合理运用，可以有效调节一国的对外贸易，保护国家利益，促进经济健康发展。

关税作为国家税收体系的重要组成部分，对国际贸易和经济发展具有重要影响，从价税与从量税、普遍税与优惠税、出口关税与进口关税等不同类型的关税形式，体现了关税政策的多样性和灵活性。通过合理制定和实施关税政策，各国政府可以有效保护本国经济，调控对外贸易，实现经济利益的最大化。关税政策的不断调整和优化，也是应对国际经济环境变化、促进国际贸易健康发展的重要手段。理解关税的概念和分类，有助于更好地掌握国际贸易的基本规律，为经济决策提供科学依据。

二、关税的主要特点

关税作为国家对进出口商品征税的一种手段,不仅在调节国际贸易、保护国内产业和获取财政收入方面发挥着重要作用,还具有其独特的特点和功能。了解关税的主要特点,有助于更好地理解其在经济政策中的运用和影响。关税的特点不仅体现在其税收手段的多样性和灵活性上,还体现在其对国际贸易和经济发展的深远影响上。

(一)关税的调节性

关税的调节性是其最显著的特点之一,通过调整关税税率,国家可以灵活地调节进口商品的数量和结构,从而实现对外贸易的有效控制,关税的调节性主要体现在以下几个方面:一是关税可以调节进口商品的价格,提高或降低进口商品在国内市场上的竞争力。通过提高进口商品的关税税率,可以增加进口商品的成本,使其价格上升,从而减少进口量,保护国内产业不受外来竞争的冲击。反之,通过降低关税税率,可以降低进口商品的价格,增加其在国内市场上的竞争力,从而扩大进口量,满足国内市场需求。二是关税可以调节进口商品的种类和结构,通过对不同种类的商品实行不同的关税税率,国家可以引导进口商品的结构,促进国内产业的合理布局和优化升级。例如对高科技产品和关键原材料实行低关税,鼓励其进口,促进国内产业的技术进步和结构升级;对普通消费品和非必需品实行高关税,抑制其进口,保护国内相关产业的发展。三是关税还可以调节国家间的贸易关系,通过调整关税税率,国家可以对不同国家和地区的贸易伙伴实行差别待遇,从而实现对外贸易政策的灵活运用。例如对友好国家和地区实行优惠关税待遇,促进双边贸易的发展;对贸易摩擦严重的国家和地区实行高关税措施,限制其商品进口,保护本国利益。

(二)关税的保护性

关税的保护性是其另一显著特点,通过对进口商品征收关税,国家可以提高进口商品的价格,减少其在国内市场上的竞争力,从而保护国内产业的发展,关税的保护性主要体现在以下几个方面:一是关税可以保护新兴产业的发展。新兴产业在其发展初期,通常处于技术水平低、生产成本高、市场竞争力弱的状态,难以与国外先进企业竞争,通过对进口商品征收高关税,可以提高进口商品的价格,增强国内新兴产业的竞争力,为其发展提供保护伞,促进其成长和壮大。二是关税可以保护传统产业的稳定发展,传统产业虽然在国内具有一定的市场基础和竞争优势,但在面对国际市场的激烈竞争时,仍面临生存压力,通过对进口商品征收关税,可以减少国外商品的冲击,保护国内传统产业的稳定发展,维持社会的就业和经济的稳定。三是关税还可以保护国家的经济安全,某些重要的战略性资源和产品,对国家的经济和社会发展具有重要影响。通过对这些产品的进口征收高关税,可以减少其进口依赖,保护国家的经济安全和战略利益。例如对能源、粮食等重要资源和产品实行高关税,可以减少对外依赖,确保国家的能源安全和粮食安全。

(三) 关税的财政性

关税的财政性是其最基本的特点之一,作为一种税收手段,关税不仅可以调节国际贸易和保护国内产业,还可以为国家财政提供稳定的收入来源。关税的财政性主要体现在以下几个方面:一是关税是国家财政收入的重要组成部分,通过对进出口商品征收关税,国家可以获得大量财政收入,用于公共服务、基础设施建设、社会福利等方面。特别是对那些进出口规模较大、关税税率较高的商品,关税收入的贡献更为显著。二是关税具有税收稳定性,由于国际贸易的持续进行和商品流通的稳定性,关税收入具有相对稳定的特点。即使在经济波动和市场变化的情况下,关税收入仍能保持一定的稳定性,为国家财政提供可靠的收入保障。三是关税还具有税收灵活性,通过调整关税税率和征收范围,国家可以灵活地调节关税收入,实现财政政策的有效运用,例如在财政紧张时,通过提高关税税率,可以增加财政收入;在需要刺激经济时,通过降低关税税率,可以促进进口和消费,拉动经济增长。

关税作为国家调节国际贸易、保护国内产业和获取财政收入的重要手段,具有调节性、保护性和财政性等显著特点,这些特点不仅决定了关税在经济政策中的重要地位,也决定了其在国际贸易和经济发展中的深远影响。通过合理运用关税手段,国家可以实现经济结构调整、产业升级和贸易平衡,推动经济的可持续发展。同时关税政策的制定和实施,需要综合考虑国内外经济形势、产业发展需求和国际贸易环境,确保其在实现国家经济目标的同时,促进国际贸易的健康发展和全球经济的合作共赢。

三、关税的种类

关税作为国际贸易的重要调控手段，不仅在保护国内产业、调节市场价格、促进经济发展等方面发挥着重要作用，还具有多种分类方式。这些分类方式不仅反映了关税的多样性和复杂性，也体现了国家在制定和实施关税政策时的战略考量。了解关税的不同种类，有助于全面把握其功能和作用，进而更好地理解其对国际贸易和经济发展的影响。

（一）根据征收方式分类

根据征收方式，关税可以分为从价税、从量税和复合税三种。从价税是按照商品的价格征收的关税，即根据进口或出口商品的价格按一定的税率征收一定比例的税款。它的优点是能够反映商品的市场价值，税负相对公平；但其缺点在于，商品价值的评估存在一定的难度，导致税收的不确定性。从价税的使用较为普遍，特别是对价格波动较大的商品。从量税是按照商品的数量、重量、体积等物理量征收的关税，即根据商品的数量、重量或体积按固定的税额征收税款。它的优点是征税标准简单明确，易于操作，税收收入稳定；但其缺点在于无法反映商品的市场价值，会对高价值商品和低价值商品征收相同的税额，税负不够公平。此类税种多用于农产品、矿产品等大宗商品。复合税是结合从价税和从量税两种方式对商品征收的关税，即对商品的价值和数量同时进行征税。这种方式能够综合两种税种的优点，既能反映商品的市场价值，又能保证税收的稳定性，但其征税过程相对复杂，需要准确评估商品的价值和数量，复合税多用于高附加值商品和成套设备。

（二）根据征收对象分类

根据征收对象，关税可以分为进口关税、出口关税和过境关税三种。进口关税是国家对从国外进口的商品征收的税款。其主要目的是保护国内产业，防止国外廉价商品冲击国内市场，维护国家经济安全。同时进口关税也是国家财政收入的重要来源。进口关税的税率通常根据商品的种类、用途和原产地等因素确定，对不同商品实行差别税率。出口关税是国家对出口到国外的商品征收的税款。其主要目的是调节出口商品的数量和结构，维护国家资源和环境安全，以及调控国内市场供应和价格。出口关税的税率一般较低，主要适用于资源性商品和初级产品，目的是限制其过度出口，保护国内资源和环境。过境关税是国家对经过其领土、港口或其他关境转运到第三国的商品征收的税款。其主要目的是补偿国家提供过境服务的成本，并在一定程度上调控国际商品流通，过境关税在现代国际贸易中较为少见，多用于陆路运输的过境贸易。

（三）根据征收目的分类

根据征收目的，关税可以分为财政关税、保护关税、调节关税和报复性关税四种。财政关税主要目的是增加国家财政收入。其税率一般较低，不具有明显的保护性，主要适用于一般消费品和非必需品。财政关税的征收，有助于国家财政的稳定和社会公共服务的提供。保护关税主要目的是保护国内产业免受外国竞争的冲击。其税率通常较高，对进口商品的价格产生显著影响，从而减少其市场竞争力，保护国内企业的发展。保护关税多用于新兴产业、传统产业以及战略性产业。调节关税是国家根据经济形势和贸易政策的需要，对进口商品的数量和结构进行调节的关税。其税率根据实际需要灵活调整，目的是保持贸易平衡，防止贸易逆差过大，促进经济的平稳运行。调节关税多用于重要的生产资料和生活资料，如原油、粮食和医药产品，这类关税旨在调控市场供需，保护国内产业发展，以及平衡国内外价格水平。报复性关税是国家在国际贸易争端中，为反制他国的不公平贸易措施，对其进口商品征收的高额关税。其目的是迫使对方国家取消或减少不公平的贸易措施，维护国家的贸易利益和经济安全。报复性关税通常具有较强的针对性和临时性，反映了国家在国际贸易中的博弈策略。

（四）根据关税制度分类

根据关税制度，关税可以分为一般关税、最惠国关税和特惠关税三种。一般关税是国家对所有进口商品普遍适用的关税税率，不区分商品的来源国或地区。其目的是保证关税政策的公平性和透明度，一般关税是最常用的一种关税制度。最惠国关税是国家根据与特定国家或地区签订的双边或多边贸易协定，对其进口商品给予的优惠关税待遇。最惠国关税税率通常低于一般关税税率，其目的是促进双边或多边贸易关系的发展，增加贸易往来。特惠关税是国家根据与特定国家或地区签订的特别贸易协定，对其进口商品给予的特别优惠关税待遇。特惠关税税率低于最惠国关税税率，甚至实行零关税。其目的是加强与特定国家或地区的经济合作，促进区域经济一体化，特惠关税多用于区域经济合作组织内部，如欧盟内部成员国间的关税政策。

关税作为国家调控国际贸易、保护国内产业和增加财政收入的重要手段，具有多种分类方式，根据征收方式，关税可以分为从价税、从量税和复合税；根据征收对象，关税可以分为进口关税、出口关税和过境关税；根据征收目的，关税可以分为财政关税、保护关税、调节关税和报复性关税；根据关税制度，关税可以分为一般关税、最惠国关税和特惠关税。不同类型的关税在经济和社会发展中发挥着不同的作用，反映了国家在制定和实施关税政策时的多重考虑。通过合理运用各种关税手段，国家可以实现经济结构调整、产业升级和贸易平衡，推动经济的可持续发展。同时关税政策的制定和实施需要综合考虑国内外经济形势、产业发展需求和国际贸易环境，确保其在实现国家经济目标的同时，促进国际贸易的健康发展和全球经济的合作共赢。

第二节 关税措施

一、关税的保护程度

关税作为国家调控国际贸易的重要工具，其保护程度直接关系到国内产业的发展和国家经济的稳定。关税的保护程度主要体现在对国内产业的保护力度、对进口商品的限制程度、对经济发展的影响以及对国际贸易关系的调节作用等方面。了解关税的保护程度，有助于更好地理解其在国际贸易中的功能和作用，从而制定更加科学合理的贸易政策。

（一）高关税的保护作用

高关税是指国家对进口商品征收较高的关税税率，以达到保护国内产业的目的，高关税的保护作用主要体现在以下几个方面：一是高关税可以有效提高进口商品的价格，降低其在国内市场上的竞争力，从而保护国内企业免受外来竞争的冲击。特别是在新兴产业和战略性产业发展初期，高关税可以为这些产业提供必要的保护伞，促进其成长和壮大。例如中国在20世纪80年代和90年代对汽车、电子等新兴产业实行高关税政策，有效地促进了这些产业的发展。二是高关税可以减少进口商品的数量，保护国内市场的稳定，通过对某些重要商品和资源实行高关税，可以减少其进口量，保持国内市场的供需平衡，避免因过度进口导致的市场波动和价格下跌。例如对粮食、能源等重要物资实行高关税，可以确保国内供应的稳定性和安全性。三是高关税还可以鼓励国内企业提高竞争力，尽管高关税在短期内提供了保护，但长期来看，企业需要通过技术创新和管理提升来增强自身的竞争力，以应对未来市场开放和国际竞争，高关税政策可以为企业提供一个相对稳定的发展环境，推动其不断提升竞争力。四是高关税可以增加国家财政收入，为经济发展提供资金支持。通过对进口商品征收高关税，国家可以获取大量的财政收入，用于公共服务、基础设施建设和社会福利等方面，促进经济的可持续发展。

（二）低关税的促进作用

与高关税相对，低关税是指国家对进口商品征收较低的关税税率，甚至实行零关税，以促进国际贸易的发展。低关税的促进作用主要体现在以下几个方面：一是低关税可以降低进口商品的价格，增加国内消费者的福利，通过降低关税税率，可以减少进口商品的成本，使其价格下降，增加消费者的选择和购买力，提高生活水平。例如通过降低对生活必需品和消费品的关税，可以减轻消费者的经济负担，提升社会福利。二是低关税可以促进国际贸易的增长，通过降低关税税率，可以减少贸易壁垒，增加进口商品的流通，促进国际贸易的发展。特别是在全球化背景下，低关税政策可以促进各国之间的经济合作和贸易往来，推动全球经济一体化。例如世界贸易组织（WTO）倡导的关税减让政策，促进了全球贸易的自由化和便利化。三是低关税可以促进国内产业的升级和转型，尽管低关税在短期内增加了外来竞争，但长期来看，可以通过市场竞争倒逼国内企业进行技术创新和产业升级，提升自身的竞争力。例如通过降低对高科技产品和关键原材料的关税，可以引进先进技术和生产设备，推动国内产业的升级和转型。四是低关税可以改善国家间的贸易关系，通过对特定国家或地区实行优惠关税待遇，可以促进双边或多边贸易关系的发展，增加贸易往来，促进经济合作。例如通过与特定国家或地区签订自由贸易协定，实行低关税或零关税，可以加强经济联系，促进区域经济一体化。

（三）保护关税的选择和实施

保护关税是国家为保护国内产业免受外国竞争的冲击，对进口商品征收的高关税。保护关税的选择和实施需要综合考虑多方面的因素，以确保其有效性和合理性。主要体现在以下几个方面：一是保护关税的选择需要基于对国内产业的全面分析，国家在选择实施保护关税时，需要对国内产业的现状、发展潜力和市场竞争力进行全面评估，确定需要保护的产业和商品，例如对新兴产业和战略性产业，可以选择实行保护关税，为其发展提供必要的保护。二是保护关税的实施需要兼顾短期和长期利益，保护关税在短期内可以有效减少外来竞争，保护国内产业的发展，但长期来看，导致企业依赖保护措施，缺乏竞争动力。因此，国家在实施保护关税时，需要制定科学的保护期限和逐步开放的计划，推动企业在保护期内提升竞争力。三是保护关税的实施需要遵循国际规则，国家在实施保护关税时，需要遵循世界贸易组织（WTO）的相关规则和协议，避免因关税措施引发国际贸易争端和制裁。例如国家在实施保护关税前，需要向WTO通报和咨询，并采取必要的补救措施，确保关税措施的合法性和合理性。四是保护关税的实施需要结合其他政策措施，保护关税的实施需要与产业政策、技术创新政策、市场监管政策等相结合，形成综合性的保护体系。例如通过税收优惠、资金支持、技术研发等政策措施，推动国内企业提高竞争力，确保保护关税的效果。

（四）关税保护与经济发展的平衡

关税保护与经济发展的平衡是国家在制定和实施关税政策时需要考虑的重要问题。如何在保护国内产业和促进经济发展的同时保持贸易平衡和市场稳定，是关税政策的核心目标。其主要体现在以下几个方面：一是关税保护需要与市场开放相结合，国家在实施关税保护时，需要根据国内产业的发展情况和国际市场的变化，逐步推进市场开放，实现保护与开放的动态平衡。例如在保护新兴产业的同时可以逐步降低关税，增加市场竞争，推动产业升级。二是关税保护需要与经济结构调整相结合，国家在实施关税保护时，需要根据经济结构调整的需求，选择性地对重点产业和关键领域实施保护措施，推动经济结构的优化和升级。例如通过对高科技产业实行保护关税，可以促进技术创新和产业升级，提升经济的整体竞争力。三是关税保护需要与国际合作相结合，国家在实施关税保护时，需要加强与其他国家和国际组织的合作,协调关税政策,维护国际贸易秩序。例如通过参与区域经济合作和全球贸易谈判,可以实现关税保护与国际合作的双赢。四是关税保护需要与社会福利相结合,国家在实施关税保护时,需要综合考虑社会福利和民生需求,确保关税政策的实施不会对消费者造成过大负担。例如通过对生活必需品和民生物资实行低关税或零关税,可以减轻消费者的经济压力,提升社会福利。

关税的保护程度直接关系到国家经济的稳定和发展,高关税通过提高进口商品价格、减少进口数量、鼓励企业竞争力提升和增加财政收入,发挥显著的保护作用;低关税通过降低商品价格、促进国际贸易、推动产业升级和改善贸易关系,具有重要的促进作用;保护关税的选择和实施需要基于全面分析、兼顾短期和长期利益、遵循国际规则和结合其他政策措施,确保其有效性和合理性;关税保护与经济发展的平衡需要与市场开放、经济结构调整、国际合作和社会福利相结合,实现保护与发展的动态平衡。通过合理运用关税手段,国家可以实现经济结构调整、产业升级和贸易平衡,推动经济的可持续发展。同时关税政策的制定和实施需要综合考虑国内外经济形势、产业发展需求和国际贸易环境,确保其在实现国家经济目标的同时,促进国际贸易的健康发展和全球经济的合作共赢。

二、海关税则和通关手续

海关税则和通关手续是国际贸易中至关重要的环节,海关税则指的是国家为进口商品制定的税率表,而通关手续则是指商品通过海关所需经历的各种程序和手续。了解和掌握海关税则和通关手续,不仅能帮助企业更有效地进行国际贸易,也能促进国家经济的发展和对外贸易的顺利进行。

(一)海关税则的定义与分类

海关税则是指国家对进出口商品征收关税时所依据的税率表和分类标准,海关税则的主要功能是确定各类商品的关税税率,并对商品进行分类,以便于关税的征收和管理。海关税则根据不同的标准可以进行多种分类,主要包括以下几种:一是按照商品的用途和性质,海关税则可以分为消费品税则、生产资料税则和资源性产品税则,消费品税则主要适用于生活必需品和一般消费品,如食品、服装、日用品等;生产资料税则主要适用于工业生产所需的原材料、设备和零部件等；资源性产品税则主要适用于能源、矿产、木材等自然资源类商品。二是按照税率的高低，海关税则可以分为普通税则和优惠税则，普通税则适用于一般国家和地区进口商品，其税率通常较高；优惠税则适用于与本国有特殊贸易关系的国家和地区的进口商品，其税率相对较低，如最惠国税率、特惠税率等。三是按照征税的依据，海关税则可以分为从价税则和从量税则，从价税则是按照商品的价值征收关税，即根据进口商品的价格按一定的税率征收一定比例的税款；从量税则是按照商品的数量、重量、体积等物理量征收关税，即根据商品的数量、重量或体积按固定的税额征收税款。四是按照税则的编制方式，海关税则可以分为单一税则和复合税则，单一税则是对某一种商品仅适用一种税率，如从价税率或从量税率；复合税则是对某一种商品同时适用从价税率和从量税率，即按照商品的价值和数量同时征税。

（二）海关税则的制定与调整

海关税则的制定和调整是国家在对外贸易中调控关税政策的重要手段，合理的海关税则不仅有助于保护国内产业、调节市场供需，还能增加国家财政收入和促进国际贸易的健康发展。海关税则的制定和调整主要包括以下几个方面：一是海关税则的制定需要综合考虑国内外经济形势、产业发展需求和国际贸易环境。国家在制定海关税则时，需要对国内产业的现状、发展潜力和市场竞争力进行全面评估，并参考国际市场的供需变化和贸易伙伴的关税政策，确保税则的科学性和合理性。二是海关税则的调整需要及时响应市场变化和贸易环境的变化。随着国内外经济形势的变化，国家需要根据市场供需、产业结构调整和贸易关系变化，及时调整海关税则，确保其适应经济发展的需要。例如在经济发展初期，为保护国内新兴产业，可以适当提高进口商品的关税税率；在经济开放阶段，为促进国际贸易和经济合作，可以适当降低关税税率。三是海关税则的调整需要遵循国际规则和协议，国家在调整海关税则时，需要遵循世界贸易组织（WTO）等国际组织的规则和协议，确保税则调整的合法性和合理性。例如在与其他国家或地区签订自由贸易协定时，需要按照协定规定的税率调整海关税则，促进双边或多边贸易关系的发展。四是海关税则的调整需要兼顾社会福利和民生需求，国家在调整海关税则时，需要综合考虑社会福利和民生需求，确保税则调整不会对消费者造成过大负担。例如通过对生活必需品和民生物资实行低关税或零关税，可以减轻消费者的经济压力，提升社会福利。

(三) 通关手续的基本流程

通关手续是指商品通过海关所需经历的各种程序和手续，通关手续的基本流程主要包括报关、查验、缴税和放行四个环节。每个环节都涉及具体的操作和管理，确保进口商品顺利通过海关，进入国内市场。一是报关是指进口商或其代理人向海关提交报关单据，申报进口商品的品名、数量、价值、原产地等信息。报关单据包括进口报关单、发票、装箱单、提单、原产地证明等，报关是通关手续的第一个环节，也是确保商品合法进口的重要步骤。二是查验是指海关对报关单据和进口商品进行核对和检查，确认商品的品名、数量、价值、原产地等信息是否与申报一致。查验的目的是防止走私、逃避关税等违法行为，确保国家利益和市场秩序，查验的方式包括抽样查验、现场查验和机器查验等。三是缴税是指进口商按照海关税则的规定，向海关缴纳进口商品的关税和其他税费，缴税是通关手续的关键环节，也是国家获取财政收入的重要手段，缴税的金额根据商品的价值、数量和关税税率计算，进口商需要在规定时间内缴纳税款，方可完成通关手续。四是放行是指海关在完成报关、查验和缴税后，签发放行单据，允许进口商品通过海关，进入国内市场，放行是通关手续的最后一个环节，也是进口商品正式进入市场的重要标志，放行的条件是进口商按照规定完成所有通关手续，并缴纳所有税费。

(四) 通关手续的便利化措施

为了提高通关效率，促进国际贸易发展，国家和海关部门采取了一系列通关手续的便利化措施，这些措施主要包括简化报关程序、推行电子报关、实行预先审查和推广"一站式"服务等。一是简化报关程序是通关手续便利化的重要措施。通过减少报关单据种类、简化申报内容和优化报关流程，可以大大缩短报关时间，提高通关效率，例如海关可以实行"一单多报"制度，即进口商在一次报关中，可以同时申报多个商品，减少重复申报和重复查验。二是推行电子报关是提高通关效率的重要手段，通过建立电子报关系统，进口商可以在网上提交报关单据，进行电子申报和电子支付，减少人工操作和纸质单据，提高报关效率和准确性。例如中国海关推行的"单一窗口"系统，允许进口商通过一个平台完成所有通关手续，极大地方便了企业的报关操作。三是实行预先审查是通关手续便利化的有效措施，通过在货物到达前进行预先审查，海关可以提前核对报关单据和商品信息，缩短现场查验时间，提高通关效率。例如进口商可以在货物装运前向海关提交报关单据，进行预先审查和预先缴税，到达后直接放行。四是推广"一站式"服务是提高通关效率的重要举措，通过在海关、检验检疫、税务、银行等部门之间建立"一站式"服务平台，进口商可以在一个窗口完成所有通关手续，减少多部门、多环节的操作，提高通关效率和服务质量。例如中国在主要口岸设立的"一站式"服务中心，提供海关、检验检疫、税务等多部门联合办公服务，大大简化了通关手续。

海关税则和通关手续是国际贸易中不可或缺的重要环节，海关税则通过对进出口商品征收关税，调控市场供需，保护国内产业，增加国家财政收入；通关手续通过一系列程序和操作，确保进口商品顺利通过海关，进入国内市场。海关税则的定义与分类、制定与调整，通关手续的基本流程和便利化措施，都是确保国际贸易顺利进行的重要保障。通过合理运用海关税则和优化通关手续，国家可以实现经济结构调整、产业升级和贸易平衡，推动经济的可持续发展。同时海关税则和通关手续的制定和实施需要综合考虑国内外经济形势、产业发展需求和国际贸易环境，确保其在实现国家经济目标的同时，促进国际贸易的健康发展和全球经济的合作共赢。

第三节 非关税壁垒

一、非关税壁垒的含义

在国际贸易中，除了关税外，非关税壁垒也是各国用来调控贸易、保护国内产业的重要手段。非关税壁垒是指国家通过法律、行政、技术等手段对进口商品进行限制或控制的一系列措施。这些措施虽然不直接表现为税收，但对国际贸易的影响却不容小觑，了解非关税壁垒的含义及其作用，对于理解国际贸易政策和全球贸易环境具有重要意义。

（一）非关税壁垒的定义及特征

非关税壁垒是指国家通过关税以外的手段，对进出口商品实行的一系列限制措施,以达到调控贸易、保护国内产业、维护国家经济安全等目的。非关税壁垒的主要特征包括以下几个方面:一是非关税壁垒具有隐蔽性,与关税不同,非关税壁垒不直接表现为税收,而是通过各种法律、行政、技术等手段对进口商品进行限制,这些措施往往不易被发现,具有较强的隐蔽性,使得外界难以准确评估其影响。二是非关税壁垒具有多样性,非关税壁垒的形式多种多样,涉及技术标准、卫生检疫、配额限制、进口许可证等多个方面,不同国家根据自身经济状况和产业特点,采取不同的非关税壁垒措施,导致其形式和内容复杂多样。三是非关税壁垒具有灵活性,非关税壁垒的实施可以根据市场变化和贸易环境的需要进行调整,具有较强的灵活性,国家可以根据经济形势和政策需求,随时调整非关税壁垒措施,以实现对外贸易的有效控制和管理。

(二)非关税壁垒的类型及作用

非关税壁垒根据其实施方式和作用机制的不同,可以分为以下几种类型:一是技术性贸易壁垒,技术性贸易壁垒是指国家通过制定严格的技术标准、质量要求和检验检测制度,对进口商品进行限制。这些措施主要目的是保护国内消费者的健康和安全,维护环境和生态平衡,例如欧盟对进口食品和农产品制定了严格的卫生检疫标准和技术规范,限制不符合标准的商品进入市场。二是数量性限制措施,数量性限制措施是指国家通过配额、许可证等手段,对进口商品的数量进行控制,这些措施主要目的是保护国内产业,避免市场被大量进口商品占据,造成国内企业的生存压力。例如美国对某些纺织品和服装实行配额限制,控制其进口数量,以保护本国纺织产业的发展。三是贸易救济措施,贸易救济措施是指国家为应对国际贸易中的不公平竞争行为,采取的反倾销、反补贴和保障措施。这些措施主要目的是保护国内产业免受不公平竞争的冲击,维护公平的贸易环境,例如中国对从美国进口的部分钢铁产品采取了反倾销措施,保护国内钢铁企业的合法权益。

(三)非关税壁垒的影响及挑战

非关税壁垒在保护国内产业和维护国家经济安全方面发挥了重要作用,但同时也对国际贸易和全球经济合作带来了挑战和影响。一是非关税壁垒对国际贸易的影响。非关税壁垒虽然不直接表现为税收,但通过各种限制措施,增加了进口商品的成本和难度，削弱其市场竞争力，从而影响国际贸易的正常进行，特别是在全球化背景下，非关税壁垒导致贸易摩擦和争端，影响国际贸易关系的稳定。二是非关税壁垒对国内经济的影响，非关税壁垒在保护国内产业的同时导致市场封闭和技术进步的滞后，过度依赖非关税壁垒，使国内企业失去国际竞争的动力，影响其长远发展，同时非关税壁垒也增加消费者的成本，影响社会福利。三是非关税壁垒对国际合作的影响，非关税壁垒的多样性和复杂性，使得国际贸易规则和协定的制定以及执行面临挑战，特别是在世界贸易组织（WTO）框架下，各国需要通过谈判和协商，解决非关税壁垒带来的贸易争端和摩擦，维护国际贸易秩序和全球经济合作。

非关税壁垒是国家在国际贸易中调控进口商品、保护国内产业和维护经济安全的重要手段，其隐蔽性、多样性和灵活性，使其在国际贸易中发挥了重要作用。非关税壁垒包括技术性贸易壁垒、数量性限制措施和贸易救济措施等多种类型，其在保护国内产业和维护国家经济安全方面具有重要意义。然而非关税壁垒也对国际贸易、国内经济和国际合作带来了挑战和影响，为实现国际贸易的健康发展和全球经济的合作共赢，国家在实施非关税壁垒时，需要综合考虑国内外经济形势、产业发展需求和国际贸易环境，制定科学合理的非关税壁垒措施。同时各国需要通过谈判和协商，加强国际合作，解决非关税壁垒带来的贸易争端和摩擦，维护国际贸易秩序和全球经济的稳定发展。

二、非关税壁垒的特点

非关税壁垒作为国家调控国际贸易的重要工具，与关税壁垒相比具有独特的特点和优势，这些特点使得非关税壁垒在保护国内产业、维护国家经济安全和调节国际贸易方面发挥更为灵活和有效的作用。现从四个方面探讨非关税壁垒的特点，包括其灵活性和针对性、有效性、隐蔽性和歧视性。

（一）非关税壁垒比关税壁垒具有更大的灵活性和针对性

非关税壁垒具有更大的灵活性和针对性，使其能够更精准地达到国家的贸易和经济政策目标。一是非关税壁垒的灵活性体现在其多样化的形式和手段上，国家可以根据不同的经济形势和市场需求，采取技术性贸易壁垒、数量性限制措施、卫生检疫标准等多种手段。这些手段可以随时调整和变更，适应不断变化的国际贸易环境，例如当某类进口商品对国内产业构成威胁时，国家可以迅速调整技术标准或配额限制，达到保护国内产业的目的。二是非关税壁垒的针对性体现在其对特定商品、行业或国家的精准调控上，关税壁垒通常是对所有进口商品统一征收，而非关税壁垒则可以针对特定商品或行业进行限制和控制。例如国家可以对某些高污染、高能耗的进口商品实行严格的环境保护标准，就某些对国内安全有影响的商品实行严密的检验检疫制度，以保护国内环境和安全。再次，非关税壁垒的灵活性和针对性还体现在其实施方式的多样性上，国家可以根据需要，灵活选择不同的非关税手段，如进出口许可证制度、技术标准、卫生检疫等，既可以单独使用，也可以综合运用，以达到最佳的政策效果。最后，非关税壁垒的灵活性和针对性还表现在其调整和取消的便捷性上，相比关税调整涉及复杂的立法程序和国际协调，非关税壁垒的调整和取消相对简便，国家可以根据实际需要，迅速做出决策和调整，以应对国际市场的变化和国内产业的需求。

（二）非关税壁垒比关税壁垒更具有效性

非关税壁垒在保护国内产业和调控国际贸易方面，往往比关税壁垒具有更强的有效性。一是非关税壁垒的有效性体现在其对进口商品的直接影响上，通过实施严格的技术标准、卫生检疫和质量要求，非关税壁垒可以直接限制不符合标准的进口商品进入国内市场，从而有效保护国内消费者的安全和健康。例如通过严格的食品安全标准，可以阻止不合格的食品进口，保护国内消费者的健康。二是非关税壁垒的有效性体现在其对国内产业的保护上，通过对进口商品实行数量限制、配额管理和进口许可证制度，非关税壁垒可以有效减少进口商品的数量，保护国内企业的市场份额和竞争力。例如通过对某些工业产品实行配额限制，可以防止国外廉价商品对国内市场的冲击，保护国内制造业的发展。三是非关税壁垒的有效性还体现在其对国际贸易秩序的维护上，通过实施反倾销、反补贴和保障措施，非关税壁垒可以有效应对国际贸易中的不公平竞争行为，维护公平的贸易环境。例如通过对倾销商品征收反倾销税，可以制止国外企业以低于成本价格销售商品的行为，保护国内企业的合法权益。四是非关税壁垒的有效性还表现在其对国家经济安全的保障上，通过对进口商品实行严格的检验检疫和安全标准，非关税壁垒可以防止有害物质和危险商品进入国内市场，保障国家的经济安全和社会稳定。例如通过对某些危险化学品实行严格的进口限制，可以防止其对国内环境和公共安全造成危害。

（三）非关税壁垒比关税壁垒更具隐蔽性

非关税壁垒的隐蔽性使其在国际贸易中具有独特的优势，可以在不显著影响贸易关系的情况下，实现国家的贸易和经济政策目标。一是非关税壁垒的隐蔽性体现在其形式的多样性和复杂性上，非关税壁垒包括技术标准、卫生检疫、环境保护、数量限制等多种形式，这些措施往往隐蔽于正常的行政和技术管理中，不易被发现。例如国家可以通过调整技术标准和检验检疫要求，限制进口商品的进入，而这些措施通常被视为正常的质量控制和安全管理。二是非关税壁垒的隐蔽性体现在其实施的灵活性和渐进性上，国家可以根据需要，逐步增加或调整非关税壁垒的严格程度，以应对市场变化和政策需求。这种渐进性的调整方式，使得非关税壁垒的实施过程不易引起国际社会的强烈反应和抵制，例如国家可以逐步提高环境保护标准，以限制某些高污染商品的进口，而不会立即引发贸易争端。三是非关税壁垒的隐蔽性还体现在其对外宣称的合法性和合理性上，国家在实施非关税壁垒时，通常以保护消费者安全、维护环境健康和保障公共利益为理由，这些理由具有较强的合法性和合理性，使得非关税壁垒的实施更容易获得国际社会的理解和支持。例如通过严格的食品安全标准，可以合理解释为保护公众健康的需要，而非直接的贸易保护措施。四是非关税壁垒的隐蔽性还表现在其对外透明度的控制上。国家可以通过对非关税壁垒的实施过程和标准进行内部管理，减少对外公开和透明的程度，从而降低国际社会对其关注和质疑，例如通过内部制定和调整技术标准，可以有效控制非关税壁垒的实施过程，而不必对外公开具体的实施细节。

（四）非关税壁垒比关税壁垒更具歧视性

非关税壁垒的歧视性使其在国际贸易中具有更强的针对性，可以在特定条件下，对特定国家和商品进行有效限制和控制。一是非关税壁垒的歧视性体现在其对特定国家或地区的针对性上，国家可以通过制定不同的技术标准、卫生检疫要求和数量限制措施，对来自特定国家或地区的进口商品进行区别对待，以达到保护国内产业和维护国家利益的目的。例如通过对某些国家的农产品实行严格的检验检疫，可以限制其进口，保护国内农业的发展。二是非关税壁垒的歧视性体现在其对特定商品的限制上,国家可以根据国内市场需求和产业发展需要,对特定商品实行非关税壁垒,以保护国内相关产业的竞争力。例如通过对某些高科技产品实行严格的技术标准和进口许可证制度,可以限制国外高科技产品的进口,保护国内高科技产业的发展。三是非关税壁垒的歧视性还体现在其对特定行业的保护上,国家可以通过实施非关税壁垒,保护国内的重点和战略性行业,防止其受到国外竞争的冲击,例如通过对钢铁、汽车等重要工业产品实行配额限制和技术标准,可以保护国内重要工业行业的竞争力和发展空间。四是非关税壁垒的歧视性还表现在其对特定企业的保护上,国家可以通过制定特定技术标准和检验检疫要求,对国内企业和国外企业进行区别对待,以保护国内企业的市场份额和竞争力。例如通过对国内企业实行较宽松的技术标准和检验检疫要求,而对国外企业实行严格的标准,可以有效保护国内企业的市场地位。

非关税壁垒作为国际贸易中的重要调控工具,具有灵活性、有效性、隐蔽性和歧视性等特点,非关税壁垒通过多样化的形式和手段,实现了对进口商品的精准调控和限制,保护了国内产业和消费者的利益,维护了国家经济安全。

三、非关税壁垒的类别

非关税壁垒是指国家通过法律、行政、技术等手段对进口商品进行限制或控制的一系列措施。与传统的关税壁垒相比,非关税壁垒形式多样,内容复杂,对国际贸易的影响深远。为了更好地理解非关税壁垒的作用及其对国际贸易的影响,有必要对其进行详细分类。非关税壁垒主要包括技术性贸易壁垒、数量性限制措施和贸易救济措施等类别。

(一)技术性贸易壁垒

技术性贸易壁垒是指国家通过制定严格的技术标准、卫生检疫、环境保护等要求,对进口商品进行限制和控制,技术性贸易壁垒主要包括以下几个方面:一是技术标准和法规,技术标准和法规是指国家通过制定和实施一系列技术规范和标准,对进口商品的质量、安全、性能等方面进行限制。例如欧盟对进口电器产品实施严格的技术标准,要求其必须符合CE认证,以确保产品的安全性和环保性。二是卫生检疫措施,卫生检疫措施是指国家对进口食品、动植物等商品实施严格的卫生检疫要求,以保护国内消费者的健康和安全,例如中国对进口农产品实行严格的检疫检验制度，确保其不带有害生物和病菌，保障国内农业生产和公共卫生安全。三是环境保护要求，环境保护要求是指国家通过制定和实施一系列环境保护标准和措施，对进口商品的生产过程和环境影响进行限制，例如美国对进口汽车实施严格的尾气排放标准，要求其必须符合环保要求，以减少空气污染和环境破坏。技术性贸易壁垒的优点在于，它能够有效保护国内消费者的健康和安全，维护环境和生态平衡。但其缺点在于，会增加进口商品的成本，影响国际贸易的自由流通。此外，技术性贸易壁垒的实施需要有严格的法律法规和技术标准作为支撑，同时还需要建立健全的检验检疫和认证体系。

（二）数量性限制措施

数量性限制措施是指国家通过配额、许可证等手段，对进口商品的数量进行控制，数量性限制措施主要包括以下几个方面：一是进口配额制度，进口配额制度是指国家对某些进口商品设定数量限制，即规定在一定时期内允许进口的最大数量。进口配额的目的是保护国内产业，防止国外商品大量涌入对国内市场造成冲击。例如美国对某些农产品和纺织品实行进口配额制度，限制其进口数量，以保护国内农业和纺织工业的发展。二是进口许可证制度，进口许可证制度是指国家对某些进口商品实行许可证管理，即规定进口这些商品必须事先取得政府颁发的进口许可证，进口许可证制度的目的是通过行政手段控制进口商品的数量和种类，维护国内市场秩序。例如中国对某些化工产品和药品实行进口许可证制度，控制其进口数量和质量，确保国内市场的稳定和安全。三是自动进口限制，自动进口限制是指国家对某些进口商品实行自动限制，即通过行政命令或协议限制其进口数量。自动进口限制的目的是保护国内产业和市场，防止进口商品对国内企业造成过度竞争压力。例如日本在20世纪70年代对美国汽车实行自动进口限制，保护本国汽车工业的发展。数量性限制措施的优点在于，它能够直接控制进口商品的数量，保护国内产业和市场的稳定。但其缺点在于，会导致国际贸易争端和摩擦，影响国家间的贸易关系。此外，数量性限制措施的实施需要有严格的法律法规和行政管理体系作为支撑，同时还需要建立健全的配额管理和许可证发放制度。

（三）贸易救济措施

贸易救济措施是指国家为应对国际贸易中的不公平竞争行为，保护国内产业免受损害,采取的反倾销、反补贴和保障措施等手段,贸易救济措施主要包括以下几个方面。

一是反倾销措施,反倾销措施是指国家对以低于正常价格销售的进口商品征收反倾销税,以消除其对国内产业的不利影响。反倾销措施的目的是制止国外企业通过倾销行为抢占国内市场,保护国内企业的合法权益。例如中国对从某些国家进口的钢铁产品采取了反倾销措施,以保护国内钢铁产业的发展。

二是反补贴措施,反补贴措施是指国家对接受国外政府补贴的进口商品征收反补贴税,以消除其对国内产业的不利影响,反补贴措施的目的是制止国外政府通过补贴行为支持本国企业的不公平竞争,维护公平的贸易环境。例如美国对从中国进口的某些太阳能产品采取了反补贴措施,以保护本国太阳能产业的发展。

三是保障措施,保障措施是指国家对进口商品的激增采取临时限制措施,以保护国内产业免受严重损害,保障措施的目的是在紧急情况下,通过临时限制进口商品的数量或提高关税,保护国内产业的正常运行和发展。例如欧盟对从某些国家进口的钢铁产品采取了保障措施,以应对其进口量激增对本国市场的冲击。贸易救济措施的优点在于,它能够有效应对国际贸易中的不公平竞争行为,保护国内产业的合法权益,维护公平的贸易环境。但其缺点在于,会导致国际贸易争端和摩擦,影响国家间的贸易关系。

此外,贸易救济措施的实施需要有严格的法律法规和国际规则作为支撑,同时还需要建立健全的调查和裁决机制。

非关税壁垒作为国际贸易中的重要调控工具,具有多种类别和形式,主要包括技术性贸易壁垒、数量性限制措施和贸易救济措施,技术性贸易壁垒通过技术标准、卫生检疫和环境保护等手段,对进口商品进行限制和控制,保护国内消费者和环境;数量性限制措施通过配额、许可证和自动限制等手段,对进口商品的数量进行控制,保护国内产业和市场;贸易救济措施通过反倾销、反补贴和保障措施等手段,保护国内产业免受不公平竞争行为的损害,维护公平的贸易环境。非关税壁垒在保护国内产业、维护国家经济安全和调节国际贸易方面发挥了重要作用,但其实施也面临着国际贸易争端和摩擦的风险。为了实现国际贸易的健康发展和全球经济的合作共赢,各国在实施非关税壁垒时,需要综合考虑国内外经济形势、产业发展需求和国际贸易环境,制定科学合理的非关税壁垒措施。同时各国需要通过谈判和协商,加强国际合作,解决非关税壁垒带来的贸易争端和摩擦，维护国际贸易秩序和全球经济的稳定与发展。

四、非关税壁垒对国际贸易的影响

非关税壁垒作为国家在国际贸易中调控进出口的重要手段，其对国际贸易的影响不容小觑。与关税壁垒相比，非关税壁垒的隐蔽性和复杂性使其在实际操作中更具挑战性。非关税壁垒不仅影响国际贸易的流动性和公平性，还对全球经济合作和国家间的贸易关系产生深远影响。以下从三个方面探讨非关税壁垒对国际贸易的影响。

（一）非关税壁垒对贸易流动性的影响

非关税壁垒通过技术标准、卫生检疫和数量限制等手段，对进口商品的流动性产生直接影响。一是技术性贸易壁垒对贸易流动性的影响显著，严格的技术标准和合规要求，使得国外企业在进入目标市场时必须满足相应的技术和质量要求，这不仅增加了出口商品的成本，还延长了贸易的时间周期。例如欧盟对电子产品的严格环保标准，要求进口商在产品设计和制造过程中遵守特定的环保规定，这无疑增加了出口商品的复杂性和成本，影响了贸易的流动性。二是卫生检疫措施对农产品和食品贸易的流动性影响尤为显著，各国通过严格的检疫制度和食品安全标准，对进口农产品和食品进行严格检查，以确保消费者的健康安全。这些措施虽然在保护国内消费者方面起到了积极作用，但也限制了进口商品的进入速度和数量。例如中国对进口肉类产品的严格检疫要求，不仅增加了进口企业的运营成本，还延长了货物的清关时间，影响了贸易的流动性。三是数量性限制措施直接限制了进口商品的数量和流通，通过实施配额和许可证制度，国家可以控制进口商品的总量，从而保护国内市场和产业。例如美国对某些纺织品和服装实施进口配额，严格限制这些商品的进口数量，以保护国内纺织工业的发展。这种数量限制措施在保障国内产业利益的同时，也对国际贸易的自由流动产生了负面影响。

（二）非关税壁垒对贸易公平性的影响

非关税壁垒通过不同程度的限制和要求，影响了国际贸易的公平性，造成了贸易的不平等。一是技术性贸易壁垒往往对发展中国家和小型企业造成不公平影响，发达国家通常拥有更高的技术标准和合规要求，这些标准对于技术和资金相对不足的发展中国家和小型企业来说，构成了进入国际市场的重大障碍。例如许多发展中国家在出口电子产品时，难以满足欧美国家的严格技术标准，导致其产品在国际市场上失去了竞争力。二是卫生检疫措施的不同标准也导致了贸易的不公平性，不同国家和地区对食品和农产品的卫生检疫标准存在差异，这些差异有时被用作贸易壁垒，限制他国商品进入本国市场。例如某些国家以食品安全为由，对进口农产品设置过高的检疫标准，从而保护本国农业生产，但这也造成了国际贸易中的不公平竞争。三是数量性限制措施明显具有歧视性，通过设定进口配额和许可证，国家可以选择性地限制特定国家或地区的商品进口，这种做法常常导致国际贸易中的不平等。例如美国对某些国家的钢铁产品设定了进口配额限制，旨在保护本国钢铁工业，但这种数量限制措施对被限制国家的钢铁出口企业造成了不公平的竞争压力。

（三）非关税壁垒对全球经济合作的影响

非关税壁垒不仅影响了双边或多边贸易关系，还对全球经济合作和贸易秩序产生了广泛影响。一是非关税壁垒导致了国际贸易争端和摩擦，由于非关税壁垒的隐蔽性和复杂性，各国在实施过程中往往难以达成一致，导致贸易争端频发。例如美国与中国之间的贸易争端中，双方都指责对方通过非关税壁垒限制了商品的自由流通，增加了国际贸易的不确定性。二是非关税壁垒削弱了全球贸易体系的稳定性，世界贸易组织（WTO）致力于推动全球贸易自由化和规则化，但非关税壁垒的广泛使用挑战了这一目标。许多国家通过技术标准、检疫要求和数量限制等手段，规避了WTO的贸易自由化原则，导致全球贸易体系的稳定性受到影响。三是非关税壁垒阻碍了区域经济一体化进程，区域经济合作的目标是通过减少贸易壁垒，促进区域内的经济一体化和共同发展。然而非关税壁垒的存在使得这一目标难以实现。例如欧盟内部虽然实现了关税同盟，但成员国之间的非关税壁垒仍然存在，阻碍了商品的自由流通和市场的一体化。

非关税壁垒对国际贸易的影响广泛而深远。技术性贸易壁垒、卫生检疫措施和数量性限制措施等非关税手段，通过对进口商品的限制和控制，直接影响了贸易的流动性和公平性，造成了贸易的不平等和不确定性。同时非关税壁垒还导致国际贸易争端和摩擦，削弱了全球贸易体系的稳定性，阻碍了区域经济一体化的进程。为了实现国际贸易的健康发展和全球经济的合作共赢，各国在实施非关税壁垒时，需要综合考虑国内外经济形势、产业发展需求和国际贸易环境，制定科学合理的非关税壁垒措施。同时各国需要通过谈判和协商，加强国际合作，解决非关税壁垒带来的贸易争端和摩擦，维护国际贸易秩序和全球经济的稳定发展。只有这样才能在全球化背景下，实现国际贸易的自由流通和公平竞争，推动世界经济的共同繁荣。

第四节　非关税措施

一、直接限制进口的非关税壁垒

在国际贸易中，除了关税壁垒外，非关税壁垒也是各国用来调控贸易、保护国内产业的重要手段。直接限制进口的非关税壁垒通过法律、行政、技术等手段，对进口商品进行明确的数量或类别限制，以达到保护国内市场和产业的目的。这些措施不仅影响国际贸易的流动性和公平性，还对全球经济合作和国家间的贸易关系产生深远影响。以下探讨直接限制进口的非关税壁垒的几种主要形式及其影响。

（一）配额制度

配额制度是国家对某些进口商品设定数量限制，即规定在一定时期内允许进口的最大数量。配额制度主要通过以下几个方面影响国际贸易：一是配额制度直接限制了进口商品的数量，从而保护了国内市场，通过设定进口配额，国家可以控制进口商品的总量，防止国外商品大量涌入对国内市场造成冲击，保护国内企业的市场份额和竞争力，例如美国对某些农产品和纺织品实行进口配额制度，严格限制这些商品的进口数量，以保护国内农业和纺织工业的发展。二是配额制度可以调节国内市场供需平衡，通过合理设定进口配额，国家可以调节市场供需关系，防止商品过剩或短缺，稳定市场价格，例如中国在某些农产品的进口上实行配额制度，根据市场需求调节进口数量，确保国内市场的稳定。三是配额制度具有一定的贸易保护和政治外交功能，通过对特定国家或地区的商品设定配额，国家可以在保护国内市场的同时进行贸易谈判和政治博弈，例如日本对某些国家的

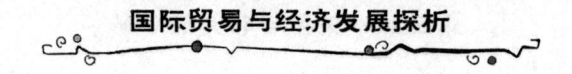

汽车产品设定进口配额，既保护了国内汽车工业，也在一定程度上用于与这些国家的贸易谈判。

（二）进口许可证制度

进口许可证制度是国家对某些进口商品实行许可证管理，即规定进口这些商品必须事先取得政府颁发的进口许可证，进口许可证制度主要通过以下几个方面影响国际贸易：一是进口许可证制度通过行政手段控制进口商品的数量和种类。国家可以根据国内市场需求和产业发展需要，选择性地对某些商品实行进口许可证制度，限制其进口数量和种类。例如中国对某些化工产品和药品实行进口许可证制度，控制其进口数量和质量，确保国内市场的稳定和安全。二是进口许可证制度可以有效防止走私和逃避关税行为。通过对进口商品实行许可证管理，国家可以加强对进口环节的监督和管理，防止走私和逃避关税行为，维护正常的贸易秩序。例如通过对高价值商品实行进口许可证制度，可以有效防止走私和逃避关税行为，增加国家财政收入。三是进口许可证制度具有灵活性和针对性。国家可以根据实际需要，随时调整进口许可证的发放条件和数量，灵活应对市场变化和政策需求。例如在经济发展初期，为了保护国内新兴产业，国家可以对某些商品实行严格的进口许可证制度；在市场开放阶段，国家可以逐步放宽进口许可证的发放条件，促进国际贸易的发展。

（三）自动进口限制

自动进口限制是国家对某些进口商品实行自动限制，即通过行政命令或协议限制其进口数量。自动进口限制主要通过以下几个方面影响国际贸易：一是自动进口限制可以迅速应对市场变化和保护国内产业。国家可以通过行政命令或协议，迅速限制某些进口商品的数量，保护国内企业免受国外商品的冲击。例如日本在20世纪70年代对美国汽车实行自动进口限制，保护本国汽车工业的发展。二是自动进口限制具有较强的灵活性和时效性。国家可以根据市场需求和产业发展情况，灵活调整自动进口限制的范围和条件，确保政策的及时性和有效性。例如在某些商品进口激增的情况下，国家可以迅速实施自动进口限制，控制进口数量，稳定市场秩序。三是自动进口限制可以作为贸易谈判的筹码。国家可以通过与贸易伙伴签订自动进口限制协议，在保护本国市场的同时进行贸易谈判和利益交换。例如美国与日本在汽车进口问题上达成的自动进口限制协议，不仅保护了美国汽车市场，也在一定程度上缓解了两国的贸易摩擦。

直接限制进口的非关税壁垒主要包括配额制度、进口许可证制度和自动进口限制等。这些措施通过对进口商品的数量和种类进行明确限制，保护国内市场和产业的稳定，维护了国家的经济安全。然而这些措施也在一定程度上影响了国际贸易的流动性和公平性，导致贸易的不平等和不确定性。为了实现国际贸易的健康发展和全球经济的合作共赢，各国在实施直接限制进口的非关税壁垒时，需要综合考虑国内外经济形势、产业发展需求和国际贸易环境，制定科学合理的非关税壁垒措施。同时各国需要通过谈判和协商，加强国际合作，解决非关税壁垒带来的贸易争端和摩擦，维护国际贸易秩序和全球经济的稳定发展。只有这样才能在全球化背景下，实现国际贸易的自由流通和公平竞争，推动世界经济的共同繁荣。

二、间接限制进口的非关税壁垒

在国际贸易中，非关税措施不仅包括直接限制进口的手段，还包括通过各种间接方式对进口商品进行限制的手段。间接限制进口的非关税壁垒通过外汇管制、国家垄断、国内税、最低限价、进口押金、海关壁垒、贸易救济和技术性贸易壁垒等多种形式，对国际贸易产生深远影响。以下探讨这些间接限制进口的非关税壁垒及其对国际贸易的影响。

（一）外汇管制

外汇管制是国家通过对外汇的管理和控制，间接限制进口商品的措施。一是外汇管制可以通过限制外汇供给，减少进口商品的需求。国家通过外汇分配制度，优先保障重要物资和战略性商品的进口，而限制一般消费品和非必需品的进口。例如中国在计划经济时期，通过严格的外汇管理制度，控制外汇使用，限制奢侈品和非必要进口商品的需求。二是外汇管制可以通过调整外汇汇率，影响进口商品的价格，国家通过干预外汇市场，调整汇率水平，增加进口商品的成本，减少其竞争力。例如日本在20世纪80年代通过调整日元汇率，减少进口商品的吸引力，保护国内市场。三是外汇管制还可以通过设定外汇购买限制，直接控制进口商品的数量。国家可以规定企业或个人购买外汇的限额，从而限制其进口商品的数量。例如一些发展中国家为了保护本国外汇储备，对进口企业和个人的外汇购买设定了严格的限额，限制进口商品的数量。

(二) 进出口的国家垄断

进出口的国家垄断是国家通过对某些重要商品和战略物资的进出口实行垄断经营，间接限制进口商品的措施。一是国家垄断可以通过控制进出口渠道，限制进口商品的种类和数量。国家通过设立专门的进出口公司，对某些重要商品和战略物资实行统一经营，控制其进口数量和种类。例如中国在改革开放初期，通过国有进出口公司对石油、天然气等重要物资实行垄断经营，限制进口商品的数量和种类。二是国家垄断可以通过垄断价格，调节进口商品的市场竞争力。国家通过对进口商品的统一定价，增加其市场价格，减少其竞争力，保护国内企业。例如一些国家通过对进口石油、天然气等能源资源实行统一定价，增加其市场价格，保护本国能源产业的发展。三是国家垄断还可以通过调控进口节奏，稳定国内市场，国家通过对进口商品的垄断经营，可以根据市场需求和经济形势，灵活调整进口节奏，稳定市场供需。例如中国通过国有进出口公司对粮食等重要农产品实行垄断经营，根据市场需求和生产情况，灵活调整进口节奏，确保市场稳定。

(三) 国内税

国内税是国家通过对进口商品征收各种国内税收，间接限制其市场竞争力的措施。一是国内税可以通过增加进口商品的成本，减少其市场竞争力。国家通过对进口商品征收消费税、增值税等税收，增加其市场价格，减少其竞争力，保护国内企业。例如欧盟对从美国进口的某些商品征收高额的增值税，增加其市场成本，减少其竞争力。二是国内税可以通过税收差异，保护本国企业，国家通过对进口商品和国内商品实行不同的税收政策，保护本国企业的市场份额和竞争力。例如中国对某些进口消费品实行较高的消费税，而对国内同类产品实行较低的税率，保护本国企业的发展。三是国内税还可以通过税收优惠，鼓励国内替代品的生产和消费。国家通过对国内企业和产品实行税收优惠政策，鼓励其生产和消费，减少对进口商品的依赖。例如美国对本国新能源产业实行税收优惠政策，鼓励新能源产品的生产和消费，减少对进口能源的依赖。

(四) 最低限价和禁止进口

最低限价和禁止进口是国家通过对某些商品设定最低价格或直接禁止其进口，间接限制进口商品的措施。一是最低限价可以通过提高进口商品的市场价格，减少其竞争力。国家通过对某些进口商品设定最低价格，增加其市场成本，减少其竞争力，保护国内企业。例如中国对某些进口农产品实行最低限价制度，提高其市场价格，减少其对国内农产品的冲击。二是禁止进口可以直接限制某些商品的市场进入，国家通过对某些商品实行进口禁令，直接禁止其进入国内市场，保护国内企业。例如日本对某些含有有害物质的产品实行进口禁令，保护国内消费者的健康和安全。三是最低限价和禁止进口还可以通过调控市场供需，稳定市场价格，国家通过对某些商品实行最低限价和禁止进口，调控市场供需关系，稳定市场价格，保护国内企业。例如欧盟对某些高污染产品实行进口禁令，减少其市场供应，保护本国环境和市场稳定。

（五）进口押金制

进口押金制是国家通过对进口商品征收押金，间接限制其进口的措施。一是进口押金制可以通过增加进口商品的成本，减少其市场竞争力，国家通过对某些进口商品征收押金，增加其市场价格，减少其竞争力，保护国内企业。例如中国对某些高污染产品实行进口押金制，增加其市场成本，减少其对国内市场的冲击。二是进口押金制可以通过调节进口节奏，稳定市场供需。国家通过对进口商品征收押金，可以根据市场需求和经济形势，灵活调整押金额度和返还条件，调节进口节奏，稳定市场供需。例如日本对某些进口农产品实行押金制，根据市场需求调节押金额度，稳定市场供需关系。三是进口押金制还可以通过防止走私和逃避关税行为，维护正常的贸易秩序，国家通过对进口商品实行押金制，加强对进口环节的监督和管理，防止走私和逃避关税行为，维护正常的贸易秩序。例如美国对某些高价值商品实行进口押金制，有效防止走私和逃避关税行为，增加国家财政收入。

（六）海关壁垒

海关壁垒是国家通过严格的海关管理和检查，对进口商品进行限制和控制的措施。一是海关壁垒可以通过严格的海关检查，增加进口商品的时间成本和不确定性。国家通过对进口商品实行严格的海关检查，增加其通关时间和成本，减少其市场竞争力。例如中国对某些高风险产品实行严格的海关检查，增加其通关时间，减少其市场竞争力。二是海关壁垒可以通过技术性措施，限制进口商品的市场进入。国家通过对进口商品实行严格的技术性措施，如标识要求、包装规定等，增加其市场成本，限制其市场进入。例如欧盟对进口食品实行严格的标识要求和包装规定，增加其市场成本，减少其对国内市场的冲击。三是海关壁垒还可以通过调控进口节奏，稳定市场价格。国家通过对进口商品实行严格的海关管理，可以根据市场需求和经济形势，灵活调整检查力度和通关速度，调节进口节奏，稳定市场价格。例如日本对某些农产品实行严格的海关检查，根据市场需求调节检查力度，稳定市场价格。

（七）贸易救济措施

贸易救济措施是国家为应对国际贸易中的不公平竞争行为，保护国内产业免受损害，采取的反倾销、反补贴和保障措施等手段。一是反倾销措施是通过对以低于正常价格销售的进口商品征收反倾销税，保护国内企业的市场竞争力。国家通过对倾销商品征收反倾销税，增加其市场成本，减少其竞争力，保护国内企业。例如中国对从某些国家进口的钢铁产品采取了反倾销措施，以保护国内钢铁产业的发展。二是反补贴措施是通过对接受国外政府补贴的进口商品征收反补贴税，消除其对国内市场的不利影响。国家通过对补贴商品征收反补贴税，增加其市场成本，保护国内企业。例如美国对从中国进口的某些太阳能产品采取了反补贴措施，以保护本国太阳能产业的发展。三是保障措施是通过对进口商品的激增采取临时限制措施，保护国内产业免受严重损害。国家通过对进口商品的激增采取临时限制措施，减少其市场冲击，保护国内企业。例如欧盟对从某些国家进口的钢铁产品采取了保障措施，以应对其进口量激增对本国市场的冲击。

（八）技术性贸易壁垒（TBT）

技术性贸易壁垒（TBT）是国家通过制定严格的技术标准、卫生检疫、环境保护等要求，对进口商品进行限制和控制的措施。一是技术标准和法规可以通过提高进口商品的技术要求，减少其市场竞争力。国家通过制定和实施严格的技术标准和法规，增加进口商品的技术成本，减少其竞争力，保护国内企业。例如欧盟对进口电子产品实施严格的技术标准，要求其必须符合CE认证，以确保产品的安全性和环保性。二是卫生检疫措施可以通过严格的检疫制度，限制进口商品的市场进入。国家通过对进口食品、动植物等商品实施严格的卫生检疫要求，确保其不带有害生物和病菌,保护国内消费者的健康和安全。例如中国对进口农产品实行严格的检疫检验制度,确保其不带有害生物和病菌,保障国内农业生产和公共卫生安全。三是环境保护要求可以通过严格的环保标准,限制进口商品的市场进入。国家通过制定和实施严格的环境保护标准,对进口商品的生产过程和环境影响进行限制,增加其市场成本,减少其竞争力,保护国内环境。例如美国对进口汽车实施严格的尾气排放标准,要求其必须符合环保要求,以减少空气污染和环境破坏。

间接限制进口的非关税壁垒包括外汇管制、国家垄断、国内税、最低限价、禁止进口、进口押金、海关壁垒、贸易救济和技术性贸易壁垒等。这些措施通过不同的形式和手段,对进口商品进行间接限制,保护国内市场和产业的稳定,维护国家的经济安全。然而这些措施也在一定程度上影响了国际贸易的流动性和公平性,导致贸易的不平等和不确定性。为了实现国际贸易的健康发展和全球经济的合作共赢,各国在实施间接限制进口的非关税壁垒时,需要综合考虑国内外经济形势、产业发展需求和国际贸易环境,制定科学合理的非关税壁垒措施。同时各国需要通过谈判和协商,加强国际合作,解决非关税壁垒带来的贸易争端和摩擦,维护国际贸易秩序和全球经济的稳定发展。只有这样才能在全球化背景下,实现国际贸易的自由流通和公平竞争,推动世界经济的共同繁荣。

第四章　国际要素流动

第一节　国际劳动力流动

一、国际劳动力流动的概念及形式

在全球化背景下，国际劳动力流动成为各国经济发展和国际贸易的重要组成部分。国际劳动力流动不仅促进了跨国界的人力资源配置，还推动了技术和文化的交流。然而不同国家和地区的经济、政治和社会环境对国际劳动力流动产生了深远影响。以下探讨国际劳动力流动的概念及其主要形式。

（一）国际劳动力流动的概念

国际劳动力流动是指劳动力在不同国家和地区之间的迁移和流动，以寻找更好的就业机会、收入水平和生活条件。国际劳动力流动主要由以下几个方面的因素推动。

一是经济因素是国际劳动力流动的主要驱动力，发展中国家的劳动力往往由于本国经济发展滞后、就业机会不足、收入水平低等原因，选择到经济发达国家寻找更好的就业机会和生活条件。例如大量来自拉丁美洲和亚洲的劳工前往美国、加拿大和澳大利亚等国家工作，以获得更高的收入和更好的生活环境。

二是政治因素也对国际劳动力流动产生重要影响，战争、政治动荡和迫害等因素导致大量难民和移民流向政治稳定、社会安全的国家和地区。例如中东和非洲地区的战争和冲突，导致大量难民涌向欧洲和北美，以寻求安全和庇护。

三是社会和文化因素也推动了国际劳动力流动。人们通过留学、婚姻、探亲等方式跨国迁移，寻找更好的生活环境和发展机会。例如许多发展中国家的学生选择到欧美发达国家留学，毕业后留在当地工作和生活，成为国际劳动力的一部分。国际劳动力流动不仅影响了劳动力输出国和输入国的经济和社会发展，还对全球经济合作和文化交流产生了深远影响。劳动力输出国通过输出劳动力获得外汇收入，缓解国内就业压力，提高国民收入水平；劳动力输入国通过引进外来劳动力，解决劳动力短缺问题，推动经济增长和社会发展。

（二）国际劳动力流动的形式

国际劳动力流动的形式多种多样，主要包括永久性迁移、临时性迁移和跨境劳工等形式。

一是永久性迁移是指劳动力通过移民方式，永久性地迁移到他国生活和工作。永久性迁移通常涉及获得移民签证、长期居留许可等法律程序，移民者在新国家长期定居，并在当地就业、创业和生活。例如美国、加拿大和澳大利亚等国家吸引了大量技术移民和投资移民，通过永久性迁移方式定居在这些国家，为当地经济发展贡献力量。

二是临时性迁移是指劳动力通过短期工作签证、季节工等方式，临时性地在他国工作和生活。临时性迁移通常涉及特定时期和特定岗位的工作需求，劳动力在完成工作任务后返回原籍国。例如欧洲国家在农业收获季节引进大量临时工，帮助完成农作物的采收工作；日本和韩国等国家通过引进临时工解决劳动力短缺问题，推动制造业和服务业的发展。

三是跨境劳工是指劳动力在国境附近跨越边境线进行工作，但不在他国长期居住。跨境劳工通常居住在本国边境地区，每天或每周跨越边境线到邻国工作，然后返回本国居住。例如欧洲的许多边境地区存在大量跨境劳工，法国、德国、瑞士等国的劳工在边境地区跨越国界工作，形成了独特的跨境劳动力市场。国际劳动力流动的形式，不仅丰富了全球劳动力市场的多样性，还促进了技术、文化和知识的交流。劳动力输出国和输入国通过国际劳动力流动，提升了劳动生产率，推动了经济增长和社会进步。

国际劳动力流动作为全球化背景下的重要经济现象，不仅促进了劳动力资源的跨国配置，还推动了技术、文化和知识的交流。国际劳动力流动的概念涵盖劳动力在不同国家和地区之间的迁移和流动，其主要驱动因素包括经济、政治和社会文化等方面。国际劳动力流动的形式多种多样，包括永久性迁移、临时性迁移和跨境劳工等形式。这些形式在不同程度上满足了劳动力输出国和输入国的需求，提升了劳动生产率，推动了经济增长和社会进步。然而国际劳动力流动也面临诸多挑战和问题，如非法移民、劳工权益保护、社会融合等。因此，各国在促进国际劳动力流动的同时需要加强合作，制定合理的政策措施，保障劳工的合法权益，推动国际劳动力市场的健康发展。只有这样才能在全球化背景下，实现国际劳动力流动的双赢局面，推动世界经济的共同繁荣。

二、国际劳动力流动的特点

（一）劳动力国际流动以实现自身利益为目的

不管是移民还是劳务输出，都是劳动者出于自身利益考虑。对于劳务输出者来说，是由于劳动者在国外的工作条件更好、待遇更高，或者是由于公司的需要派遣到国外，等等；对于移民者来说，是由于国外的自然环境、社会环境、经济环境、政治环境等方面要比国内好。

（二）高素质人才需求不断增加

随着全球经济的发展和科技的进步，各国对高素质人才的需求不断增加。高素质人才，通常指具有高学历、高技能和丰富工作经验的专业人士，是推动科技创新、经济发展和社会进步的重要力量。

一是技术进步和产业升级对高素质人才的需求不断增加。新兴技术领域如信息技术、生物技术、人工智能和新能源等，要求大量具备专业知识和技能的高素质人才。发达国家和发展中国家都在通过吸引国际高素质人才，提升本国的科技创新能力和产业竞争力。例如美国的硅谷吸引了来自全球的高素质科技人才，推动了信息技术和互联网产业的飞速发展。

二是全球化经济对高素质人才的需求不断增加。跨国公司和国际机构在全球范围内进行业务扩展和资源配置，需要大量具备国际视野和跨文化交流能力的高素质人才。这些人才不仅能够有效沟通和协作，还能在国际市场中抓住机遇，推动企业的全球化发展。例如跨国公司在招聘高管时，通常优先考虑具有国际工作经验和多语言能力的候选人。

三是高素质人才对国家竞争力和社会发展的贡献越来越重要。各国政府通过制定优惠政策和激励措施，吸引国际高素质人才移民和工作，提升本国的创新能力和国际竞争力。例如加拿大和澳大利亚通过技术移民项目，吸引了大量高素质人才，推动了本国经济的持续增长和社会进步。

（三）流动基本格局未变，但已呈现分散性和对流性

国际劳动力流动的流向仍然未变，主要是从墨西哥、菲律宾、黎巴嫩、中国、巴基斯坦、印度、萨尔瓦多、哥伦比亚、斯里兰卡、韩国，流向美国、澳大利亚、加拿大、沙特、科特迪瓦、法国、阿联酋、中国香港、科威特、德国。与此同时，也有一些发达国家的劳动力流向发展中国家，这种情况主要是发达国家的一些高级管理人员在发展中国家长期工作的结果。

三、国际劳动力流动对输入国和输出国的影响

（一）对输入国的影响

国际劳动力流动对输入国的影响既有积极的方面，也有消极的方面。从积极的方面来说主要有以下几点。

（1）对于发达国家来说，有助于降低劳动力成本。目前在发达资本主义国家的劳动力成本相当高，很多普通劳动工作的薪水都很高，一些脏活、重体力活甚至无人问津，而通过劳务输出途径从发展中国家过来的劳动者的薪金水平相对要低得多。

（2）有助于改善输入国的劳动力结构，提高劳动生产率。输入国对于高级人才的需求普遍比较大，高级人才输入得越多，劳动力结构越趋向高素质化，从而在一定程度上促进劳动生产率的提高。

（3）节约教育和培训费用。所谓"十年树木，百年树人"。对于人才的培养是需要极大人力和财力以及相关资源的，而从国外引进相关专业技术人员，可以为输入国节约一大笔相关费用。

从消极的方面来说，劳动力流动对输入国也会带来一定的影响。它会导致输入国本国人员就业压力的增加，造成种族、文化冲突，对住房、交通、市政管理、社会治安等造成压力。

（二）对输出国的影响

国际劳动力流动对输出国也有积极和消极两方面的影响，积极的影响有如下几方面。

（1）可以减轻输出国的就业压力。劳动力输出国，特别是一些发展中国家，大多为劳动力资源丰富的国家，但缺乏资金和技术，就业压力较大。如果输出的劳动力数量较多，可以在一定程度上缓解就业压力。同时由于大量劳动力外流，使得国内劳动力数量减少，原有雇主必须提高工资才能获得所需劳动力，因此国内劳动力的生活水平得到提高，进而促进国内经济的发展。

（2）可以增加输出国的外汇来源。实际上，各国移民汇给国内亲属和朋友的资金是相当可观的。

（3）有利于提高劳动力素质和吸收国外先进技术和管理经验。对于发展中国家来说，劳动者到外国工作可以学习国外先进技术和管理经验，提高自身的技术水平，改善自身知识结构。这样，当他们回国后，可以学以致用，为本国企业带来更高的劳动生产率，带来更好的经济效益。

国际劳动力流动的消极影响则主要表现为造成了发展中国家的人才外流。因为移居国外的人大多不是普通劳动力，而是受过高等教育的人才。

四、国际劳动力流动的发展趋势

国际劳动力流动作为全球化进程中的重要组成部分，随着全球经济的不断发展和变化，其发展趋势也在不断演变。了解这些趋势不仅有助于国家和企业更好地应对国际劳动力市场的变化，还能为政策制定者提供科学依据。将探讨国际劳动力流动的四大主要发展趋势，包括劳动力流动的持续增长、流动方向的多样化、普通型劳动力流动的趋缓及技术型劳务人员限制的放宽，以及服务业劳务需求的明显增长。

（一）劳动力流动继续保持较快增长，国际劳务合作空间广阔

随着全球经济一体化进程的加快，国际劳动力流动继续保持较快增长态势，各国间的劳务合作空间广阔。全球化带来的经济互补性和产业分工的深化，使得各国对外来劳动力的需求不断增加。一是经济全球化促进了劳动力的跨国流动。随着国际贸易和跨国投资的不断增长，越来越多的企业在全球范围内寻找劳动力资源，以实现成本控制和效率提升。例如许多跨国公司将生产基地设在劳动力成本较低的发展中国家，通过引进大量外来劳动力，降低生产成本，提高市场竞争力。二是国际劳务合作进一步深化。各国通过签订双边或多边劳务合作协议，推

动劳动力的跨国流动，满足自身经济发展的需要。例如中国与多个发展中国家签订了劳务合作协议，派遣大量劳务人员到这些国家工作，促进了双方的经济合作和发展。三是技术进步和信息化的发展也推动了国际劳动力流动量的增长。随着信息技术和通信技术的发展，劳动力的跨国流动变得更加便捷和高效。远程办公和跨国项目合作的兴起，使得高素质人才可以更加灵活地进行国际劳务合作，推动了全球劳动力市场的融合。

（二）国际劳动力流动方向呈现多样化

国际劳动力流动的方向不再局限于传统的南北流动，而呈现出更加多样化的趋势。劳动力流动方向的多样化体现了全球经济格局的变化和各国劳动力市场的需求特点：一是南南劳动力流动逐渐增加。随着发展中国家经济的快速发展，南南合作成为国际劳动力流动的新趋势。越来越多的发展中国家之间通过劳务合作，推动劳动力的跨国流动。例如中国与非洲、拉丁美洲等地区的国家之间劳务合作不断深化，大量中国劳务人员前往这些地区工作，推动了当地经济的发展。二是东西劳动力流动更加频繁。随着亚洲经济的快速崛起，越来越多的亚洲国家成为劳动力流动的重要目的地。欧美国家的劳动力也开始向亚洲流动，寻找新的就业机会和发展空间。例如许多欧美高技术人才选择到中国、日本、新加坡等亚洲国家工作，推动了东西方之间的人力资源交流。三是内部劳动力流动也在增加。由于地区间经济发展的不平衡和产业结构的差异，许多国家内部也存在着大量的劳动力流动。例如中国的"农民工"现象，即大量农村劳动力向城市流动，推动了城市化进程和经济发展。

（三）普通型劳动力的流动趋缓，技术型劳务人员限制放宽

随着全球经济的发展和产业结构的升级，普通型劳动力的国际流动趋缓，而技术型劳务人员的限制则逐渐放宽。各国对高素质、专业化的技术型劳动力需求不断增加，促进了技术型劳务人员的跨国流动。一是普通型劳动力的流动趋缓。随着各国经济的转型升级，对普通型劳动力的需求逐渐减少，普通型劳动力的国际流动趋于缓和。例如许多发达国家通过提高劳动力素质和自动化水平，减少了对低技能劳动力的依赖，导致普通型劳动力的跨国流动减缓。二是技术型劳务人员的限制放宽。各国为了吸引高素质、专业化的技术型劳动力，逐渐放宽对技

型劳务人员的限制，提供更多的签证和就业机会。例如美国的 H-1B 签证计划，吸引了大量外国技术人才前往美国工作，推动了科技创新和产业升级。三是技术型劳务人员的跨国流动促进了全球技术和知识的交流。随着技术型劳务人员的跨国流动，各国之间的技术和知识交流更加频繁，推动了全球科技创新和经济发展。例如许多跨国公司通过引进外来技术人才，提升了自身的创新能力和市场竞争力。

（四）服务业劳务需求明显增长

随着全球经济结构的变化，服务业在各国经济中的比重不断增加，对服务业劳务的需求也明显增长。服务业劳务需求的增长成为国际劳动力流动的新趋势。一是服务业在各国经济中的比重不断增加。随着工业化和信息化的发展，服务业在各国经济中的地位不断提升，成为推动经济增长的重要动力。例如金融、信息技术、医疗、教育等服务业在全球范围内快速发展，吸引了大量劳动力进入这些行业。二是服务业劳务需求的增长促进了国际劳动力流动。随着服务业的快速发展，各国对服务业劳动力的需求不断增加，推动了服务业劳动力的跨国流动。例如欧美国家对高素质服务业劳动力的需求增加，吸引了大量发展中国家的专业人才前往欧美工作，推动了服务业的国际化发展。三是服务业劳动力的跨国流动促进了全球服务业的发展。随着服务业劳动力的跨国流动，各国之间的服务业合作和交流更加频繁，推动了全球服务业的发展。例如跨国公司通过引进外来服务业人才，提升了自身的服务质量和竞争力，推动了全球服务业的繁荣。

国际劳动力流动的发展趋势呈现出较快增长、多样化、普通型劳动力流动趋缓和技术型劳务人员限制放宽，以及服务业劳务需求明显增长的特点。这些趋势不仅反映了全球经济和产业结构的变化，也为各国经济发展和国际合作提供了新的机遇和挑战。为了应对这些变化，各国需要制定科学合理的政策措施，促进国际劳动力流动的健康发展。需要加强国际劳务合作，推动劳动力的跨国流动，满足各国经济发展的需要。需要优化劳动力市场结构，提高劳动力素质，促进高素质、专业化的技术型劳动力跨国流动。需要关注服务业的发展，提升服务业劳动力的国际竞争力，推动全球服务业的繁荣。通过有效应对国际劳动力流动的发展趋势，各国可以在全球化背景下，实现劳动力资源的优化配置，推动经济增长和社会进步。同时国际劳动力流动的发展也为各国加强国际合作、促进文化交流、推动全球经济一体化提供了重要契机。在这一过程中，各国需要共同努力，加强合作，制定合理的政策措施，确保国际劳动力流动的健康发展，为实现全球经济的共同繁荣做出贡献。

第二节 国际借贷

一、国际借贷的含义

国际借贷是指一个国家、企业或个人通过借入外汇资金，以满足其经济发展、贸易支付和资金需求的金融行为。这种借贷行为通常跨越国界，涉及不同国家的借款人和贷款人。国际借贷在全球经济活动中扮演着重要角色，促进了国际贸易和投资的增长，推动了全球经济的互联互通。借贷行为可以通过多种方式实现，包括政府间贷款、银行间贷款、国际金融机构贷款、跨国公司内部借款等。政府间贷款通常由发达国家或国际金融机构如世界银行、国际货币基金组织（IMF）提供，目的是帮助发展中国家进行基础设施建设、改善公共服务和应对经济危机。银行间贷款则涉及商业银行之间的资金往来，通常用于满足短期流动性需求和贸易融资。跨国公司内部借款则是跨国企业在不同子公司之间调配资金，以优化全球资源配置。国际借贷的含义不仅局限于借款和贷款的简单金融交易，更涉及复杂的经济和政治关系。借款国通过借入外汇资金，可以弥补国内储蓄不足，支持经济增长和产业升级。例如一些发展中国家通过借入外汇资金，投资于基础设施、教育、医疗等领域，提高了经济发展的潜力和社会福利。然而国际借贷也伴随着风险和挑战。借款国需要承担外债偿还压力，如果管理不善，会陷入债务危机，影响经济稳定和社会发展。例如拉美和非洲一些国家曾因过度借贷而陷入债务困境，对经济造成严重冲击。

贷款国和国际金融机构通过提供贷款，不仅获取了利息收入，还能够通过金融援助影响借款国的经济政策和发展方向。例如国际货币基金组织在提供贷款时，往往附带一系列经济改革条件，要求借款国实施结构调整、减少财政赤字、推动市场化改革等。虽然这些条件有助于促进借款国的经济健康发展，但也引发社会不稳定和政治争议。国际借贷还涉及汇率风险、利率风险和政治风险等多重因素。借款国和贷款国需要在借贷协议中详细规定还款方式、利率水平、汇率安排等内容，以降低不确定性和风险。此外，国际借贷市场的波动和变化，也对全球金融体系产生连锁反应。例如2008年全球金融危机期间，国际借贷市场的剧烈动荡导致许多国家面临严重的资金紧张和经济衰退。

二、国际借贷中的消极担保

在国际借贷中，担保是确保借款人履行还款义务的重要手段。消极担保作为一种特殊的担保形式，在国际借贷中具有独特的地位和作用。以下探讨消极担保的概念和特征、消极担保的局限性——合同相对性的束缚，以及消极担保局限性的理论突破之一——登记主义和突破之二——同等的物权担保。

（一）消极担保的概念和特征

消极担保，又称为"负面担保"，是指借款人承诺在借款合同存续期间，不会对其资产设置任何其他担保权益，以保障借款人的债权优先性。消极担保的主要特征如下：一是消极担保是一种承诺性质的担保。借款人在借款合同中承诺，不会在其资产上设定其他担保权益，从而保障借款人的债权优先性。消极担保的这种承诺性质，使其在实际操作中具有较强的灵活性和适应性。二是消极担保的对象通常为借款人的全部或部分资产。借款人承诺在特定资产或全部资产上，不会设定其他担保权益，以保障借款人的债权优先性。例如一家企业在借款合同中承诺，不会在其主要生产设备上设定其他担保权益，以确保借款人的债权优先受偿。三是消极担保的效力取决于借款人的诚信和履约能力。由于消极担保是一种承诺性质的担保，其实际效力在很大程度上取决于借款人的诚信和履约能力。如果借款人未能履行其承诺，设定了其他担保权益，将直接影响借款人的债权优先性。

（二）消极担保的局限性——合同相对性的束缚

尽管消极担保在国际借贷中具有一定的保障作用，但其局限性也不容忽视。合同相对性的束缚是消极担保的主要局限性之一。一是合同相对性原则限制了消极担保的对抗效力。根据合同相对性原则，合同的效力仅限于合同当事人之间，对第三方不具有约束力。因此，借款人与借款人之间的消极担保约定，对其他债权人和担保权人不具有法律约束力。如果借款人在资产上设定了其他担保权益，其他债权人和担保权人可以依法行使其担保权益，而不受消极担保约定的约束。二是合同相对性原则增加了消极担保的法律风险。由于消极担保对第三方不具有约束力，借款人在资产上设定其他担保权益的行为，导致借款人的债权优先性受到侵害。如果借款人违反消极担保约定，在其资产上设定其他担保权益，借款人的债权面临被其他担保权人优先受偿的风险。三是合同相对性原则使消极担保的执行难度增加。消极担保的执行依赖于借款人的自觉履行和债权人的监督，一旦借款人违反约定，债权人需要通过法律手段主张权利，这不仅增加了法律成本，还面临执行难度。例如借款人在多个国家拥有资产，债权人需要跨国追索，增加了执行的复杂性。

（三）消极担保局限性的理论突破之一——登记主义

为了克服消极担保的局限性，登记主义作为一种理论突破，为消极担保提供了新的解决路径。登记主义主张通过对消极担保进行登记，提高其公示效力，增强其对抗第三方的效力。一是登记主义通过提高消极担保的公示效力，增强其对抗第三方的效力。通过在公共登记机关对消极担保进行登记，第三方可以通过查询登记信息，了解借款人在特定资产上的消极担保约定，从而受到法律约束。例如在某些国家，企业可以在商业登记机关对消极担保进行登记，公开其承诺不设定其他担保权益的信息，提高消极担保的透明度和公示效力。二是登记主义通过减少信息不对称，降低消极担保的法律风险。消极担保的登记制度可以减少信息不对称，降低第三方因不知情而设定其他担保权益的性质，从而减少消极担保的法律风险。例如借款人在银行贷款时，可以通过登记消极担保，向其他债权人公开其承诺，提高其他债权人对消极担保的认知和尊重。三是登记主义通过增强法律保护，提升消极担保的执行效力。消极担保的登记制度可以增强法律对消极担保的保护，提高其执行效力。一旦借款人违反消极担保约定，债权人可以依据登记信息，通过法律手段追索权利，增强消极担保的实际执行效果。例如某些国家的法律规定，对登记的消极担保具有优先受偿权，保障债权人的合法权益。

（四）消极担保局限性的理论突破之二——同等的物权担保

除了登记主义外，同等的物权担保也是解决消极担保局限性的另一种理论突破。同等的物权担保主张通过赋予消极担保同等的物权效力，提高其对抗第三方的效力。一是同等的物权担保通过赋予消极担保同等的物权效力,增强其法律约束力。将消极担保视为一种特殊的物权,赋予其与其他担保权同等的法律效力,使其具有对抗第三方的法律约束力。例如某些国家的法律规定,消极担保可以作为一种特殊的物权进行登记和保护,增强其法律效力和对抗第三方的能力。二是同等的物权担保通过提高消极担保的优先受偿权,增强其保障效力。赋予消极担保同等的物权效力,可以提高其在清偿顺序中的优先受偿权,增强其对债权人的保障效力。例如某些国家的法律规定,对消极担保具有与其他担保权同等的优先受偿权,保障债权人的合法权益。三是同等的物权担保通过加强法律保护,提升消极担保的执行效力。将消极担保视为同等的物权,可以加强法律对消极担保的保护,提高其执行效力。一旦借款人违反消极担保约定,债权人可以通过法律手段追索权利,增强消极担保的实际执行效果。例如某些国家的法律规定,对同等的物权担保具有强制执行力,保障债权人的合法权益。

消极担保作为国际借贷中的一种特殊担保形式,具有重要的作用和意义。消极担保的概念和特征表明其是一种承诺性质的担保,通过借款人的承诺保护债权人的优先权。然而消极担保也面临着合同相对性的束缚,导致其对抗第三方的效力有限,增加了法律风险和执行难度。为了克服消极担保的局限性,理论上提出了登记主义和同等的物权担保两种解决路径。登记主义通过提高消极担保的公示效力、减少信息不对称和增强法律保护,提升了消极担保的对抗效力和执行效果。同等的物权担保通过赋予消极担保同等的物权效力、提高优先受偿权和加强法律保护,增强了消极担保的法律约束力和保障效力。在国际借贷实践中,各国应根据自身法律体系和市场需求,选择合适的解决路径,完善消极担保的法律制度和操作机制。通过有效的制度设计和法律保障,消极担保可以在国际借贷中发挥更大的作用,保障债权人的合法权益,促进国际金融市场的健康发展。同时国际借贷中的各方应加强合作,共同应对消极担保的挑战,推动国际借贷的规范化和透明化,为全球经济的稳定发展提供有力支持。

三、国际仲裁在国际借贷领域的运用

(一)国际仲裁概述

国际仲裁,又称"国际公断",简称"仲裁"或"公断",是指由争端双方

共同选定的仲裁员审理争端并作出具有约束力的裁决。这是解决国际争端的法律手段之一。某一国际争端的当事国可以根据其事先或事后自愿达成的仲裁协议,将争端提交仲裁。仲裁员由争端双方协商选定,可以由一人担任,也可以组成仲裁庭或仲裁委员会,按照仲裁协议规定的程序和规则对争端进行审理,所作出的裁决对争端双方具有约束力。

国际仲裁作为一种解决跨国商事争议的有效机制,在全球经济活动中扮演着至关重要的角色。它为国际商业、投资和贸易争端提供了一种替代传统诉讼的解决途径,以其独特的灵活性、效率和国际执行力而受到青睐。

国际仲裁的定义广泛,包括了由争议各方同意提交给独立仲裁庭进行裁决的争议解决方式。这种机制的特点在于尊重当事人的自治意愿,允许当事人自行选择仲裁地点、仲裁规则、仲裁员和适用法律。

国际仲裁的程序通常包括争议的提出、答辩、证据交换、听证会以及最终裁决等阶段。这一过程强调程序的公正性和透明度,确保争议得到公正的审理和解决。仲裁裁决通常是终局性的,对当事人具有法律约束力,且相较于法院判决,更容易在国际上得到承认和执行。

国际仲裁的法律框架由国际公约、各国国内立法和仲裁机构的规则共同构成。《纽约公约》作为最重要的国际公约之一,为国际仲裁裁决的跨境执行提供了便利。

尽管国际仲裁具有显著优势,但也面临一些挑战,例如仲裁程序复杂性、成本问题、仲裁员的独立性和公正性等。应对这些挑战需要不断完善仲裁规则,提高仲裁程序的透明度,加强仲裁员的专业培训和道德规范。

国际仲裁的未来发展将更加注重提升效率、降低成本、适应当事人多元化需求,并充分利用技术手段,如在线仲裁,以适应数字化时代的需求。随着全球化的深入发展,国际仲裁预计将继续在全球经济中发挥其重要作用。

总之,国际仲裁作为一种专业的争议解决机制,为国际商事提供了一种高效、公正的解决途径。随着国际商业活动的日益频繁,国际仲裁将不断适应和满足全球经济的发展需求,促进国际贸易和投资的稳定增长。

(二)国际仲裁在国际借贷中的作用

国际仲裁在国际借贷中扮演着至关重要的角色,为跨国界的贷款和借款活动提供了一种有效的争议解决机制。在全球化的经济背景下,国际借贷活动日益频繁,随之而来的争议解决需求也日益增长,国际仲裁以其独特的优势满足了这一需求。

一是国际仲裁提供了一种中立的争议解决平台,借贷双方无论来自哪个国家,都能在国际仲裁中得到公正的对待。这种中立性有助于建立当事人的信心,使他们更愿意选择仲裁作为解决争议的方式。

二是国际仲裁的专业性是其在国际借贷中受到青睐的另一个重要原因。仲裁员通常由具有法律和金融专业知识的专家组成,他们能够深入理解复杂的金融交易和相关法律问题,从而做出合理、公正的裁决。

三是国际仲裁的保密性对于保护借贷双方的商业秘密和市场声誉至关重要。与公开审理的法院诉讼不同,仲裁程序通常不对外公开,这有助于维护当事人的商业利益和社会形象。

国际仲裁的程序灵活性也是其在国际借贷中受到重视的一个特点。借贷双方可以根据自身需求,选择适用的仲裁规则、仲裁地点和仲裁语言,甚至在一定程度上自行设计仲裁程序,以适应特定的争议解决需求。

总之,国际仲裁在国际借贷中发挥着不可替代的作用,为跨国界的贷款和借款活动提供了一种专业、高效、保密的争议解决机制。随着国际金融市场的进一步发展,国际仲裁将继续在国际借贷领域发挥其重要作用,同时也需要不断创新和完善,以适应金融市场的新需求和挑战。

(三)国际仲裁在国际借贷中的运用

国际仲裁的运用始于借贷双方在合同中约定的仲裁条款,这些条款规定了争议解决的方式、地点、适用法律和仲裁规则。一旦发生争议,双方可以根据仲裁条款启动仲裁程序,寻求独立第三方的裁决。

国际仲裁的中立性和公正性是其在国际借贷中受到青睐的重要原因。仲裁地的选择可以是任何对双方都可接受的中立国家或地区,确保了裁决的客观性和权威性。此外,仲裁员的选任也体现了高度的当事人自治,借贷双方可以选择具有金融、法律等相关领域专业知识的仲裁员,以确保争议得到专业的处理。

保密性是国际仲裁的另一项重要特点,这对于保护借贷双方的商业秘密和市场声誉至关重要。与公开审理的法院诉讼不同,仲裁程序通常不对外公开,有助于维护当事人的商业利益和社会形象。

国际仲裁的程序灵活性也是其在国际借贷中受到重视的一个特点。借贷双方可以根据自身需求,选择适用的仲裁规则、仲裁地点和仲裁语言,甚至在一定程度上自行设计仲裁程序,以适应特定的争议解决需求。

国际仲裁裁决的国际执行力是其在国际借贷中不可或缺的优势。根据《纽约公约》,国际仲裁裁决在全球范围内得到了广泛的承认和执行,这为借贷双方提供了强有力的法律保障。

然而国际仲裁在国际借贷中也面临一些挑战。例如不同国家的法律体系对仲裁结果产生影响,导致仲裁裁决的执行难度增加。此外,仲裁员的选择和专业素质也是影响仲裁公正性和专业性的关键因素。

为了应对这些挑战,借贷双方需要在合同中明确争议解决条款,包括仲裁地点、适用法律和仲裁规则等。同时加强仲裁员的专业培训和道德规范,提高其处理复杂金融案件的能力,也是确保仲裁公正性和专业性的重要措施。

随着国际金融市场的发展和变化,国际仲裁也在不断创新和完善。在线仲裁等新兴形式的出现,为国际借贷争议提供了更加便捷、高效的解决方案。同时多元化争议解决方式的结合,如调解、协商与仲裁的结合,也为国际借贷争议的解决提供了更多选择。

总之,国际仲裁在国际借贷中的运用,对于维护国际金融市场的稳定和秩序至关重要。它为借贷双方提供了一种高效、专业、保密的争议解决途径。随着国际金融市场的进一步发展,国际仲裁将继续发挥其重要作用,同时也需要不断创新和完善,以适应金融市场的新需求和挑战。

第三节 外国直接投资和跨国公司

一、外国直接投资的影响

外国直接投资(FDI)是指外国投资者通过在东道国设立或购买企业、增加资本等方式,将资本投入东道国的经济活动中。FDI不仅对投资东道国和母国产生深远的经济影响,还对全球经济合作与发展起着重要作用。以下详细探讨外国直接投资对投资东道国和母国的影响。

(一)对投资东道国的影响

外国直接投资对投资东道国的经济发展具有重要影响,主要体现在以下几个方面:一是FDI促进了东道国的经济增长和产业升级。外国直接投资带来的资金、技术和管理经验,有助于东道国提升生产力和竞争力。例如中国自改革开放以来,通过吸引大量FDI,迅速提升了制造业水平和整体经济实力。二是FDI创造了大量就业机会,提升了居民收入水平。外国企业在东道国设立工厂和公司,直接增加了当地的就业岗位,带动了相关产业的发展,提升了居民的收入和生活水平。例如东南亚国家通过吸引制造业FDI,创造了大量就业机会,推动了经济快速发展。三是FDI促进了技术转移和知识扩散。外国企业在东道国投资过程中,通常会带来先进的技术和管理模式,这些技术和知识的引入,有助于提升东道国的技术水平和创新能力。例如印度通过吸引信息技术领域的FDI,迅速提升了本国的IT产业水平。四是FDI促进了基础设施建设和现代化进程。外国投资者在东道国进行投资,往往会推动当地基础设施的建设,如交通运输、能源供应和通信网络等,从而提升整体经济环境。例如非洲国家通过吸引FDI,改善了交通运输和能源供应,推动了经济现代化进程。然而FDI也带来一些负面影响,如环境污染、资源掠夺和经济依赖等。东道国需要制定合理的政策和法规,确保外国投资者遵守当地法律,保护环境和社会利益。

(二)对母国的影响

外国直接投资不仅对投资东道国产生影响,对母国也有重要的经济和社会影响,主要体现在以下几个方面:一是FDI有助于母国企业拓展国际市场,提升全球竞争力。通过在东道国设立子公司或分支机构,母国企业可以更好地进入国际市场,扩大市场份额,提升全球竞争力。例如美国的跨国公司通过在全球范围内进行FDI,建立了广泛的市场网络,增强了全球竞争力。二是FDI有助于母国企业获取资源和技术,提升自身发展能力。通过在资源丰富的国家进行投资,母国企业可以获得稳定的原材料供应,降低生产成本;通过在技术先进的国家进行投资,母国企业可以获得先进的技术和管理经验,提升自身的技术水平和管理能力。例如日本的企业通过在东南亚进行投资,获得了稳定的原材料供应,降低了生产成本。三是FDI促进了母国经济的多元化发展。通过在不同国家和地区进行投资，母国企业可以分散经济风险，实现多元化发展，增强经济的稳定性。例如德国的企业通过在全球范围内进行投资，分散了经济风险，实现了多元化发展。四是FDI有助于提升母国的国际影响力和地位。通过在全球范围内进行投资，母国可以增强与其他国家的经济联系，提升国际影响力和地位。例如中国通过"一带一路"倡议，推动了大量FDI项目，提升了在全球经济中的影响力和地位。然而FDI对母国也带来一些负面影响，如资本外流、就业岗位流失和技术泄露等。母国需要制定合理的政策和措施，平衡FDI带来的正负面影响，确保自身经济的稳定和可持续发展。

外国直接投资对投资东道国和母国都具有重要的经济和社会影响。对东道国而言，FDI促进了经济增长、产业升级、就业增加和技术转移，但也带来环境污染和资源掠夺等负面影响。对母国而言，FDI有助于拓展国际市场、获取资源和技术、实现经济多元化发展和提升国际影响力，但也带来资本外流、就业岗位流失和技术泄露等问题。为了实现FDI的双赢效果，投资东道国和母国需要共同努力，制定合理的政策和措施，确保FDI的可持续发展。东道国应加强法律法规建设，保护环境和社会利益，确保外国投资者遵守当地法律；母国应平衡FDI带来的正负面影响，保护本国经济的稳定和可持续发展。通过合理引导和管理FDI，东道国和母国可以实现经济合作与共赢，推动全球经济的健康发展。在全球化背景下，国际社会应加强合作，共同应对FDI带来的挑战和机遇，推动世界经济的共同繁荣。

二、跨国公司与国际贸易

跨国公司（Multinational Corporations, MNCs）是指在多个国家开展业务、拥有跨国经营的公司。它们不仅在全球范围内进行生产和销售，还通过复杂的国际网络进行资源配置、技术创新和市场拓展。跨国公司在全球经济中扮演着重要角色，尤其是在国际贸易中，发挥关键作用。随着全球化进程的推进，跨国公司的影响力不断增强，它们在推动国际贸易发展和塑造全球市场结构方面发挥了至关重要的作用。

（一）跨国公司的定义

跨国公司是指那些在两个或两个以上国家拥有或控制生产和销售资产的企

业。这些公司通过在不同国家设立子公司、分公司、生产基地等形式，开展全球业务。跨国公司的运作模式通常包括国际化的生产体系、全球市场的销售网络以及跨国的管理体系。其核心特征是跨国经营和多国管理，强调全球资源的优化配置和全球市场的统一运作。

跨国公司一般具备以下几个特点。全球化的生产和销售：跨国公司通常在不同国家拥有生产设施和销售网络，通过全球化的资源配置来提高生产效率和市场覆盖率。跨国管理：这些公司在全球范围内实施统一的管理体系，同时根据各国的市场和法规特点进行本地化调整。技术和资本的流动：跨国公司在全球范围内流动技术和资本，以支持其业务的扩展和市场的渗透。

（二）跨国公司对国际贸易的影响

跨国公司对国际贸易的影响是深远且多方面的。一是跨国公司通过在多个国家建立生产和销售基地，促进了全球贸易的增长。它们利用不同国家的资源优势和市场机会，将生产和销售过程进行全球布局，从而推动了国际商品和服务的流动。二是跨国公司通过优化全球供应链，提升了贸易效率。跨国公司通常在全球范围内选择最具成本效益的生产地点，并通过高效的物流和供应链管理，实现了资源的优化配置。这种全球化的供应链管理不仅降低了生产成本，还提高了商品的竞争力和市场响应速度。然而跨国公司的全球扩张也带来了对国际贸易结构的深刻影响。跨国公司在某些领域形成了市场垄断，主导了全球市场的价格和竞争规则。这种市场主导地位使得跨国公司在全球贸易中具有强大的议价能力和市场影响力。

（三）跨国公司对国际贸易的垄断

跨国公司通过其全球化的业务布局和市场控制力，往往在某些行业中形成垄断地位。这种垄断不仅体现在市场份额上，还体现在技术创新、品牌影响力和市场定价等方面。跨国公司的垄断行为对国际贸易的影响主要体现在以下几个方面。市场控制：跨国公司通过控制生产和销售链条，主导了国际市场的价格和供应情况。这种市场控制能力使得跨国公司能够影响全球贸易流向和市场动态。技术主导：跨国公司在技术创新和专利方面具有优势，它们往往通过技术壁垒和知识产权保护，维持其在全球市场的竞争优势。市场壁垒：跨国公司通过建立强大的品牌效应和市场准入壁垒，阻止新兴企业和竞争者进入市场，从而进一步巩固其市场地位。跨国公司的垄断行为在一定程度上促进了全球贸易的集中化和资本积累，但也带来了市场竞争的不平等和贸易壁垒的增加。为了应对这些挑战，各国政府和国际组织需要加强对跨国公司行为的监管，维护公平竞争的国际贸易环境。

跨国公司在国际贸易中扮演着至关重要的角色，它们通过全球化的生产和销售网络，推动国际贸易的增长和全球经济的发展。跨国公司不仅优化了全球供应链，提高了贸易效率，还在某些领域形成了市场垄断，影响了国际贸易的结构和规则。面对跨国公司带来的挑战，各国政府和国际组织需要通过加强监管和合作，维护国际贸易的公平竞争环境。跨国公司的持续发展和国际贸易的健康运行，依赖于全球范围内的政策协调和市场治理。

第五章 国际服务贸易

第一节 服务业、服务贸易与经济增长

一、服务业与经济增长

服务业是现代经济中最具活力和成长性的行业门类。其广泛涵盖金融、保险、教育、医疗、旅游等多个领域，对经济增长具有重要的推动作用。随着全球经济的不断发展和产业结构的升级，服务业在国民经济中的地位不断提升，成为经济增长的重要引擎。了解服务业与经济增长的关系，对于制定经济政策和推动经济发展具有重要意义。

（一）服务业与经济增长的相关理论分析

服务业与经济增长的关系可以通过多个经济理论进行分析。一是现代化理论认为，随着社会的现代化和工业化进程的推进，服务业的发展是经济成熟的重要标志。在这一过程中，服务业从一个辅助性的部门，逐渐成为经济增长的重要驱动力。服务业的发展不仅能够直接增加国民收入，还能通过提高生产效率、促进技术进步等途径间接推动经济增长。二是人力资本理论强调服务业对经济增长的重要作用。服务业尤其是知识密集型服务业，如金融服务、信息技术服务等，依赖于高素质的人力资本。这些领域的服务提供了技术支持和创新服务，促进了生产率的提升和经济的长期增长。人力资本的积累和提升，不仅推动了服务业的扩张，还带动了整体经济的繁荣。此外，需求驱动理论指出，服务业的增长可以通过满足消费者不断变化的需求来推动经济增长。随着生活水平的提高，消费者对服务的需求不断增加，这推动了服务业的扩张和多样化。这种需求驱动效应促进了服务业的不断创新和发展，从而为经济增长提供了强劲的动力。

（二）服务业在国民经济中的作用

服务业在国民经济中的作用主要体现在以下几个方面：一是促进经济结构优化。随着经济的发展，服务业逐渐取代传统的农业和工业部门，成为经济结构的重要组成部分。这一变化不仅提高了经济的多样性，还增强了经济的稳定性和抗风险能力。服务业的发展使得经济结构更加合理，促进了经济的可持续增长。二是就业机会创造。服务业通常具有较高的劳动密集度，因此能够为大量劳动者提供就业机会。特别是在经济转型过程中，服务业能够吸纳大量的劳动力，减少失业率，改善社会就业结构。服务业的就业机会不仅涵盖了高技能岗位，还包括中低技能岗位，促进了社会的整体稳定和发展。此外，创新和技术进步。服务业尤其是高科技服务业，如信息技术服务、金融科技等，推动了技术的不断创新。这些领域的服务通过引入新技术、新模式和新理念，促进了产业的升级和经济的创新发展。服务业的技术进步不仅提高了生产效率，还推动了其他行业的技术进步，从而对整体经济增长产生了积极影响。

服务业与经济增长之间存在着密切的联系。服务业的理论分析表明，服务业的发展是经济现代化和人力资本积累的结果，对经济增长具有重要推动作用。在国民经济中，服务业不仅优化了经济结构、创造了大量就业机会，还推动了技术创新和经济的整体发展。了解和把握服务业与经济增长的关系，对于制定有效的经济政策、推动经济发展具有重要意义。

二、服务贸易与经济增长

服务贸易是国际贸易的重要组成部分，涉及服务的跨国流动和交换。随着全球化的推进和技术的进步，服务贸易在全球经济中扮演着越来越重要的角色。服务贸易不仅推动了全球经济的增长，还对各国经济产生了深远影响。探讨服务贸易与经济增长之间的关系，对于理解现代经济的动态和制定有效的经济政策具有重要意义。

（一）服务贸易促进了全球经济增长

服务贸易的扩张显著推动了全球经济增长。服务贸易的增长主要体现在以下几个方面：一是服务贸易扩展了市场空间。国际服务贸易打破了地域限制，使服务供应商能够进入更广阔的国际市场。通过跨国服务贸易，企业可以将其服务产品推向全球，提高市场份额，并获得更多的收入来源。这种市场扩展不仅增加了服务业的收入，也带动了全球经济的增长。二是服务贸易推动了生产力的提升。服务贸易中的技术服务、管理咨询、金融服务等高附加值服务，有助于提高生产效率和生产力。例如信息技术服务的跨国流动使企业能够利用最新的技术，改进生产流程，提高生产力。生产力的提升不仅增强了企业的竞争力，也推动了经济的整体增长。三是服务贸易促进了资源的优化配置。通过国际服务贸易，资源可以在全球范围内进行优化配置。例如发达国家可以将其高技术服务输出到发展中国家，而发展中国家则可以提供劳动力密集型服务。这样的资源配置优化了全球资源的使用效率，提高了各国的经济增长水平。四是服务贸易促进了知识和技术的传播。跨国服务贸易使得知识和技术能够在全球范围内传播。通过服务贸易，先进的技术、管理经验和创新理念可以被引入到其他国家，推动全球范围内的技术进步和创新。这种知识和技术的传播不仅提高了各国的技术水平，还推动了经济增长。

（二）服务贸易对国内经济结构的影响

服务贸易对国内经济结构的影响体现在多个方面：一是服务贸易促进了产业结构的优化升级。随着服务贸易的发展，传统的制造业和农业逐渐被高附加值的服务业所取代，推动了经济结构的优化和升级。例如金融、保险、医疗等服务业的快速发展，提高了经济的服务化水平，促进了经济的高质量增长。二是服务贸易推动了经济多样化。服务贸易的增长使得各国经济结构更加多样化，减少了对传统产业的过度依赖。例如一些国家通过发展旅游、教育、医疗等服务业，成功实现了经济的多元化和稳定发展。这种多样化不仅增强了经济的抗风险能力，也推动了经济的可持续增长。三是服务贸易带动了创新和创业。服务贸易的扩展促进了新的商业模式和创新的出现。例如电子商务、金融科技等新兴服务业的兴起，不仅推动了服务贸易的发展，也为经济注入了新的活力。这些创新和创业活动不仅创造了新的就业机会，也推动了经济的创新发展。四是服务贸易影响了劳动市场。服务贸易的发展改变了劳动市场的结构和需求。高技术服务业的增长需要高素质的人力资本，而传统服务业则需要大量的劳动力。这种变化导致对技能和教育的不同需求，影响了劳动市场的供需关系和工资水平。

（三）服务贸易与经济增长的关系

服务贸易与经济增长之间存在密切关系。一是服务贸易对经济增长具有直接的促进作用。服务贸易的收入直接增加了国家的经济总量，提高了国民收入水平。例如旅游服务的跨国流动带来了巨额的外汇收入，直接推动了经济的增长。二是服务贸易通过提升产业竞争力促进经济增长。服务贸易中的高附加值服务，如信息技术服务、金融服务等，提高了产业的竞争力。这种提升不仅增强了国家在国际市场上的竞争地位，也推动了经济的整体增长。三是服务贸易通过带动相关产业的发展促进经济增长。服务贸易的增长带动了相关产业的发展，如物流、运输、保险等。这些相关产业的发展进一步推动了经济的增长，形成了服务贸易的正向循环效应。四是服务贸易的开放促进了经济的国际化和全球化。服务贸易的开放使得各国能够更好地融入全球经济体系，提高了经济的国际化水平。国际化的经济环境不仅推动了经济的增长，也促进了全球经济的繁荣。

（四）服务贸易对区域经济发展的影响

服务贸易对区域经济的发展具有重要影响。一是服务贸易促进了区域经济一体化。服务贸易的跨国流动打破了地域界限，促进了区域经济的一体化。例如欧盟国家通过建立共同市场，实现了服务贸易的自由流动，推动了区域经济的一体化进程。二是服务贸易带动了区域经济的均衡发展。服务贸易的发展有助于平衡区域经济的发展水平。通过引进外资服务业，欠发达地区可以实现经济的快速发展，缩小与发达地区的差距。这种均衡发展不仅提升了区域经济的整体水平，也推动了区域经济的协调发展。三是服务贸易推动了区域竞争力的提升。服务贸易的增长使得各区域能够在全球市场上参与竞争，提升了区域的竞争力。例如某些区域通过发展特色服务业，成功地提升了其在全球市场上的竞争地位。这种竞争力的提升不仅带来了经济增长，也推动了区域经济的繁荣。四是服务贸易促进了区域内企业的国际化。服务贸易的扩展使得区域内的企业能够更好地走向国际市场，提高了企业的国际化水平。企业的国际化不仅带来了新的市场机会，也推动了区域经济的发展。

服务贸易与经济增长之间的关系密不可分。服务贸易通过扩展市场空间、提升生产力、优化资源配置和传播知识技术，直接推动了全球经济的增长。同时服务贸易对国内经济结构的影响体现在产业结构优化、经济多样化、创新创业和劳动市场的变化。服务贸易不仅直接促进了经济增长，还通过提升产业竞争力、带动相关产业发展、推动经济国际化等途径，增强了经济的增长动力。此外，服务贸易对区域经济的发展也产生了积极影响，包括促进区域经济一体化、带动均衡发展、提升竞争力和推动企业国际化等方面。总体来看，服务贸易的扩展和发展是推动经济增长的重要因素，对全球经济、国内经济以及区域经济的增长都有着深远影响。

第二节 服务与服务业

一、服务

服务是现代经济中的核心组成部分，其主要通过提供知识、技能或劳务来满足他人需求。与有形产品不同，服务的无形性、不可分割性、变异性和不可储存性，使其在经济活动中具有独特的重要性。这一节深入探讨服务的定义、特性、分类及其在经济中的重要作用，以帮助理解服务作为经济活动的一部分，如何影响全球经济的发展和各行业的运作。

（一）服务的概念

服务是现代经济中不可或缺的一个部分，其核心在于通过提供知识、技能或劳务来满足他人需求。不同于有形产品，服务本质上是一种无形的经济活动，它无法被触摸、储存或拥有。服务的提供往往涉及与客户的直接互动，这种互动不仅是服务交付的关键，还决定了服务的质量和客户的满意度。服务的定义可以从多个角度进行理解：从经济角度来看，服务是一种满足需求的过程，其价值主要体现在服务对客户的效用和满意度上；从社会角度来看，服务代表了社会分工和专业化的发展，它促进了社会的分工协作和经济的高效运作。

服务具有几个显著的特性。

一是服务的无形性意味着服务不能像有形产品那样被触摸或查看，消费者在购买服务时主要依靠体验和感知来评估其质量。例如医疗咨询、教育培训等服务无法在交易前被实物化展示，这使得服务的质量评估变得更加依赖于客户的体验。

二是服务的不可分割性指的是服务的生产和消费通常是同时进行的。以医疗服务为例，治疗过程中的每一步都需要医生和患者的直接互动，服务的提供和接受是在同一时间和地点完成的。这种特性使得服务过程中的互动质量直接影响服务的效果和客户的满意度。

三是服务的变异性表现为服务的质量因提供者、时间、地点等因素的不同而有所差异。服务的提供往往受到提供者的能力、状态和客户的需求变化的影响，因此，即使是在相同的服务机构中，服务的质量也因时而异。例如同一家餐厅的服务质量因为服务员的不同而有所差别。

最后，服务的不可储存性意味着服务无法被储存或积累。例如教育课程的提供仅限于课程期间，无法在课程结束后"储存"或"转售"，这种特性使得服务必须在需求存在时及时提供。服务的定义和特性展示了其在现代经济中的独特角色。服务不仅仅是对客户需求的回应，更是经济活动中的一个重要环节，通过直接的客户互动和服务过程的不断改进，服务为经济发展、社会进步和人类生活质量的提高做出了重要贡献。

（二）服务的特征

服务与商品在多个方面存在显著差异，这些差异主要体现在无形性、不可分离性、异质性、难以储存、所有权不可转让、经验特征和信任特征等方面。以下是对这些特征的详细探讨。

1. 无形性与有形性

服务的最显著特征是无形性。服务不能被触摸、看见或储存，这使得服务的质量和效果在购买前难以评估。与之相对的是商品的有形性，商品是可以被触摸和查看的，有明确的物理形态。这种有形性使得消费者在购买商品时能够通过实际观察和感知来评估其质量和功能。无形性带来了几个挑战：一是消费者在购买服务时无法在交易前直接检验服务的质量，这增加了交易的不确定性。二是服务提供者需要通过其他方式来展示服务质量，如通过口碑、评价、认证等。服务的无形性也使得服务的营销和推广更加依赖于品牌形象和信誉，而不仅仅是产品本身的特性。

2. 不可分离性与可分离性

服务的不可分离性意味着服务的生产和消费过程是同时进行的。例如医疗服务、教育培训等服务必须在提供者与接受者之间的互动中完成。服务的提供和消费过程紧密相连，服务的质量和效果直接依赖于服务过程中的互动。相比之下，商品具有可分离性，即商品的生产和消费过程可以相对独立。商品可以在生产后储存和销售，消费者可以在购买时对商品进行检验和比较。商品的生产与消费之间的时间和空间可以分开，这使得商品的交易过程更加灵活和便捷。

3. 异质性与同质性

服务的异质性是指同一种服务在不同的提供者、时间或地点下存在差异。例如酒店的服务质量因服务员的不同、服务时间的不同而有所变化。服务的异质性使得服务的标准化和质量控制变得更加复杂，需要服务提供者不断改进和优化服务过程。与服务的异质性不同，商品通常具有同质性。同一种商品在不同的购买地点和时间通常具有相同的特性和质量。商品的生产过程经过标准化和规模化控制，使得商品在不同的批次和销售渠道中保持一致性。这种同质性使得消费者在购买商品时可以对其质量和性能有较为明确的预期。

4. 难以储存与容易储存

服务的难以储存是指服务不能在生产后进行储存和积累。例如教育课程的提供只能在课程进行时完成，无法在课程结束后储存或转售。这种特性使得服务需要在需求存在时及时提供，服务提供者无法通过积累服务来应对需求波动。相比之下，商品容易储存。商品可以在生产后进行储存和库存管理，以应对市场需求的波动。商品的储存和积累使得销售和供应链管理更加灵活，能够根据市场需求进行调整和优化。

5. 所有权不可转让与所有权转让

服务的所有权不可转让，即服务的使用权只能在服务过程中进行，不会导致所有权的转移。例如酒店住宿服务的使用权在入住期间归客户所有，但酒店房间的所有权仍归酒店所有。服务的所有权不可转让使得服务交易过程主要关注服务的使用和体验，而非所有权的转移。与服务的所有权不可转让不同，商品的所有权可以转让。购买商品通常意味着消费者获得了商品的所有权，消费者可以对商品进行使用、转售或处置。这种所有权的转让使得商品交易过程更加明确，消费者在购买商品时能够获得完整的所有权和控制权。

6. 经验特征和信任特征与寻找特征

服务的经验特征和信任特征是指服务的质量和效果通常需要通过实际体验和

信任来评估。例如医疗服务的效果需要在实际治疗过程中才能感受到，消费者往往依赖于服务提供者的信誉和口碑来做出选择。这种特性使得服务的营销和推广需要强调客户的体验和信任，而不仅仅是服务的功能和特性。相比之下，商品具有寻找特征。消费者在购买商品时可以通过查找和比较商品的规格、性能和价格等信息来做出决策。商品的特性可以通过实物展示、广告宣传和产品说明书等方式进行传达，使得消费者在购买时能够获得更多的实物信息和选择依据。

7.服务支付价格通常不与实际产出相联系与价格产出相联系

服务的支付价格通常不与实际产出相联系，即服务的价格往往与服务过程的质量、提供者的专业水平等因素有关，而不仅仅是服务的实际产出。例如法律咨询服务的费用与咨询的时间、咨询者的经验等因素相关，而不是与实际的法律结果直接挂钩。服务的定价往往涉及服务过程中的多个因素，使得价格与实际产出之间的关系变得复杂。与服务不同，商品的价格通常与实际产出相联系。商品的价格往往反映了商品的生产成本、质量和市场供需关系。消费者在购买商品时，价格通常与商品的实际产出和功能密切相关，使得价格和产出之间的关系更加直接和明确。

服务与商品的特征差异比较如表5-1所示。

表5-1 服务与商品的特征差异

服务	商品
无形性	有形性
不可分离性	可分离性
异质性	同质性
难以储存	容易储存
所有权不可转让	所有权转让
经验特征和信任特征	寻找特征
服务支付价格通常不与实际产出相联系	价格产出相联系

二、服务业

服务业作为现代经济的关键组成部分，在全球经济中扮演着越来越重要的角色。它涵盖了从金融、保险和医疗到教育、旅游和娱乐等广泛领域。服务业的迅速发展不仅改变了经济结构,也推动了经济增长和社会进步。在国际化和全球化的背景下,服务业的跨国流动和发展尤为重要。因此,深入理解服务业的特点、功能和发展趋势,对于把握现代经济的发展方向和制定有效的经济政策具有重要意义。

(一)服务业的定义和分类

服务业是指提供无形产品的经济活动,这些产品通常不能被触摸、存储或运输。服务业与传统的制造业和农业不同,它主要包括提供知识、技能和专业服务的行业。一是服务业的定义。服务业包括那些以提供服务为核心的行业,例如金融服务、保险服务、教育、医疗和旅游等。与商品生产不同,服务业的产品是无形的,其提供过程往往需要与客户直接互动。服务业的特点是无法储存,生产和消费通常是同步进行的。二是服务业的分类。服务业可以根据不同的标准进行分类。按照行业分类,可以分为金融服务、保险服务、信息技术服务、教育服务、医疗服务、旅游服务等。按照服务的性质,可以分为消费者服务和生产者服务。消费者服务直接面向个人消费者,如医疗和教育;生产者服务则为其他企业提供支持,如金融服务和管理咨询。最后是服务业的特征。服务业具有以下几个显著特征:无形性、不可分割性、异质性和可变性。无形性意味着服务产品无法被触摸或储存;不可分割性指服务的生产和消费通常是同步进行的;异质性表示服务的质量和内容因提供者和消费者的不同而有所变化;可变性则指服务的质量和效果受到多种因素的影响,如提供者的技能和消费者的需求。

(二)服务业对经济发展的影响

服务业的快速发展对经济发展产生了深远的影响。主要体现在以下几个方面:一是服务业推动了经济结构的转型。随着经济的发展,服务业的比重在国民经济中的比例逐渐增加,传统的农业和工业部门逐步被服务业所取代。这种转型不仅提升了经济的服务化水平,也促进了经济的高质量发展。服务业的发展使得经济结构更加多样化,有助于提升经济的稳定性和抗风险能力。二是服务业促进了就业的增长。服务业的扩展创造了大量就业机会。尤其是在发达国家和地区,服务业已经成为主要的就业来源。服务业的就业机会涵盖了从高技能岗位到中低技能岗位的各种职位,有助于提高社会的整体就业水平,减少失业率,并改善劳动市场的结构。三是服务业推动了技术进步和创新。许多服务业领域,如信息技术服务、金融科技、医疗健康等，都涉及高科技和创新。服务业的技术进步和创新不仅提升了服务的质量和效率，还推动了其他行业的发展。例如信息技术服务的发展促进了数字化转型，推动了各行各业的技术升级和创新。

（三）服务业在全球经济中的作用

服务业在全球经济中发挥着越来越重要的作用。它不仅推动了全球经济的增长，还促进了国际经济一体化。服务业在全球经济中的作用主要体现在以下几个方面：一是服务业推动了全球经济的增长。服务业的跨国流动和发展推动了全球经济的增长。国际服务贸易使得各国能够分享技术、知识和专业服务，促进了全球经济的互联互通。服务业的全球化不仅增加了各国的经济收入，也带动了全球经济的繁荣。二是服务业促进了国际经济一体化。服务业的跨国流动和国际合作促进了国际经济一体化。例如欧盟通过建立共同市场，实现了服务业的自由流动，推动了区域经济的一体化。这种一体化不仅提高了经济的效率，还增强了区域内国家的经济合作和协调。三是服务业对外资的吸引力。服务业的快速发展使得各国尤其是发展中国家能够吸引外资。外资流入不仅带来了资金，还引入了先进的技术和管理经验，推动了本国服务业的发展和经济的增长。这种外资的流入促进了经济的现代化和国际化，提高了国家的国际竞争力。

服务业作为现代经济的重要组成部分，其发展对经济增长和社会进步具有重要影响。通过对服务业的定义和分类，可以更好地理解其独特的特点和功能。服务业的快速发展推动了经济结构转型，促进了就业增长，并推动了技术进步和创新。在全球经济中，服务业不仅推动了全球经济的增长，还促进了国际经济一体化，对外资的吸引力也进一步增强。总体来看，服务业的蓬勃发展为经济增长注入了强大的动力，对全球经济、区域经济以及国内经济的持续增长都发挥了重要作用。

第三节　服务贸易

一、服务贸易的概念及特征

服务贸易是现代国际贸易的重要组成部分，与商品贸易相比，服务贸易具有不同的特点和模式。服务贸易的迅速发展不仅推动了全球经济的增长，也促进了国际经济的一体化。深入理解服务贸易的概念和特征，有助于把握其在全球经济中的作用和未来发展趋势。以下通过探讨服务贸易的概念及其特征，全面分析其在国际贸易中的地位和重要性。

（一）服务贸易的概念

服务贸易是指服务在国家间的流动和交换。与商品贸易不同，服务贸易涉及无形产品的跨国交易，包括金融、保险、教育、医疗、旅游等多种形式的服务。服务贸易的概念可以从以下几个方面进行详细分析：一是服务贸易的定义。根据世界贸易组织（WTO）的定义，服务贸易包括四种基本模式：跨境交付、境外消费、商业存在和自然人流动。跨境交付指的是服务从一个国家传递到另一个国家，如跨国咨询服务；境外消费是指消费者到服务提供者所在国接受服务，如旅游和留学；商业存在是指服务提供者在他国设立分支机构提供服务，如跨国银行；自然人流动指的是服务提供者本人或其员工到他国提供服务，如国际工程项目中的技术人员。二是服务贸易的范围。服务贸易覆盖了广泛的领域，包括但不限于金融服务、保险服务、信息技术服务、教育服务、医疗服务、旅游服务、运输服务、文化娱乐服务等。每一种服务形式都具有独特的特征和市场需求。例如金融服务和保险服务涉及资金的跨国流动和风险管理，教育服务和医疗服务则涉及知识和技术的传递。

（二）服务贸易的特征

服务贸易与商品贸易相比，具有许多独特的特征。这些特征使得服务贸易在实际操作和管理中需要采用不同的方法和策略。以下是服务贸易的主要特征：一是无形性。服务贸易的产品是无形的，无法被触摸、储存或运输。这一特征使得服务贸易在交付和验收时存在一定的挑战。例如金融服务和保险服务主要依赖于信息和数据的传递，而教育和医疗服务则需要专业知识和技能的提供。二是不可分割性。服务贸易的生产和消费通常是同时进行的，无法分开。这意味着服务的质量和效果在很大程度上取决于提供者和消费者的互动。例如旅游服务的质量不仅取决于旅行社的安排，还取决于消费者的体验和反馈；医疗服务的效果不仅依赖于医生的技术，还与患者的配合密切相关。三是异质性。服务贸易的质量和内容因提供者和消费者的不同而有所变化。这一特征使得服务的标准化和质量控制变得复杂化。例如咨询服务的效果取决于咨询师的经验和专业水平；教育服务的质量取决于教师的能力和教学方法。四是可变性。服务贸易的质量和效果受到多种因素的影响，具有不确定性。例如金融服务的风险管理效果受到市场波动的影响；旅游服务的满意度受到天气和突发事件的影响。这一特征要求服务提供者具有较高的灵活性和应变能力，以满足不断变化的市场需求。

服务贸易作为国际贸易的重要组成部分，具有独特的概念和特征。服务贸易的定义涵盖跨境交付、境外消费、商业存在和自然人流动四种基本模式，覆盖广泛的服务领域。与商品贸易相比，服务贸易具有无形性、不可分割性、异质性和可变性等特征，这些特征决定了服务贸易在实际操作和管理中需要采用不同的方法和策略。了解和把握服务贸易的概念及特征，对于促进国际服务贸易的发展和提升全球经济的整体水平具有重要意义。服务贸易的未来发展将继续受到全球化和技术进步的推动，在全球经济中发挥越来越重要的作用。

二、国际服务贸易的分类

国际服务贸易是全球经济的重要组成部分，其复杂性和多样性决定了其分类方法多种多样。不同的分类方法可以从不同的角度揭示服务贸易的特征和规律，有助于更好地理解和管理这一领域的活动。以下探讨四种主要的国际服务贸易分类方法：以服务参与者"移动"与否来划分、以生产过程为标准来划分、以商品为核心来划分、以是否伴随有形商品贸易来划分。通过对这些分类方法的详细分析，可以全面理解国际服务贸易的内涵和外延。

（一）以服务参与者"移动"与否来划分

以服务参与者"移动"与否来划分国际服务贸易，主要关注服务提供者和消费者在服务交付过程中的地理位置变化。这种分类方法可以帮助理解服务贸易的交付方式和市场需求的特征。一是跨境交付。跨境交付是指服务从一个国家传递到另一个国家，而服务提供者和消费者都不需要移动。这种模式常见于信息技术服务、远程教育和在线咨询等领域。例如一家美国的软件公司通过互联网向全球客户提供软件服务，这种服务交付方式无需服务提供者或消费者的物理移动。二是境外消费。境外消费是指消费者到服务提供者所在国接受服务。这种模式主要涉及旅游、留学和医疗旅游等领域。例如中国的学生前往美国留学，接受当地的教育服务，这种服务交付方式需要消费者移动到服务提供者所在国。三是商业存在。商业存在是指服务提供者在他国设立分支机构或子公司提供服务。这种模式常见于银行、保险和咨询服务等领域。例如一家英国的银行在中国设立分行，向当地客户提供金融服务，这种服务交付方式需要服务提供者在目标市场建立长期的商业存在。四是自然人流动。自然人流动是指服务提供者本人或其员工到他国提供服务。这种模式常见于工程项目、专业技术服务和管理咨询等领域。例如一家德国的工程公司派遣技术人员到印度参与建设项目，这种服务交付方式需要服务提供者的员工移动到服务消费地。

（二）以生产过程为标准来划分

以生产过程为标准来划分国际服务贸易，主要关注服务的生产和交付过程中的技术和管理特点。这种分类方法有助于理解不同类型服务的生产流程和质量控制。一是标准化服务。标准化服务是指服务的生产和交付过程高度标准化，能够在不同市场上以相同的形式提供。这种服务常见于连锁酒店、快餐连锁店和标准化软件服务等领域。例如麦当劳在全球各地提供相同的快餐服务，这种服务的生产和交付过程高度标准化，确保了全球一致的服务质量。二是个性化服务。个性化服务是指根据客户的具体需求进行定制，服务的生产和交付过程具有较高的灵活性和适应性。这种服务常见于管理咨询、专业技术服务和定制教育等领域。例如麦肯锡咨询公司根据不同客户的需求提供个性化的管理咨询服务，这种服务的生产和交付过程需要根据客户的具体情况进行调整。三是现场服务。现场服务是指服务的生产和交付过程必须在客户所在的现场进行，这种服务的质量和效果高度依赖于现场条件和互动。这种服务常见于建筑工程、设备安装和维修服务等领域。例如一家空调维修公司需要派遣技术人员到客户家中进行空调维修，这种服务的生产和交付过程必须在客户现场进行。四是远程服务。远程服务是指服务的生产和交付过程可以通过远程技术手段进行，无需服务提供者和消费者在同一地点。这种服务常见于远程医疗、在线教育和远程支持服务等领域。例如一家提供在线医疗咨询服务的公司，通过互联网向患者提供远程医疗咨询，这种服务的生产和交付过程通过远程技术手段进行。

（三）以商品为核心来划分

以商品为核心来划分国际服务贸易，主要关注服务与商品之间的关系和交付方式。这种分类方法可以帮助理解服务和商品在国际贸易中的互动和互补关系。一是商品附带服务。商品附带服务是指服务作为商品销售的一部分，提供额外的价值和支持。这种服务常见于家电销售、汽车销售和高科技产品销售等领域。例如一家家电公司在销售洗衣机时，提供安装和维修服务，这种服务作为商品销售的一部分，增加了商品的附加值。二是服务带动商品。服务带动商品是指通过提供服务促进商品的销售和使用。这种服务常见于软件服务、设备租赁和咨询服务等领域。例如一家软件公司通过提供专业的技术支持服务，促进其软件产品的销售和使用，这种服务带动了商品的市场需求。三是独立服务。独立服务是指服务与商品没有直接关系，独立存在和提供。这种服务常见于金融服务、教育服务和旅游服务等领域。例如一家银行提供的金融咨询服务，与任何具体商品没有直接关系，独立存在和提供，满足客户的金融需求。四是商品依赖服务。商品依赖服务是指商品的使用和价值实现依赖于相关服务的提供。这种服务常见于高科技设备、医疗器械和工业设备等领域。例如一家生产医疗器械的公司，其设备的使用和维护需要专业的技术支持服务，这种服务对于商品的正常使用和价值实现至关重要。

（四）以是否伴随有形商品贸易划分

以是否伴随有形商品贸易划分国际服务贸易，主要关注服务与有形商品贸易的关联性和交付模式。这种分类方法可以帮助理解服务和商品在国际贸易中的互动和配套关系。一是独立服务贸易。独立服务贸易是指服务贸易不伴随有形商品贸易，服务独立存在和交付。这种服务常见于金融服务、法律咨询和教育服务等领域。例如一家提供法律咨询服务的公司，通过国际业务向客户提供专业的法律咨询服务，这种服务贸易不伴随任何有形商品贸易。二是伴随商品贸易的服务。伴随商品贸易的服务是指服务贸易与有形商品贸易同时进行，服务作为商品贸易的一部分提供。这种服务常见于家电销售、汽车销售和设备安装等领域。例如一家家电公司在销售洗衣机时，提供安装和维修服务，这种服务贸易伴随着有形商品贸易。三是商品售后服务。商品售后服务是指服务贸易在有形商品销售之后进行，提供售后支持和维护。这种服务常见于高科技产品、家电和汽车等领域。例如一家汽车公司在销售汽车之后，提供售后保养和维修服务，这种服务贸易在有形商品销售之后进行。四是商品前置服务。商品前置服务是指服务贸易在有形商品销售之前进行,提供前期咨询和技术支持。这种服务常见于设备采购、建筑工程和定制产品等领域。例如一家建筑公司在提供建筑设备之前,进行前期的技术咨询和项目规划,这种服务贸易在有形商品销售之前进行。

  国际服务贸易的分类方法多种多样,每一种方法都从不同的角度揭示了服务贸易的特征和规律。通过以服务参与者"移动"与否、生产过程、商品为核心以及是否伴随有形商品贸易进行分类,可以全面理解国际服务贸易的多样性和复杂性。这些分类方法不仅帮助更好地理解服务贸易的内涵和外延,也为制定和实施服务贸易政策提供了重要参考。服务贸易的未来发展将在全球化和技术进步的推动下,继续在国际经济中发挥重要作用。

第四节　服务业国际直接投资

一、服务业国际直接投资的动因

  服务业国际直接投资(FDI)是全球经济中一个重要的现象,随着服务业在全球经济中的比重不断增加,其国际化程度也在不断深化。服务业国际直接投资的动因涉及多方面的因素,包括世界产业结构的变化、信息技术的进步、服务贸易自由化的推进、企业间分工的深化以及企业为了赢得信赖和向全球学习的需求。以下详细探讨这些动因,以期更好地理解服务业国际直接投资的内在动力和发展趋势。

(一)世界产业结构重心向服务业转移

  一是服务业在全球经济中的地位提升。随着全球经济的发展,服务业在许多国家的经济结构中占据了越来越重要的地位。过去几十年里,许多发达国家的服务业占GDP的比重已经超过了70%,而新兴经济体的服务业也在迅速崛起。这种趋势促使企业在全球范围内进行服务业投资,以适应和抓住这一重要的经济转型带来的机会。二是服务业的创新和增长潜力。服务业具有较高的创新和增长潜力,特别是在金融、信息技术和健康服务等领域。企业通过国际直接投资进入这些高增长潜力的市场,可以实现技术和市场的双重扩展。例如跨国金融机构通过在新兴市场设立分支机构,可以利用这些市场的增长潜力,提高自身的竞争力和盈利能力。三是服务业在全球供应链中的重要性。随着全球供应链的日益复杂，服务业在供应链中的作用越来越重要。物流、信息技术和金融服务等领域的企业，通过国际直接投资建立全球网络，可以更有效地支持和优化供应链管理，提高整体效率和竞争力。四是劳动力市场的变化。全球劳动力市场的变化也是推动服务业国际直接投资的重要因素。发达国家劳动力成本上升，使得企业将一些服务业岗位外包或转移到劳动力成本较低的国家。例如许多西方企业将客服中心设在印度或菲律宾，以降低成本并提高服务水平。五是消费需求的多样化。随着全球化和经济发展，消费者对服务的需求日益多样化和个性化。企业通过国际直接投资，可以更好地满足不同市场的消费需求，提供定制化和本地化的服务，提升客户满意度和市场份额。

（二）信息技术提高了服务产品的可贸易性

一是信息技术的迅猛发展。信息技术的迅猛发展极大地改变了服务业的生产和交付方式，互联网、大数据和人工智能等技术的应用，使得许多服务产品可以通过数字化手段进行跨国交付。这种技术进步为服务业国际直接投资提供了新的机遇和平台。例如电子商务和在线教育等领域的企业，通过技术手段实现了全球市场的快速扩展。二是降低了交易成本。信息技术的应用显著降低了服务贸易的交易成本，通过电子平台和在线系统，企业可以更低成本进行跨国服务交易，减少了中介环节和信息不对称，提高了交易效率和透明度，这种交易成本的降低，进一步推动了服务业的国际直接投资。三是增强了服务产品的竞争力。信息技术不仅降低了交易成本，还提高了服务产品的竞争力，通过技术手段，企业可以提供更高效、更便捷和更个性化的服务，例如金融科技公司通过区块链和人工智能技术，提供更加安全和高效的跨国支付和融资服务，提高了市场竞争力。四是扩大了市场范围。信息技术的应用，使得服务产品的市场范围大大扩大，企业通过在线平台，可以将服务产品推向全球市场，打破了地域限制，扩大了市场覆盖范围，这种市场范围的扩大，促使企业进行国际直接投资，以更好地服务全球客户。五是促进了服务业的创新。信息技术为服务业的创新提供了强大动力。通过技术创新，企业可以开发出新的服务产品和商业模式，例如在线医疗和远程工作等新兴服务领域，依托信息技术的发展，实现了跨国界的服务提供，推动了服务业的国际直接投资。

(三)服务贸易自由化的推进

一是国际贸易协定的签订。各国政府通过签订自由贸易协定，降低了服务贸易的壁垒，促进了服务业的国际直接投资，这些协定通常包括降低关税、减少非关税壁垒和保护投资者权益等内容。例如北美自由贸易协定（NAFTA）和跨太平洋伙伴关系协定（TPP）等，都对服务贸易自由化起到了重要推动作用。二是跨国合作的加强。随着服务贸易自由化的推进，跨国合作日益加强，各国政府通过合作，制定统一的服务贸易标准和规则，简化了跨国服务交易的程序，提高了交易的便利性和效率。例如世界贸易组织（WTO）的《服务贸易总协定》（GATS），为各国服务贸易提供了统一的规则框架，促进了服务业的国际直接投资。三是市场准入的改善。服务贸易自由化带来了市场准入的改善，使得外资企业更容易进入目标市场。各国政府通过放宽市场准入限制，为外资企业提供了更多投资机会。例如中国在金融、教育和医疗等领域的市场准入不断放宽，吸引了大量外资企业进行服务业投资。四是投资环境的优化。服务贸易自由化推动了各国投资环境的优化，各国政府通过改善基础设施、简化行政手续和提供税收优惠等措施，吸引外资企业进行服务业投资。例如印度通过"数字印度"和"智慧城市"等项目，改善了信息技术和基础设施，为服务业国际直接投资提供了良好的环境。五是法律和政策的保障。在面对美国霸权的背景下，国际贸易规则和贸易自由受到一定的挑战和制约。服务贸易自由化则更需要法律和政策的支持。各国政府通过制定和实施相关法律和政策，保护外资企业的权益，努力提供稳定和可预测的投资环境。例如，新加坡通过健全的法律体系和透明的政策，依然成为吸引服务业国际直接投资的重要目的地。

(四)企业间分工深化的推动

一是全球价值链的形成。随着企业间分工的深化，全球价值链逐渐形成，企业通过国际直接投资，参与到全球价值链的不同环节，提升了生产和服务的效率，例如一家跨国公司通过在不同国家设立分支机构，将研发、生产和销售等环节分散在全球各地，实现了资源的优化配置和成本的降低。二是专业化分工的提升。企业间分工的深化，促进了专业化分工的提升。企业通过国际直接投资，专注于自身的核心业务和优势领域，将非核心业务外包给其他专业公司。例如一家跨国银行通过外包IT服务和客户支持，将更多资源投入到核心金融业务的拓展中，提高了整体竞争力。三是协同效应的实现。企业通过国际直接投资，与全球合作伙伴建立紧密的合作关系，实现协同效应，通过分工合作，企业可以共享资源和技术，提高整体效率和竞争力。例如一家跨国物流公司通过与当地物流企业合作，优化了全球物流网络，提高了服务质量和客户满意度。四是技术和知识的交流。企业间分工的深化，促进了技术和知识的交流，企业通过国际直接投资，获取和学习先进的技术和管理经验，提高自身的创新能力和竞争力。例如一家制造企业通过在先进国家设立研发中心，获取前沿技术和创新资源，推动了自身技术水平的提升。五是市场和资源的共享。企业间分工的深化，促进了市场和资源的共享，企业通过国际直接投资，与合作伙伴共享市场和资源，实现了互利共赢。例如一家跨国零售企业通过与当地供应商合作，共享市场资源，提高了供应链的灵活性和响应能力。

（五）为赢得信赖以及向全球学习

一是建立信赖关系。企业通过国际直接投资，在目标市场建立长期的商业存在和信赖关系，通过本地化运营，企业可以更好地理解和满足当地客户的需求，提升品牌形象和客户忠诚度，例如一家跨国金融机构通过在当地设立分支机构，提供本地化的金融服务，赢得了客户的信赖和支持。二是获取本地市场知识。企业通过国际直接投资，可以获取目标市场的本地知识和信息，这些知识和信息对于制定和实施有效的市场策略至关重要。例如一家跨国快餐连锁店通过在不同国家设立分店，了解当地消费者的饮食习惯和偏好，推出符合本地口味的产品，提高了市场竞争力。三是学习先进的技术和管理经验。企业通过国际直接投资，可以学习和借鉴先进的技术和管理经验，这些技术和经验可以帮助企业提高自身的运营效率和竞争力。例如一家制造企业通过在发达国家设立工厂，学习先进的生产技术和管理方法，提升了自身的技术水平和生产效率。四是建立全球网络和资源。企业通过国际直接投资，可以建立全球网络和资源。这些网络和资源对于企业的全球运营和扩展至关重要，例如一家跨国电商企业通过在不同国家设立物流中心，建立了全球物流网络，提高了跨国配送的效率和服务质量。五是增强企业的国际竞争力。企业通过国际直接投资，可以增强自身的国际竞争力。通过在全球市场的布局和运营，企业可以实现资源的优化配置和市场的多样化，提高抗风险能力和长期竞争力。例如一家跨国科技公司通过在全球范围内进行研发和市场拓展，增强了技术创新能力和市场竞争力。

服务业国际直接投资的动因是多方面的，包括世界产业结构的变化、信息技术的进步、服务贸易自由化的推进、企业间分工的深化以及企业为了赢得信赖和向全球学习的需求。这些动因共同推动了服务业国际直接投资的发展，使得企业能够在全球市场中获得更多的机会和竞争优势。通过深入分析这些动因，可以更好地理解服务业国际直接投资的内在动力，为制定和实施相关政策提供重要的参考。未来随着全球经济一体化和技术进步的不断推进，服务业国际直接投资将继续在全球经济中发挥重要作用。

二、服务业国际直接投资理论

服务业国际直接投资（FDI）是全球经济中的重要组成部分，影响着各国的经济发展和国际竞争力。理解服务业国际直接投资的理论基础，有助于更好地分析和预测其发展趋势。主要的服务业国际直接投资理论包括所有权优势理论、区位优势理论和内部化优势理论。这些理论从不同角度解释了企业为何选择在海外投资，并通过实证研究提供了丰富的案例支持。

（一）所有权优势

一是品牌和技术优势。所有权优势理论认为，企业之所以选择在海外投资，是因为它们在品牌、技术和管理等方面具有独特的优势。这些优势使得企业能够在竞争激烈的国际市场中占据有利地位。例如一家拥有先进技术和强大品牌影响力的跨国公司，可以通过在海外投资，利用其技术和品牌优势，迅速打开当地市场，获得较高的市场份额和利润。二是创新能力和研发资源。企业的创新能力和研发资源也是其所有权优势的重要组成部分。跨国公司通常拥有强大的研发团队和丰富的创新资源，这使得它们能够不断推出新产品和服务，满足全球市场的需求。通过在海外设立研发中心，企业可以更好地利用当地的技术和人才资源，增强自身的创新能力。例如许多跨国制药公司通过在不同国家设立研发机构，推动了新药的开发和市场推广。三是管理和运营经验。企业的管理和运营经验也是其所有权优势的重要体现。跨国公司在全球范围内积累了丰富的管理和运营经验，这使得它们能够高效地组织和管理跨国业务。通过在海外设立分支机构，企业可以将这些管理和运营经验应用到新的市场，提高业务运营的效率和效果。例如一家跨国零售企业通过在不同国家设立分店，成功地复制了其成熟的管理模式和运营流程，提升了全球市场的竞争力。

（二）区位优势

一是市场潜力和需求。区位优势理论强调企业选择海外投资的一个重要因素是目标市场的潜力和需求。企业通过在市场潜力大的国家和地区进行投资，可以更好地满足当地市场的需求，获得较高的市场份额和收益。例如中国和印度等新兴经济体由于人口众多、经济快速增长，吸引了大量跨国公司的投资，推动了当地市场的发展。二是成本优势。区位优势理论还认为，企业选择海外投资是为了利用目标国家或地区的成本优势。通过在劳动力成本低、资源丰富的国家进行投资，企业可以降低生产成本，提高竞争力。例如许多跨国制造企业选择在东南亚国家设立工厂，以利用当地低廉的劳动力和原材料成本，提高产品的价格竞争力。三是政策和环境优势。目标国家和地区的政策和环境优势也是企业选择海外投资的重要因素。各国政府通过提供税收优惠、简化行政手续、改善基础设施等措施，吸引外资企业进行投资。例如新加坡凭借其优越的地理位置、稳定的政治环境和优惠的投资政策，成为吸引跨国公司进行服务业投资的重要目的地。

（三）内部化优势

一是降低交易成本。内部化优势理论认为，企业选择在海外投资，是为了降低交易成本。通过在目标国家设立分支机构，企业可以避免中介和代理环节，直接控制生产和销售过程，降低交易成本。例如一家跨国汽车公司通过在海外设立制造厂和销售网络，可以直接管理生产和销售流程，减少中介费用和交易摩擦，提高整体效率。二是保护知识产权和技术。企业的知识产权和技术是其核心竞争力，通过内部化的方式进行海外投资，可以更好地保护这些重要资产。通过在海外设立全资子公司，企业可以控制知识产权和技术的使用及传播，防止被竞争对手模仿和侵权。例如一家跨国科技公司通过在不同国家设立研发和生产基地，确保了其核心技术的安全性和保密性。三是提高资源利用效率。内部化优势还包括通过整合和优化全球资源，提高资源利用效率。企业通过在不同国家和地区进行投资，可以更好地利用当地的资源和市场，提高整体运营效率。例如一家跨国能源公司通过在全球范围内开发和管理油气资源，优化了资源配置，提高了生产效率和经济效益。

　　服务业国际直接投资理论为理解企业为何选择在海外进行投资提供了重要的理论框架。所有权优势理论、区位优势理论和内部化优势理论分别从品牌和技术、市场和成本、以及交易成本和资源利用等方面解释了企业进行国际直接投资的动因。这些理论不仅有助于理解企业国际化的内在动力，还为政府和企业制定相关政策和战略提供了重要的参考。未来随着全球经济一体化和技术进步的不断推进，服务业国际直接投资将继续在全球经济中发挥重要作用，推动各国经济的繁荣和发展。

第六章 国际贸易结算

第一节 国际贸易结算票据概述

一、票据的概念

在国际贸易中,结算票据是确保交易安全和资金流动的重要工具,它们不仅简化了支付程序,还提供了保障交易双方利益的法律依据。了解票据的概念对于深入理解国际贸易结算机制至关重要。票据作为一种书面凭证,具有独特的法律性质和功能,广泛应用于各种国际贸易交易中。以下探讨票据的基本概念、特点和在国际贸易中的应用。

(一)票据的基本概念

一是票据是指由出票人签发的一种书面凭证,持票人凭此可向出票人或其指定的支付人请求支付一定金额的款项。票据具有法律效力,是一种金融工具,广泛用于商业交易和资金结算。票据的种类繁多,包括汇票、本票和支票等,每种票据在不同的贸易场景中发挥着特定的作用。例如在国际贸易中,汇票是最常用的票据形式,出口商通过汇票向进口商或其银行请求支付货款。二是票据作为一种书面凭证,具有法律效力,是一项法定的债权凭证。票据的出票人、持票人和支付人之间的权利和义务关系受法律保护,票据持有人可以依据票据法请求支付款项。票据的法律性质确保了其在商业交易中的安全性和可靠性。例如在国际贸易中,票据持有人可以通过法律途径追索未支付的票据款项,保障自身的合法权益。三是票据作为金融工具,具有支付、融资和信用的功能。在支付方面,票据可以代替现金进行支付,简化了交易过程。在融资方面,持票人可以将票据质押给银行或其他金融机构,获得短期贷款。在信用方面,票据的流通性和法律效力增强了交易双方的信任,提高了交易的安全性和效率。例如出口商可以将收到的汇票背书转让给银行,获得资金支持,缓解资金压力。

(二)票据的特点

一是书面性和无因性,票据作为书面凭证,必须具备一定的形式要件,如出票人签名、金额和支付日期等。书面性保证了票据的法律效力和可追溯性。无因性是指票据本身不依赖于基础交易合同的效力,即使基础交易无效,票据持有人仍可依据票据请求支付。例如在国际贸易中,进口商签发的汇票无论货物交付是否存在争议,出口商均可凭汇票请求支付货款。二是流通性和可转让性,票据具有良好的流通性和可转让性,持票人可以通过背书将票据转让给其他人。背书是指票据持有人在票据背面签名,将票据的权利转让给受让人。票据的流通性提高了其在商业交易中的灵活性和便利性。例如出口商在收到进口商签发的汇票后,可以通过背书将汇票转让给银行,获得贷款或进行结算。三是独立性和文义性,票据的独立性是指票据本身具有独立的法律效力,不受基础交易合同的影响。文义性是指票据的权利和义务以票据上记载的文字为准,不考虑其他因素。例如在国际贸易中,汇票的支付义务仅依据汇票上的记载内容,出票人和持票人之间的权利和义务关系明确,不受其他交易合同的制约。

(三)票据在国际贸易中的应用

一是汇票的应用,汇票是国际贸易中最常用的票据形式,出口商通过汇票向进口商或其银行请求支付货款。汇票分为即期汇票和远期汇票,即期汇票要求在见票时立即支付,远期汇票则在指定日期支付。例如出口商在发货后签发即期汇票,向进口商请求立即支付货款,确保资金的及时回收。二是本票的应用。本票是出票人承诺在指定日期支付一定金额的票据,适用于信用较好的交易方之间的结算,本票在国际贸易中的应用相对较少,但在某些特定交易中也发挥着重要作用。例如出口商在信用良好的情况下,可以接受进口商签发的本票,承诺在未来某一日期支付货款,提高交易的灵活性和信用度。三是支票的应用,支票是出票人委托银行在见票时支付一定金额的票据,广泛用于日常商业交易和结算。在国际贸易中,支票主要用于小额支付和临时结算。例如进口商可以通过支票支付关税、运输费等小额费用,方便快捷,提高了贸易结算的效率。

票据在国际贸易中的应用广泛且重要，不仅简化了支付程序，还提供了法律保障和融资便利。通过深入了解票据的基本概念、特点和在国际贸易中的应用，可以更好地理解和利用这些金融工具，提高贸易结算的效率和安全性。票据的定义、法律性质和功能是其核心概念，而书面性、无因性、流通性、可转让性、独立性和文义性则是其主要特点。在国际贸易中，汇票、本票和支票作为三种主要票据形式，分别在不同的交易场景中发挥着重要作用。未来随着全球经济的不断发展和技术的进步，票据的应用将继续扩展和深化，为国际贸易的繁荣和发展提供重要支持。

二、票据的形态

在国际贸易中，票据作为一种重要的结算工具，具有多种形态，这些票据形态各具特点，适用于不同的贸易场景和结算需求。了解票据的形态，有助于更好地选择和使用票据，提高贸易结算的效率和安全性。现探讨票据的主要形态，包括汇票、本票和支票，并分析它们在国际贸易中的具体应用。

（一）汇票

一是汇票的定义和分类，汇票是出票人签发的，要求付款人在见票时或在指定日期支付一定金额的票据，汇票分为即期汇票和远期汇票，即期汇票要求在见票时立即支付，远期汇票则在指定日期支付，例如一家出口商在货物发运后，可以向进口商签发即期汇票，要求其在见票时立即支付货款，确保资金的及时回收。二是汇票的特点，汇票具有较高的流动性和法律保障，是国际贸易中最常用的票据形式，汇票的出票人、持票人和付款人之间的权利义务关系明确，持票人可以依据票据法请求支付款项。此外，汇票还可以通过背书转让，提高了其流通性和灵活性。例如出口商在收到进口商签发的远期汇票后，可以通过背书将汇票转让给银行，以提前获得货款。三是汇票在国际贸易中的应用，汇票广泛应用于国际贸易结算，特别是在信用证结算方式中。信用证是一种银行支付承诺，进口商的银行根据信用证条款，在出口商提交符合条件的单据时支付货款。汇票作为其中的重要单据之一，起到了关键作用。例如出口商在信用证结算中，提交汇票和其他单据给进口商的银行，确保货款的安全回收。

（二）本票

一是本票的定义和分类，本票是出票人向持票人承诺，在指定日期支付一定金额的票据。与汇票不同，本票的支付人是出票人自己，而非第三方。本票分为即期本票和远期本票，即期本票要求在见票时支付，远期本票则在指定日期支付。例如一家企业在购买设备时，可以向供应商签发远期本票，承诺在设备交付后的一定期限内支付货款。二是本票的特点，本票具有较高的信用性和法律效力，但流动性相对较低。本票的持票人可以依据票据法请求出票人支付款项，但由于本票不能像汇票那样通过背书转让，其流通性较弱。此外，本票在国际贸易中的使用相对较少，主要适用于信用良好的交易方之间的结算。例如在长期合作的贸易伙伴之间，本票作为一种承诺支付的票据，可以增强双方的信任和合作。三是本票在国际贸易中的应用，尽管本票在国际贸易中的应用较少，但在某些特定交易中仍然发挥着重要作用。特别是在信用良好的企业之间，本票可以作为一种灵活的结算工具。例如一家跨国公司在采购大宗原材料时，可以向供应商签发远期本票，承诺在原材料交付后的特定日期支付货款，以减少现金流压力。

（三）支票

一是支票的定义和分类，支票是出票人签发的，委托银行在见票时支付一定金额的票据。支票分为普通支票和银行本票，普通支票由个人或企业签发，银行本票则由银行签发，具有较高的信用保证。例如一家企业在支付供应商货款时，可以签发普通支票，委托银行在见票时支付货款。二是支票的特点，支票具有方便快捷和法律保障的特点，是日常商业交易中常用的支付工具。支票的出票人、持票人和付款银行之间的权利义务关系明确，持票人可以依据票据法请求银行支付款项。此外，支票的使用相对简单，适用于小额支付和临时结算。例如企业在日常运营中，可以通过支票支付员工工资、办公费用等小额支出。三是支票在国际贸易中的应用，支票在国际贸易中的应用主要集中在小额支付和临时结算。特别是在一些短期和临时的国际贸易交易中，支票作为一种便捷的支付工具，发挥了重要作用。例如进口商在支付关税、运输费等小额费用时，可以使用支票，以简化支付程序和提高结算效率。

票据的形态多种多样，汇票、本票和支票是国际贸易结算中常用的票据形式，了解这些票据的基本概念、特点和在国际贸易中的应用，有助于更好地选择和使用票据，提高贸易结算的效率和安全性。汇票具有较高的流动性和法律保障，是国际贸易中最常用的票据形式；本票具有较高的信用性和法律效力，适用于信用良好的交易方之间的结算；支票则以其方便快捷的特点，广泛用于日常商业交易和小额支付。在实际操作中，企业应根据具体的贸易场景和结算需求，选择适当的票据形式，以确保贸易结算的顺利进行。未来随着全球经济的不断发展和技术的进步，票据的应用将继续扩展和深化，为国际贸易的繁荣和发展提供重要支持。

三、票据的特性

当非现金结算成为国际结算的主流时，票据同时也成为国际结算中普遍使用的信用工具，从根本上说，这与票据具有的特性相关。票据具有以下几个特性。

（一）设权性

票据的设权性是指票据具有赋予持票人特定权利的性质，这些权利主要包括请求支付的权利和转让权利，设权性使得票据持有人可以凭借票据向付款人请求支付特定金额的款项，而无需依赖基础交易的合同关系。票据作为一种独立的金融工具，其权利和义务明确，持票人可以通过票据法的保护获得应有的利益。例如在国际贸易中，出口商持有的汇票即使与进口商的基础合同发生争议，出口商依然可以通过法律途径依据汇票请求支付货款。这一特性不仅提高了票据的信用和流通性，也增强了交易双方的信任。此外，票据的设权性还包括转让权利，持票人可以通过背书将票据权利转让给其他人，从而实现票据的流通和融资功能。例如出口商在收到进口商签发的远期汇票后，可以通过背书将汇票转让给银行，以提前获得资金。这种设权性使得票据在商业交易中发挥了重要的作用，为贸易的顺利进行提供了有力保障。

（二）无因性

这里所指的"原因"，是指票据上的权利与义务发生的原因，票据的做成和票据权利的发生当然存在原因关系，如果一张由A商签发的命令C商支付100万美元给B商的汇票，B商又将它转让给了D商，那么这张汇票的签发与转让一定有基础关系：一是A商指定C商为付款人，C商不是无缘无故成为付款人并同意付款，或是A商在C商处有存款，或是C商愿意贷款给A商，或是C商欠A商款项，A商与C商两者之间的关系是资金关系。二是A商指定B商为收款人，也不会没有原因，或是A商购买了B商的货物，或是A商欠B商款项；而B商转让汇票给D商，同样是有原因的，或是B商欠D商款项。A商与B商以及B商与D商之间存在的是对价关系。

票据权利与义务虽然在一定原因的基础上产生，但是票据一旦做成以后，其权利与义务就与其原因相脱离，具有独立性。也就是说，票据权利与义务产生的原因是否有效，不会影响票据权利义务的存在，票据关系与原因关系（非票据关系）相互独立。票据上权利的内容，完全根据票据上所记载的内容确定，而不能根据非票据关系加以解释。若上例中D商要实现票据的权利，只需对付款人C商提示票据，而无须说明票据取得的原因。票据的无因性为票据的流通与转让提供了安全保障。

（三）要式性

票据是一种要式不要因的有价证券。所谓要式性，是指票据的做成必须具备法定形式，才能产生法律效力，即所记载的必要项目必须齐全且合乎规范。各国票据法皆规定票据必须具备的必要项目，有绝对必要项目和相对必要项目。对于绝对必要项目而言，当事人必须在票据上记载，否则票据无效；对于相对必要项目而言，当事人是否记载，不影响票据的法律效力。我国《票据法》就明示汇票必须记载的事项，而且规定汇票上未记载规定的事项之一的，汇票无效。对本票和支票也有如此规定。此外，当事人在汇票上所记载的事项必须合乎法律规定，不然也会影响汇票的法律效力。

票据的要式性除了要求票据做成，即出票行为必须符合法律规定外，实质上对票据的转让、承兑、保证等行为都有要求，各国票据法对票据行为都制定了相应的法律条款，只有票据行为均符合票据法的规定，该票据才称得上是要式齐全的票据。

（四）文义性

票据的文义性是指票据上的权利和义务以其文字记载为准，即票据的内容完全依据票据上所写的文字来确定。这意味着票据的法律效力和履行方式严格依赖其文字表述，任何口头承诺或非书面约定都不具有法律效力。这一特性确保了票据交易的明确性和可预见性，使各方在交易过程中可以清楚地了解自己的权利和义务。例如在国际贸易中，出口商持有的汇票上若明确记载了付款日期和金额，进口商必须按照汇票上的文字进行支付，不能以其他理由拒绝履行。这种文义性保障了票据的公信力和可执行性，使其成为可靠的支付工具。此外，文义性还要求票据必须具备一定的形式要件，如出票人签名、金额、付款日期等，缺少这些要件的票据将无法生效。这种严格的形式要求进一步确保了票据的安全性和有效性，为国际贸易中的结算提供了稳定的保障。通过文义性，票据不仅成为交易双方之间的明确契约，还为法律执行提供了明确的依据，确保了交易的顺利进行和各方权益的有效保护。

（五）流通转让性

一是票据转让不以通知债务人为必要，一般来说，民法上以财产权利为内容的债权大多可以转让，但是以通知债务人为必要条件，不然债务人仍向原债权人清偿债务，而不能向受让人支付，其结果将导致债权转让无法实现。例如A承担对B的债务1万元，而同时C承担对A的债务1万元，对于A而言，可以将对C的债权转让给B用以清偿对B的债务，但是必须事先通知C，不然C没有义务支付1万元给B。但是票据的转让，持票人可以仅凭交付或背书完成，无须通知债务人，债务人被提示票据时应当对受让人承担付款的义务，而不能以不知票据转让为由拒绝承担票据的付款责任。上例中，若C作为债务人签发一张以A为债权人的票据，A转让票据给B以清偿对B的债务，当B持票提示C付款，C就不能以未收到转让通知为由而拒绝付款给B。

二是票据受让人取得票据全部的权利，即受让人可以自己的名义对票据上的所有当事人进行起诉，善意的并给付对价（所谓对价，是指可以支持一项简单交易之物，在关于票据的交易中，是指受让人受让票据时所支付的相对应的代价，可以是货物、劳务、金钱、过去的债权等）的受让人的票据权利优于其前手，不受其前手权利缺陷的影响，民法上的债权转让，受让人与转让人的法律地位相同，受让人受让的债权受其前手权利缺陷的限制。例如A向B购买一批彩电，价值100万元，B将该笔应收账款，即债权转让给C，C作为受让人有权要求A付款。但是B所提供的彩电不符合合同的规定，A有权拒绝付款给B，而B的权利转让给C，当C向A收款时，根据我国《民法典》有关合同转让的相关规定，C受让的债权受其前手权利缺陷的影响，由于B未能提供正确的商品，不能完全履行其义务，相应地其享有的权利是有缺陷的，因此A有权拒绝付款给B，同样可以拒绝付款给C。但是，在A与B的交易中，A因为B的请求签发一张以B为收款人的本票，而B作为票据债权人将本票转让给C，C作为善意的并给付了对价的持票人，在向A提示本票并要求A付款时，A有义务付款，即使A与B的交易存在同样的问题，其原因就在于C受让的票据权利可以超越其前手权利缺陷的限制。如果票据不曾转让，B直接向A主张权利，A当然可以B未能提供正确的商品拒绝付款给B，但是票据转让后，C提示票据主张权利时，C的权利就受到各国票据法的保护，获得了优于其前手的权利。

票据的流通转让性所强调的对受让人票据权利的保护，在对票据偷窃以后受让人权利保护方面表现得尤为突出。如一张以A为收款人的票据，不慎被他人所偷，B在不知情的情况下支付对价受让该张票据，B同样受到票据法的保护，享有票据完全的权利，到期可以提示要求债务人付款，若债务人拒不付款，则B可以以自己的名义起诉债务人，而A不可以以偷窃为由强迫B归还票据，A的行为是没有法律依据的。但是，若A所拥有的并被偷的是自行车，B在不知情的情况下受让并给付对价，A就有权要求B归还自行车，其行为是受到法律支持的。

四、票据的功能

（一）支付功能

支付功能是票据的基本功能。以票据（支票、本票和汇票）作为支付工具，替代现金支付，可以解决现金支付的费时、费力、高成本和低效率的问题，使支付结算更加迅速、便利和安全。

（二）信用功能

信用功能是票据的核心功能。信用功能是在支付功能的基础上发展起来的。在商品贸易活动初期，买卖双方基本上提供钱货两清交易，以票据替代现金，票据只是发挥支付手段的功能，但是随着贸易活动的频繁以及买方市场的形成，卖方迫于竞争的压力不得不向买方提供商业信用。这种商业信用最初就表现为挂账信用，形成卖方的应收账款。由于这一信用表现形式具有无限期拖延付款的缺陷，保障程度较低，常常使一些正常的商业信用转变为呆账，而且这种债权表现形式很难转让，阻碍了商业信用的发展。若通过票据形式，由卖方开出有确定付款期限的、由买方在上面做出付款承诺的远期汇票，则卖方在供货后，获得由买方承兑的远期汇票，成为票据的权利人，而买方成为该票据的债务人。卖方在票据未到期之前就可以将票据转让他人，提前收回货款，而此时受让人的权利又受到票据法的保护，不受前手权利缺陷的影响，即受让人的权利不受买卖双方合同纠纷的影响，买方不可以合同纠纷为由拒绝付款给该受让人。这样，票据这一表现形式就克服了挂账信用的缺陷，保障性强，清偿时间明确，而且可以通过转让提前回收债权。此后，信用功能随着贸易活动的发展就成为票据最主要的功能。

（三）流通功能

票据的流通功能是指票据可以通过背书和转让在持票人之间自由流通，实现资金和信用的转移。这一功能使票据成为一种重要的支付和融资工具。在国际贸易中，票据的流通性尤为重要，因为它能够加速资金周转，增强交易的灵活性。通过背书，持票人可以将票据上的权利转让给其他人，从而实现货币资金的转移。例如出口商在收到进口商签发的远期汇票后，可以将其背书给银行，银行支付相应的款项给出口商，出口商提前获得资金，这样既提高了资金的流动性，又降低了财务成本。

流通功能还增强了票据的信用。在票据流通的过程中，每次背书都会增加一个信用担保，即背书人对后续持票人承担连带责任。这种多重担保机制提高了票据的信用等级，使其在商业交易中更具吸引力和可靠性。此外，票据的流通功能促进了金融市场的活跃和发展。票据作为一种可以交易的金融工具，在二级市场上可以进行买卖和抵押，进一步增强了其流动性和使用价值。

第二节 国际贸易结算的方式

一、汇款

在国际贸易中，汇款作为一种常见的结算方式，因其便捷、迅速和低成本等特点，被广泛应用于各类国际贸易交易中。汇款方式的有效运用能够保证贸易双方及时进行货款结算，从而促进贸易活动的顺利进行。以下详细探讨国际汇兑与汇款的概念、汇款的当事人、汇款方式的特点以及汇款在国际贸易中的具体应用。

（一）国际汇兑与汇款

一是国际汇兑的定义与种类，国际汇兑是指不同国家或地区之间进行货币支付和资金转移的过程。主要包括电汇（Telegraphic Transfer, TT）、信汇（Mail Transfer, MT）和票汇（Demand Draft, DD）三种方式。电汇是通过电报或电子信息进行的汇款，速度最快；信汇是通过邮寄汇票进行的汇款，速度较慢；票汇则是银行签发汇票，由收款人自行在银行兑现。例如，出口商可以选择电汇方式，让进口商通过电子转账方式支付货款，从而快速收到款项。二是汇款的基本流程，汇款通常包括以下几个步骤：汇款人向银行提交汇款申请并支付汇款金额，银行根据汇款人的指示通过电报、邮寄或汇票的形式将款项转移给收款人，收款人通过其开户银行收到款项。例如一家跨国公司在向供应商支付货款时，可以通过其开户银行进行电汇，银行将款项电汇至供应商的银行账户，供应商在其银行账户中收到货款。三是国际汇兑的优势，国际汇兑因其便捷性、速度快和成本低等优势，成为国际贸易中常用的结算方式。特别是电汇，因其速度快，通常在几个小时内即可完成资金转移，受到企业青睐。例如在紧急货物采购中，企业可以通过电汇快速支付货款，确保货物的及时发运。

（二）汇款的当事人

一是汇款人，汇款人是指发起汇款请求并支付汇款金额的一方，通常是进口商或买方，汇款人需要向其开户银行提交汇款申请，并支付相关费用。例如一家企业在进口原材料时，需要向其开户银行提交汇款申请，支付货款和银行手续费。二是汇出行，汇出行是指接受汇款人委托，并负责将汇款金额转移至收款人银行账户的银行。汇出行负责汇款的实际操作，包括发送电报或邮寄汇票等。例如汇款人所属银行在接受汇款请求后，负责将款项通过电报或邮寄方式转移至收款人银行账户。三是收款人，收款人是指接受汇款金额的一方，通常是出口商或卖方，收款人在收到汇款金额后，可以通过其开户银行提取或使用款项。例如出口商在收到进口商的汇款后，可以通过其开户银行将款项提取用于支付供应商货款或其他费用。

(三) 汇款方式的特点

一是便捷性，汇款方式因其操作简单、手续便捷，成为国际贸易中常用的结算方式。特别是电汇，因其无需复杂的手续和流程，只需汇款人提供基本的汇款信息即可完成。例如企业在进行电汇时，只需提供收款人银行账户信息和汇款金额，即可完成汇款操作。二是速度快，汇款方式，特别是电汇，具有资金转移速度快的特点，通常在几个小时内即可完成，例如在紧急采购或资金周转时，企业可以通过电汇快速支付货款，确保资金及时到位。三是成本低，汇款方式的手续费相对较低，特别是与信用证和托收等结算方式相比，汇款方式的成本优势明显。例如企业在进行小额交易或频繁的国际贸易活动中，可以通过汇款方式降低结算成本，提高资金使用效率。

(四) 汇款在国际贸易中的运用

一是小额交易中的应用，汇款方式因其成本低、速度快的特点，广泛应用于小额国际贸易交易中，例如中小型企业在进行小额采购或销售时，可以通过汇款方式进行货款结算，降低交易成本，提高资金周转速度。二是紧急交易中的应用。汇款方式，特别是电汇，因其资金转移速度快，成为紧急交易中的首选结算方式。例如企业在紧急采购原材料或紧急支付货款时，可以通过电汇快速完成资金转移，确保交易顺利进行。三是常规交易中的应用，在常规的国际贸易交易中，汇款方式因其操作便捷、手续简单，成为企业常用的结算方式。例如企业在进行日常的货款结算、支付供应商费用或接受客户付款时，可以通过汇款方式进行资金转移，简化操作流程，提高工作效率。

汇款作为国际贸易中常用的结算方式，因其便捷性、速度快和成本低的特点，广泛应用于各类国际贸易交易中。通过详细了解国际汇兑与汇款的概念、汇款的当事人、汇款方式的特点，以及汇款在国际贸易中的具体应用，可以更好地选择和使用汇款方式，提高贸易结算的效率和安全性。在实际操作中，企业应根据具体的贸易场景和结算需求，选择适当的汇款方式，以确保贸易结算的顺利进行。未来随着全球经济的不断发展和技术的进步，汇款方式将继续演变和完善，为国际贸易的繁荣和发展提供重要支持。

二、托收

托收作为一种重要的国际贸易结算方式，因其程序相对简单、成本较低、操作便捷，成为国际贸易中常用的结算工具之一，托收结算方式通过银行作为中介机构，帮助出口商收取货款，同时为进口商提供一定的支付保障。以下详细探讨托收的定义、托收的当事人、托收结算方式的特点，以及托收结算方式在国际贸易中的具体运用。

（一）托收的定义

一是托收的基本概念，托收是指出口商将货物装运单据交给银行，由银行通过其国外代理行向进口商收取货款的一种结算方式，托收通常分为即期托收和远期托收，即期托收要求进口商在见票时立即付款，而远期托收则允许进口商在一定期限内付款。例如出口商在货物装运后，将相关单据交给银行，由银行代为收取货款，这一过程即为托收。二是托收的类型，托收主要分为光票托收和跟单托收，光票托收仅涉及汇票等金融票据的收款，而不附带货物单据；跟单托收则包括货物单据和金融票据，银行在收到进口商付款后才交付货物单据。例如出口商选择跟单托收时，需要将汇票、发票、提单等单据交给银行，由银行代为收款并交付单据。三是托收的法律基础，托收的操作依据国际商会制定的《托收统一规则》，该规则对托收的程序、各方责任和权利进行了详细规定，确保了托收过程的规范性和公正性。例如托收统一规则规定了银行在托收过程中的义务和责任，确保了托收结算的安全和可靠。

（二）托收的当事人

一是托收委托人，托收委托人是指发起托收请求的一方，通常为出口商或卖方，托收委托人将货物单据和汇票等提交给银行，委托银行代为收款，例如出口商在货物装运后，将提单、发票、汇票等单据交给银行，委托银行代为收取货款。二是托收行，托收行是指接受托收委托并执行托收操作的银行，通常为出口商所在国的银行。托收行负责将托收单据发送至进口商所在国的代收行，并通过代收行收取货款。例如出口商的开户银行作为托收行，接受出口商的托收委托，并将相关单据发送至进口商所在国的代收行。三是代收行，代收行是指接受托收行委托，负责向进口商收取货款的银行，通常为进口商所在国的银行。代收行在收到托收单据后，通知进口商付款并在收到付款后交付单据。例如进口商的开户银行作为代收行，接受托收行的委托，向进口商收取货款并交付单据。

（三）托收结算方式的特点

一是成本低，托收结算方式的手续费相对较低，特别是与信用证结算方式相比，托收方式的成本优势明显，例如出口商在选择托收方式时，可以节省一部分银行手续费，降低结算成本，提高交易利润。二是操作便捷，托收结算方式的程序相对简单，操作便捷，不需要复杂的单据审核和银行担保。例如出口商只需将相关单据交给银行，银行即可代为收取货款，减少了操作环节和时间。三是风险较低，托收结算方式虽然没有信用证的银行担保，但通过银行作为中介，可以减少直接交易的风险，提高资金收回的保障。例如出口商通过托收方式，可以依赖银行的专业操作和国际商会的统一规则，确保货款收回的安全性。

（四）托收结算方式的运用

一是中小型企业的应用，托收结算方式因其成本低、操作便捷，广泛应用于中小型企业的国际贸易中，例如中小型企业在进行出口业务时，可以选择托收方式进行货款结算，降低结算成本，提高资金周转速度。二是常规交易的应用，在常规的国际贸易交易中，托收结算方式因其操作简单、风险较低，成为企业常用的结算方式。例如企业在进行日常的出口业务时，可以通过托收方式进行货款结算，简化操作流程，提高工作效率。三是大宗商品贸易的应用，在大宗商品贸易中，托收结算方式因其程序规范、法律保障，成为大宗商品贸易中的常用结算方式。例如出口商在进行大宗商品出口时，可以通过托收方式进行货款结算，确保交易的安全和顺利进行。

托收作为国际贸易中重要的结算方式，因其成本低、操作便捷、风险较低等特点，被广泛应用于各类国际贸易交易中。通过详细了解托收的定义、托收的当事人、托收结算方式的特点，以及托收结算方式在国际贸易中的具体运用，可以更好地选择和使用托收方式，提高贸易结算的效率和安全性。在实际操作中，企业应根据具体的贸易场景和结算需求，选择适当的托收方式，以确保贸易结算的顺利进行。未来随着全球经济的不断发展和技术的进步，托收方式将继续演变和完善，为国际贸易的繁荣和发展提供重要支持。

三、信用证

信用证作为国际贸易中最常用的结算工具之一，以其高安全性和保障性赢得了广泛应用。它不仅为交易双方提供了支付和交货的双重保障，还通过银行的介入减少了贸易风险。以下详细探讨信用证的定义、信用证的特点以及信用证在国际贸易中的作用，帮助读者更好地理解和运用这一重要的结算工具。

（一）信用证的定义

一是信用证的基本概念，信用证（Letter of Credit, L/C）是指银行根据进口商的申请，向出口商保证在符合信用证条款的情况下支付货款的书面承诺。信用证是一种条件付款的工具，银行在收到符合信用证要求的单据后，才会向出口商付款。例如进口商在与出口商达成贸易协议后，向其银行申请开立信用证，银行向出口商发出信用证，承诺在收到合格单据后支付货款。二是信用证的类型，信用证主要分为即期信用证和远期信用证，即期信用证要求银行在收到符合信用证要求的单据后立即付款；远期信用证则允许银行在一定期限内付款。此外，还有不可撤销信用证和可撤销信用证，不可撤销信用证在未得到所有相关方同意前不得修改或取消，而可撤销信用证则可以在未经通知的情况下进行修改或取消。例如出口商在接受不可撤销信用证时，可以确保货款的安全收回，而在接受可撤销信用证时则需要承担一定风险。三是信用证的操作流程，信用证的操作流程包括开证、通知、议付和结算四个主要步骤，进口商向银行申请开立信用证；开证银行通过其代理行通知出口商信用证的开立；然后，出口商在发货后将符合信用证要求的单据提交给议付银行；最后议付银行审核单据后，向出口商支付货款，并向开证银行索取相应金额。例如出口商在发货后，将提单、发票和保险单等单据提交给议付银行，议付银行审核单据合格后，即向出口商支付货款。

（二）信用证的特点

一是高安全性，信用证通过银行的介入，为贸易双方提供了支付和交货的双重保障，银行在收到符合信用证要求的单据后才会付款，这有效降低了贸易风险。例如出口商在接受信用证付款时，可以确保在交货后及时收到货款，从而减少了因进口商拒付货款而导致的风险。二是独立性，信用证是一种独立的支付工具，与基础交易合同独立存在，银行在处理信用证时，仅根据单据进行操作，而不受基础交易合同的约束。例如即使在基础交易合同发生争议的情况下，只要单据符合信用证条款，银行仍然会按照信用证进行付款。三是条件性，信用证是一种条件付款的工具，银行只有在收到符合信用证要求的单据后才会付款。这要求出口商必须严格按照信用证的条款准备和提交单据。例如信用证条款要求提供提单、发票和保险单等单据，出口商必须确保所提交的单据与信用证条款一致，否则银行将拒绝付款。

（三）信用证的作用

一是保障贸易双方的权益，信用证通过银行的介入，为贸易双方提供了支付和交货的保障，确保了交易的顺利进行，例如进口商在信用证开立后，可以确保在收到符合要求的货物后再支付货款，而出口商则可以确保在发货后及时收到货款。

二是降低贸易风险，信用证通过其高安全性和独立性，降低了贸易双方因拒付货款或货物质量问题而产生的风险，例如出口商在接受信用证付款时，可以避免因进口商资金不足或拒付货款而导致的风险，而进口商则可以避免因货物质量不合格或交货延误而导致的风险。

三是促进国际贸易的发展，信用证作为一种重要的结算工具，通过其保障性和便利性，促进了国际贸易的发展。例如，信用证的使用使得国际贸易双方能够在相互信任不足的情况下进行交易，扩大了国际贸易的范围和规模，促进了全球经济的发展。

信用证作为国际贸易中重要的结算工具，因其高安全性、独立性和条件性，被广泛应用于各类国际贸易交易中。通过详细了解信用证的定义、信用证的特点以及信用证在国际贸易中的作用，可以更好地选择和使用信用证，提高贸易结算的效率和安全性。在实际操作中，企业应根据具体的贸易场景和结算需求，选择适当的信用证类型和条款，以确保贸易结算的顺利进行。未来随着全球经济的不断发展和贸易环境的变化，信用证将继续演变和完善，为国际贸易的繁荣和发展提供重要支持。

第三节　国际贸易融资方式

一、进口贸易融资

进口贸易融资是指银行或其他金融机构为进口商提供的各类短期融资，以帮助进口商在货物到达之前或在信用证支付前支付货款,从而加速货物流通,提高贸易效率。进口贸易融资的方式多种多样,包括开证额度、信托收据、担保提货(S/G)、进口押汇、进口代收押汇和进口T/T融资等。以下详细探讨这些进口贸易融资方式,帮助企业更好地理解和运用这些金融工具。

(一)开证额度

一是开证额度的概念,开证额度是指银行根据进口商的信用状况和资信评级,给予进口商一定额度的信用证开证额度,用于支付进口货款。开证额度是银行对进口商进行信用评估后授予的信用额度,进口商可以在额度内多次使用。例如进口商在与出口商达成贸易协议后,可以向银行申请开立信用证,银行根据进口商的信用状况授予一定的开证额度,进口商可以在额度内多次开立信用证。二是开证额度的优势,开证额度的优势在于简化融资程序,进口商可以在额度内灵活使用信用证,降低了融资成本。例如进口商在获得开证额度后,可以根据实际贸易需求随时开立信用证,无需每次都进行信用评估和申请,提高了融资效率。三是开证额度的申请条件,进口商申请开证额度需要满足一定的条件,包括良好的信用记录、稳定的财务状况和合理的贸易需求等。例如银行在授予开证额度时,会对进口商的信用状况、财务状况和贸易历史进行综合评估,确保进口商具备良好的信用和还款能力。

(二)信托收据

信托收据是一种在国际贸易中广泛应用的融资工具,它是银行在进口商未支付货款之前出具的一种凭证,用于证明银行已经收到货物的相关单据,并允许进口商在未完全支付货款的情况下提取货物。信托收据通常由银行在收到货物的相关单据后签发,并在进口商提供一定的担保或信用条件下出具这一凭证。其主要功能是解决贸易中的资金流动问题,特别是在进口商尚未支付货款但急需提取货物的情况下。

一是信托收据的核心概念是银行作为中介,在货物到达后尚未完成支付前,给予进口商一种合法的提货凭证。通过信托收据,进口商能够在信用证到期之前提取货物,从而实现货物的及时流转和使用,这对于需要迅速投入生产或销售的进口商尤为重要。例如进口商在收到货物的单据后,如果资金暂时不足以支付全部货款，可以向银行申请信托收据，银行出具信托收据后，进口商凭此提取货物，并在之后约定的时间内完成付款。这种方式不仅减少了货物的滞留时间，也有助于进口商更快地进入市场。

二是信托收据的作用在于加速货物流通和提高贸易效率，通过信托收据，进口商可以在货物到达后立即提取，并开始生产或销售活动，而不必等到支付货款完成后才提取货物。这种方式有效地缩短了货物的周转时间，提高了资金使用效率。例如进口商在收到信托收据后，可以迅速处理货物，减少了因等待付款而导致的货物滞留和资金占用问题，从而提高了企业的整体运营效率。然而信托收据也存在一定的风险，主要包括付款违约风险和单据不符风险。付款违约风险是指进口商在获得信托收据后，未能按照约定时间支付货款，导致银行无法回收款项。单据不符风险则是指进口商提取货物时，发现与实际单据不符，导致货物无法正常使用或销售。为了降低这些风险，银行在出具信托收据时通常要求进口商提供一定的担保或抵押品，以确保货款的安全回收。例如银行要求进口商提供抵押物或第三方担保，以降低信托收据的风险。信托收据在国际贸易中作为一种重要融资工具，帮助进口商解决了资金流动的问题，提高了贸易效率。进口商可以在收到货物单据后，通过信托收据迅速提取货物，进而加快生产和销售速度。然而企业在使用信托收据时，也需注意相关的风险管理，确保在银行提供信托收据的同时采取适当的担保措施，以保障自身和银行的权益。随着国际贸易的发展和金融工具的创新，信托收据在未来会继续发展和完善，为全球贸易的顺利进行提供更有效的支持。

（三）担保提货（S/G）

担保提货（Shipping Guarantee，简称S/G）是一种在国际贸易中使用的金融工具，主要用于解决货物到达港口后，单据尚未到达情况下的提货问题。担保提货由进口商向银行申请，银行在审核进口商的信用状况及相关担保后，出具担保提货凭证，允许进口商在没有完整单据的情况下提取货物。这种方式能够加快货物流转，减少因单据滞后带来的延误。

一是担保提货的基本概念，担保提货是银行根据进口商的申请出具的一种担保凭证，允许进口商在货物到达港口但相关单据尚未到达时，凭借担保提货凭证提取货物。通常进口商在收到货物后，未必能立即拿到所有必需的单据，例如信用证单据或运输单据，此时可以向银行申请担保提货。银行在确认进口商的信用状况良好后，出具担保提货凭证，进口商可以凭此凭证提取货物进行后续操作，如销售或加工。

二是担保提货的作用和优势，担保提货主要作用在于提高货物流通效率和减少滞留时间，通过担保提货，进口商能够在货物到达港口后立即提取货物，避免了因单据延迟到达而导致的货物滞留。这种方式不仅加快了货物的使用和销售，还减少了因货物滞留造成的仓储费用和市场机会损失。例如进口商在获得担保提货后，可以立即开始生产或销售，缩短了供应链周期，提升了资金使用效率。

三是担保提货的风险及管理，担保提货虽然提高了货物流通效率，但也存在一定风险。主要风险包括进口商未按期支付货款的风险，以及单据与实际货物不符的风险。银行在出具担保提货凭证时，通常会要求进口商提供一定的担保或抵押品，以降低风险。例如银行要求进口商提供保证金或第三方担保，以确保货款的安全回收。此外，进口商应确保所提取货物与单据一致，避免因单据不符带来的潜在问题。

（四）进口押汇

进口押汇是一种常见的国际贸易融资方式，用于解决进口商在货物运输过程中资金短缺的问题，通过进口押汇，进口商可以在货物到达之前或运输过程中，从银行获得一定的融资，提前支付货款或其他相关费用，从而确保货物的及时到达和顺利交易。这种融资方式在国际贸易中具有重要意义，能够有效缓解进口商的资金压力，提高资金使用效率，支持企业的运营和扩展。

进口押汇的基本概念和流程。进口押汇是指进口商在收到银行的押汇贷款后，用押汇融资支付进口货物的货款或其他费用。具体流程是，进口商向银行申请押汇贷款，并提供相关的货物单据或合同，银行审核进口商的信用状况和相关单据后，决定是否批准押汇贷款。如果贷款获批，银行会在进口商提供担保或抵押物的基础上，将融资金额支付给出口商或货运公司。进口商在收到货物后，根据约定的时间还款给银行。进口押汇通常包括货物到达前或运输过程中的融资，旨在解决进口商在货物运输过程中的临时资金需求。

进口押汇的优势，进口押汇能够提高资金使用效率。通过提前获得融资，进口商能够迅速支付货款，确保货物及时到达并进行后续处理。这种方式避免了因资金短缺而导致的货物滞留或运输延迟，提高了供应链的效率。进口押汇还能够优化企业的现金流。进口商可以通过银行融资在货物运输过程中维持资金流动，减少了因支付货款而导致的现金流紧张问题。这种方式使企业能够更好地管理和安排资金，支持日常运营和扩展计划。然而进口押汇也存在一定的风险和挑战。信用风险即进口商在获得融资后，因财务问题无法按时还款，导致银行面临违约风险。银行通常会要求进口商提供一定的担保或抵押物，以降低这种风险。例如银行要求进口商提供保证金、货物抵押或第三方担保。进口押汇涉及复杂的手续和费用。进口商需要准备和提交相关单据，银行也会收取一定的手续费和利息。这些费用增加企业的融资成本，需要在融资决策中予以考虑。

（五）进口代收押汇

进口代收押汇是一种在国际贸易中常见的融资方式，它主要用于解决进口商在货物到达之前支付货款的资金需求。通过进口代收押汇，进口商可以在货物到达港口但尚未支付全部货款的情况下，从银行获得一定的融资，以便完成付款。这种方式既保障了出口商的资金回收，也为进口商提供了必要的资金支持，从而促进了贸易的顺利进行。

首先，进口代收押汇的基本概念。进口代收押汇是指在进口商收到货物后，由银行提供的一种融资方式。进口商在货物到达港口时，银行根据进口商的要求，向出口商支付货款，同时对进口商收取押汇贷款。进口商需提供相关的货物单据，并在约定的期限内偿还银行贷款。银行在收到偿还款项后，会解除对货物的押汇权，确保进口商能够顺利提取货物。进口代收押汇通常用于进口商需要在货物到达后立即支付货款，但因资金紧张而无法完成支付的情况。

其次，进口代收押汇的优势，这种融资方式的主要优势在于能够提高资金使用效率和灵活性。进口商通过代收押汇，可以在货物到达后，利用融资资金完成货款支付，避免因资金不足而导致的货物滞留或无法提取的问题。此外，进口代收押汇还可以优化企业的现金流，使企业在货物运输过程中保持稳定的资金流动。通过这种方式，进口商可以更好地管理和安排资金，支持日常运营和业务扩展。然而进口代收押汇也存在一定的风险和挑战。一是融资风险，银行在提供代收押汇融资时，通常要求进口商提供一定的担保或抵押物，以降低违约风险。例如银行要求进口商提供货物抵押、保证金或第三方担保，以确保融资的安全回收。二是进口代收押汇涉及的手续和费用较为复杂。进口商需要准备和提交相关单据,银行也会收取一定的手续费和利息,这些费用增加企业的融资成本,需要在决策时予以考虑。

(六)进口T/T融资

进口T/T融资是一种广泛应用于国际贸易中的融资方式,它利用电汇(Telegraphic Transfer, T/T)为进口商提供支付货款的资金支持。T/T融资通常发生在进口商需要迅速支付货款,但因资金短缺而无法按时完成支付的情况下。这种融资方式通过银行的电汇系统,使进口商能够在货物运输过程中获得必要的资金,以确保货物的及时交付和交易的顺利进行。

一是进口T/T融资的基本概念。T/T融资是指进口商在与出口商达成交易协议后,通过银行的电汇系统申请融资,银行在审核进口商的信用状况和相关单据后,向出口商支付货款或部分货款。进口商在收到银行的融资后,需按照约定的期限向银行偿还贷款。T/T融资的主要优势在于其快速便捷的资金转移方式,可以在货物到达前或运输过程中迅速完成资金支付,从而减少因支付延迟导致的货物滞留或交易问题。

二是进口T/T融资的优势,它提高了资金流动效率。进口商可以通过T/T融资迅速支付货款,确保货物及时到达,避免了因资金短缺导致的货物滞留和交易延误。此外,T/T融资流程相对简单,通常不需要复杂的手续和额外的担保,这使得融资过程更加高效便捷。进口商可以快速获得资金支持,优化资金流动,提升业务操作的灵活性,然而进口T/T融资也存在一定的风险,主要风险包括信用风险和汇率风险。信用风险指的是进口商在获得融资后,因财务状况变化无法按时还款,导致银行面临违约风险。为降低信用风险,银行通常会对进口商的信用状况进行严格审核,并要求提供一定的担保,汇率风险则是指在国际贸易中,汇率波动影响融资成本和还款金额,进口商在使用T/T融资时,需考虑汇率变化对融资成本的影响,并采取适当的风险管理措施。

二、出口贸易融资

出口贸易融资是指银行或其他金融机构为出口商提供的各类融资服务,旨在解决出口商在出口过程中面临的资金需求问题。通过出口贸易融资,企业可以在等待客户付款的过程中获得资金支持,从而提高资金的流动性和运营效率。常见的出口贸易融资方式包括打包放款、出口押汇、票据贴现、银行承兑和出口发票融资等。现详细探讨这些融资方式的特点、运用和优缺点,以帮助企业在国际贸易中更好地进行融资操作。

(一)打包放款

一是打包放款的概念。打包放款是指银行或金融机构根据出口商的出口合同和相关单据,提前向出口商提供融资支持的一种方式。打包放款通常在出口商提交了符合要求的单据后,由银行根据合同金额和单据价值提供一定比例的融资。例如出口商在签订合同后,可以向银行申请打包放款,银行在审核通过后,根据合同金额提供融资支持。二是打包放款的优点。打包放款的主要优点是能够提高资金的流动性,帮助出口商在等待客户付款的过程中获得资金支持,例如出口商在获得打包放款后,可以使用这笔资金支付生产成本、采购原材料等,提高了企业的运营效率。三是打包放款的风险。打包放款也存在一定的风险,如出口商未能按时交货或客户付款的风险,银行在提供打包放款时,会要求出口商提供相应的担保或抵押,以降低风险。例如银行在提供打包放款前,会对出口商的信用状况进行评估,并要求提供一定的担保或抵押物。

(二)出口押汇

一是出口押汇的概念。出口押汇是指出口商在签发出口发票后,向银行申请融资,银行根据出口发票的金额向出口商提供短期融资的一种方式,出口押汇通常在出口商提供了相关的单据和凭证后,由银行按照发票金额提供融资。例如出口商在完成出口后,可以向银行申请出口押汇,银行在审核通过后,根据发票金额提供融资支持。二是出口押汇的优点。出口押汇的优点在于能够帮助出口商在收到客户付款前获得资金支持,提高了企业的资金流动性,例如出口商在获得出口押汇后,可以及时获得资金,用于支付生产成本或其他运营开支,从而提高了企业的运营效率。三是出口押汇的风险。出口押汇的风险主要包括客户违约或单据不符的风险,银行在提供出口押汇时,会对出口商的信用状况和单据的真实性进行审核,并要求提供一定的担保或抵押,以降低风险。例如银行在提供出口押汇前,会对出口商提交的单据进行严格审核,并要求出口商提供相应的担保或抵押物。

(三)票据贴现

一是票据贴现的概念。票据贴现是指出口商将尚未到期的票据（如商业汇票）转让给银行，银行根据票据的面值和到期日提供一定比例的融资。出口商可以在票据到期前通过贴现方式提前获得资金。例如出口商在收到客户签发的汇票后，可以将汇票提交给银行进行贴现，银行在审核通过后，提供融资支持。二是票据贴现的优点。票据贴现的主要优点是能够快速获得资金支持，帮助出口商在票据到期前解决资金需求。例如出口商在获得票据贴现后，可以及时获得资金，用于支付生产成本或其他运营开支，提高了资金的流动性。三是票据贴现的风险。票据贴现的风险主要包括票据的真实性和客户违约的风险。银行在提供票据贴现时，会对票据的真实性和客户的信用状况进行审核，并要求出口商提供一定的担保或抵押，以降低风险。例如银行在提供票据贴现前，会对票据进行严格审核，并要求出口商提供相应的担保或抵押物。

(四)银行承兑

一是银行承兑的概念。银行承兑是指银行根据出口商的请求，承兑其签发的汇票，并在汇票到期时支付票据金额的一种融资方式。银行承兑通常用于出口商在客户未付款的情况下获得融资支持。例如出口商在签发汇票后，可以向银行申请承兑，银行在审核通过后，承兑汇票并承诺在到期时支付票据金额。二是银行承兑的优点，银行承兑的优点在于提供了额外的信用支持，增强了出口商的信用度和融资能力。例如银行承兑可以提高出口商的信用度，帮助其在国际市场上获得更有利的交易条件和融资支持。三是银行承兑的风险，银行承兑的风险主要包括银行违约或客户拒付的风险。银行在提供承兑服务时，会对出口商的信用状况进行评估，并要求出口商提供一定的担保或抵押，以降低风险。例如银行在提供承兑服务前，会对出口商的信用状况进行严格审核，并要求提供相应的担保或抵押物。

(五)出口发票融资

一是出口发票融资的概念。出口发票融资是指出口商将尚未到期的出口发票作为担保，向银行申请短期融资的一种方式，银行根据发票金额提供一定比例的融资支持，出口商可以在收到客户付款前使用这笔资金，例如出口商在签发出口发票后，可以向银行申请发票融资，银行在审核通过后，根据发票金额提供融资支持。二是出口发票融资的优点。出口发票融资的优点在于能够快速获得资金支持，提高资金流动性，例如出口商在获得发票融资后，可以及时获得资金，用于支付生产成本或其他运营开支，从而提高了企业的资金周转效率。三是出口发票融资的风险。出口发票融资的风险主要包括客户违约或发票不符的风险，银行在提供发票融资时，会对发票的真实性和客户的信用状况进行审核，并要求出口商提供一定的担保或抵押，以降低风险。例如银行在提供发票融资前，会对发票进行严格审核，并要求出口商提供相应的担保或抵押物。

出口贸易融资作为国际贸易中的重要金融工具，能够有效地解决出口商在交易过程中面临的资金需求问题，通过打包放款、出口押汇、票据贴现、银行承兑和出口发票融资等方式，出口商可以在等待客户付款期间获得资金支持，提高资金的流动性和运营效率。在实际操作中，企业应根据具体的贸易场景和融资需求，选择适当的融资方式，以确保融资的顺利进行和贸易的成功完成。未来随着全球经济的不断发展和贸易环境的变化，出口贸易融资将继续演变和完善，为国际贸易的繁荣和发展提供更加有力的支持。

第四节 国际贸易结算的风险管理

一、出口贸易结算的风险

在国际贸易中，出口商面临着多种风险，这些风险影响到贸易结算的安全和效率，有效的风险管理策略对于确保交易的顺利完成至关重要。以下探讨出口贸易结算中常见的风险类型，包括进口商信用风险、银行信用风险、国家信用风险和来自结算方式本身的风险。理解这些风险的特点和管理策略，可以帮助出口商在国际贸易中更好地保护自身利益。

（一）进口商信用风险

一是进口商信用风险的概念。进口商信用风险指的是在交易过程中，进口商因财务状况恶化或破产而未能履行支付义务的风险。这种风险导致出口商无法按时收到货款,从而影响企业的财务稳定和运营资金。二是进口商信用风险的表现形式,进口商信用风险的主要表现形式包括违约风险和付款延迟风险。例如进口商因资金问题未能按照合同规定支付货款,或由于经营困境而无法履行支付义务。三是管理进口商信用风险的策略,为有效管理进口商信用风险,出口商可以采取多种措施,如信用调查、要求预付款、使用信用保险和担保等,例如出口商可以在交易前对进口商的信用状况进行详细调查,或通过银行和保险公司获取信用担保,以降低风险。四是进口商信用风险的案例分析,分析实际案例可以帮助理解进口商信用风险的应对措施。例如某出口商在与一家新兴市场的进口商合作时,通过信用调查发现对方的财务状况不稳定,于是要求进口商提供担保,并且选择了信用保险,以保障交易的安全。

(二)银行信用风险

一是银行信用风险的概念。银行信用风险是指在国际贸易中,银行因财务问题或信用状况恶化而无法履行承诺的风险,这种风险导致出口商无法按时收到款项或银行承兑的票据失效,从而影响交易的完成。二是银行信用风险的表现形式。银行信用风险的表现形式包括承兑违约风险和支付延迟风险,例如银行在承兑汇票后因财务问题未能按时支付款项,或在处理信用证时出现延误。三是管理银行信用风险的策略。为了管理银行信用风险,出口商可以选择与信誉良好的银行合作,并在签订合同前对银行的信用状况进行评估,例如出口商可以选择国际知名银行进行合作,并要求银行提供相关的信用证明和担保,以确保交易的安全。四是银行信用风险的案例分析。通过案例分析可以了解银行信用风险的管理措施,例如在某国际贸易中,出口商选择了一家财务状况稳健的银行进行信用证开立,并要求银行提供相关的信用担保,以确保交易的顺利完成。

(三)国家信用风险

一是国家信用风险的概念。国家信用风险是指由于国家的政治、经济或社会不稳定,导致国家无法履行支付义务或实施的法律和政策发生变化,从而影响国际贸易结算的风险,这种风险导致出口商无法从进口商所在国家获取款项,或面临货物被扣押等问题。二是国家信用风险的表现形式。国家信用风险的表现形式包括国家违约风险和汇率波动风险,例如某国因政治动荡或经济危机导致无法支付货款，或由于汇率波动导致出口商面临汇兑损失。三是管理国家信用风险的策略。为有效管理国家信用风险，出口商可以采取如购买国家信用保险、选择稳定的市场、利用国际组织的担保等措施。例如出口商可以通过国家信用保险来覆盖因国家违约造成的损失，或选择经济和政治稳定的国家进行贸易。四是国家信用风险的案例分析。通过分析实际案例，可以了解如何应对国家信用风险，例如某出口商在与经济不稳定的国家进行贸易时，通过购买国家信用保险和选择稳定的市场进行交易，降低了国家信用风险对交易的影响。

（四）来自结算方式本身的风险

一是结算方式本身的风险概念，不同的国际贸易结算方式存在不同的风险，例如汇款、托收和信用证等方式各有其特定的风险，这些风险包括付款延迟、单据不符或结算失败等问题，从而影响贸易的顺利完成。二是结算方式本身的风险的表现形式，结算方式本身的风险表现为不同方式的固有缺陷，例如汇款存在付款延迟的风险，托收存在单据不符的风险，而信用证存在承兑和支付的风险。三是管理结算方式本身的风险的策略，为了管理结算方式本身的风险，出口商应根据具体的贸易情况选择适合的结算方式，并在交易中采取必要的预防措施，例如选择适合的结算方式并要求客户提供相关的信用证明，可以降低结算风险。四是结算方式本身的风险的案例分析，通过案例分析可以了解如何有效管理结算方式本身的风险，例如在某国际贸易中，出口商在选择结算方式时，详细评估了每种方式的风险，并采取了相应的措施以确保交易的顺利完成。

出口贸易结算的风险包括进口商信用风险、银行信用风险、国家信用风险和来自结算方式本身的风险。了解和管理这些风险对于保障国际贸易的顺利进行至关重要，通过采取适当的风险管理措施，如信用调查、担保、保险和选择合适的结算方式，出口商可以有效地降低风险，提高贸易结算的安全性和效率。未来随着全球贸易环境的不断变化，出口商应不断更新和完善风险管理策略，以应对新的挑战和机遇。

二、进口贸易结算的风险

进口贸易结算是国际贸易中至关重要的一环，其过程涉及多方参与，面临各种风险，这些风险会影响到进口商的支付能力和交易的安全性。以下探讨进口贸易结算中常见的风险类型,包括出口商信用风险、出口地的国家信用风险以及结算方式本身的风险。对这些风险的深入理解与有效管理,有助于确保进口贸易的顺利进行和利益的最大化。

(一)出口商信用风险

一是出口商信用风险的概念。出口商信用风险是指在进口贸易中,出口商因财务状况不稳定、破产或违约行为未能履行合同义务,从而导致进口商面临未能如期支付货款的风险,这种风险影响到进口商的资金流动和业务运营。二是出口商信用风险的表现形式。主要包括违约风险和支付延迟风险,例如出口商在交货后未能按时提供相关单据,或因经营不善导致无法履行合同义务,这种风险会导致进口商无法顺利完成支付,进而影响其与出口商的长期合作关系。三是管理出口商信用风险的策略。进口商可以通过多种措施管理出口商信用风险,如进行信用调查、要求信用担保、使用信用保险等,例如进口商可以在交易前对出口商的信用状况进行详细调查,并要求出口商提供信用担保或保险,以降低风险。四是出口商信用风险的案例分析。通过分析实际案例,可以帮助理解如何应对出口商信用风险,例如某进口商在与一个新的供应商合作时,通过信用调查发现对方财务状况不稳定,于是选择了要求预付款和信用保险,以保障交易的安全。

(二)出口地的国家信用风险

一是出口地的国家信用风险的概念。国家信用风险是指由于出口地国家的政治、经济或社会不稳定,导致国家无法履行支付义务或实施法律政策的变化,从而影响进口贸易结算的风险,这种风险包括政治风险和经济风险等。二是出口地国家信用风险的表现形式。主要包括国家违约风险和汇率波动风险,例如某国由于政治动荡或经济危机而无法进行货款支付,或因汇率波动导致进口商面临汇兑损失,这种风险使进口商在交易中面临额外的财务压力。三是管理出口地的国家信用风险的策略。进口商可以采取多种措施来管理国家信用风险,如购买国家信用保险、选择经济稳定的市场、使用国际组织的担保等,例如进口商可以通过国家信用保险来覆盖因国家违约造成的损失,或选择经济和政治稳定的国家进行贸易,以降低风险。四是出口地的国家信用风险的案例分析。通过实际案例的分析,可以了解如何有效应对国家信用风险,例如某进口商在与一个经济不稳定的国家进行贸易时，通过购买国家信用保险和选择稳定市场来降低了国家信用风险对交易的影响。

（三）结算方式本身的风险

一是结算方式本身的风险的概念。不同的国际贸易结算方式存在着各自的风险，例如汇款、托收和信用证等方式都有其固有的风险，这些风险包括付款延迟、单据不符或结算失败等问题，影响交易的顺利完成。二是结算方式本身的风险的表现形式。结算方式本身的风险表现为不同方式的固有缺陷，例如汇款方式存在付款延迟的风险，托收面临单据不符的风险，而信用证存在承兑和支付的风险，这些风险影响到交易的安全性和效率。三是管理结算方式本身的风险的策略。为了管理结算方式本身的风险，进口商应根据具体的贸易情况选择合适的结算方式，并采取必要的预防措施，例如选择合适的结算方式并要求客户提供相关的信用证明，可以有效降低结算风险。四是结算方式本身的风险的案例分析。通过案例分析可以了解如何应对结算方式本身的风险。例如在某国际贸易中，进口商在选择结算方式时，详细评估了每种方式的风险，并采取了相应的措施以确保交易的顺利完成。

进口贸易结算的风险包括出口商信用风险、出口地的国家信用风险以及结算方式本身的风险。有效管理这些风险对于确保进口贸易的顺利进行和保护进口商的利益至关重要。通过采取适当的风险管理措施，如信用调查、担保、保险和选择合适的结算方式，进口商可以降低风险，提高贸易结算的安全性和效率。未来随着全球贸易环境的不断变化，进口商应不断更新和完善风险管理策略，以应对新的挑战和机遇。

三、国际贸易结算相关风险管理

在出口贸易过程中，出口商无法收汇的风险，主要是贸易活动过程中商业信用风险、国家信用风险、以银行信用为基础的结算方式项下的银行信用风险，以及所选择的不同结算方式本身的风险的集中体现。当然出口贸易结算的风险还表现为对出口商提供融资后的银行无法收回贷款的风险。而在进口贸易过程中，进口商无法收到货约一致的货物的风险，或者根本无法收货的风险，也是贸易活动中存在的商

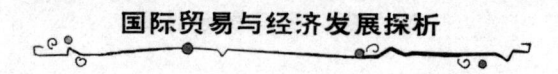

业信用风险、国家信用风险,以及所选择的不同结算方式本身的风险的集中体现。

(一)对商业信用的风险管理

商业信用风险管理是国际贸易结算中的重要环节,旨在保护交易双方,尤其是进口商,免受商业信用不良的影响。商业信用风险主要是指由于交易对方(通常是出口商)出现财务问题、违约或破产等情况,导致进口商面临未能如期收回货款的风险。为了有效管理这一风险,进口商需要采取多种策略和措施。

一是信用调查是管理商业信用风险的基本措施,进口商应在交易前对交易对方进行详细的信用调查,包括审查其财务报表、信用记录和经营状况。信用调查可以通过专业的信用评级机构、银行或商业信用评估公司获取,以确保对方具备良好的信用记录和稳定的财务状况。这一过程有助于预测交易对方违约风险,制定相应的预防措施。

二是要求信用担保是降低商业信用风险的有效策略,进口商可以要求出口商提供银行担保、第三方担保或信用保险等形式的信用担保。银行担保通常由银行承诺在出口商违约时代为支付货款,减少了进口商因出口商违约而面临的损失。信用保险则能为进口商提供全面的保护,在出口商无法履行支付义务时,保险公司会根据合同约定进行赔偿。

三是制定合理的付款条件也是管理商业信用风险的重要措施,进口商可以在合同中设定有利的付款条件,如要求预付款或分期付款。预付款要求进口商在货物发运前支付一定比例的货款,这样即使出口商出现违约,进口商仍能减少损失。分期付款则将货款分为若干次支付,降低了单次交易的风险,确保每次支付都在合同约定的条件下完成。

最后,持续监控与评估是应对商业信用风险的重要环节。即使交易已经开始,进口商仍需对出口商的财务状况和信用状况进行持续监控。如果发现出口商出现财务困境或经营问题,应及时采取措施,如调整支付条件、暂停交易或寻找替代供应商。此外,建立与出口商的长期合作关系,通过良好的沟通和信任,也有助于降低商业信用风险。

(二)对国家信用的风险管理

国家信用风险是国际贸易结算中的关键风险之一,指的是由于出口国或进口国的政治、经济、社会等因素导致国家无法履行支付义务，或者因法律和政策变化影响贸易结算的风险。这类风险包括政治风险、经济风险以及汇率风险等。有效管理国家信用风险对于确保国际贸易的稳定性和安全性至关重要。

一是评估国家信用风险是管理的第一步。进口商在进行国际贸易前应对交易国的政治稳定性、经济状况及汇率波动进行深入分析。政治风险包括政府更替、战争、内乱等因素，这些因素导致支付障碍或政策突变。经济风险则涉及国家的经济增长情况、债务水平和货币政策等，这些都影响到国家履行金融义务的能力。汇率风险是由于货币汇率波动带来的财务不确定性，特别是在外汇管制或汇率大幅波动的情况下，影响到国际结算的稳定性。

二是使用国家信用保险是一种有效的管理措施。国家信用保险由保险公司提供，覆盖因国家违约或政策变化造成的财务损失。进口商可以通过购买国家信用保险来降低因国家信用风险带来的潜在损失。保险公司通常会对目标国家进行风险评估，并为进口商提供相应的保险方案，从而保护其在国际贸易中的财务安全。

三是选择合适的交易伙伴和市场也是管理国家信用风险的重要策略。进口商应优先选择政治稳定、经济健康且信用良好的国家进行交易。同时可以通过选择全球经济体中的主要市场或贸易伙伴来分散风险。例如与经济实力强大的国家进行合作，可以降低因国家信用风险带来的财务损失。同时了解交易对方的业务背景和信用状况，可以进一步减少风险。

最后，灵活运用结算方式是减少国家信用风险的有效方法。进口商可以根据风险评估结果选择合适的结算方式，如采用信用证（L/C）结算方式，这种方式通过银行担保可以有效降低因国家信用问题带来的风险。信用证提供了一种确保支付的保障，通过银行承诺支付，可以在交易对方或国家出现违约时保护进口商的利益。

（三）对银行信用的风险管理

银行信用风险是国际贸易结算中的重要风险类型，指的是由于银行自身的财务问题、经营不善或其他原因，导致无法履行承诺，从而影响贸易结算的安全性。由于银行在国际贸易中扮演着核心角色，承担了大量的支付、结算和融资业务，故管理银行信用风险对于保护贸易双方的利益至关重要。

一是评估银行的信用状况是管理银行信用风险的基础。进口商在选择合作银行时，应对银行的信用评级、财务状况及历史信誉进行详细调查。银行的信用评级由国际评级机构提供，如标准普尔（S&P）、穆迪（Moody's）和惠誉（Fitch）等，这些评级可以帮助进口商了解银行的财务健康状况和违约风险。进口商还应审查银行的财务报表，包括资产负债表、利润表和现金流量表，以评估其偿债能力和财务稳定性。

二是选择信誉良好的银行是降低银行信用风险的有效策略。进口商应优先与全球知名、信誉良好的银行合作。这些银行通常具有强大的资本实力和稳定的财务状况，能够提供更可靠的支付和结算服务。例如选择具有国际业务经验和全球网络的大型银行，可以有效降低因银行信用风险带来的潜在问题。此外，与多家银行建立合作关系，可以在出现问题时迅速转移资金流动，减少对单一银行的依赖。

三是要求银行提供信用担保是管理银行信用风险的另一重要措施。在国际贸易中，进口商可以要求银行提供信用担保或备用信用证，以确保在银行无法履行承诺时能够获得赔偿。信用担保是一种由银行承诺在发生违约时代为支付的金融工具，可以有效降低银行信用风险。备用信用证则在特定条件下生效，提供额外的保障，确保交易对方能够如期收到付款。

最后，持续监控和评估银行信用状况也是风险管理的关键环节。即使在与银行建立了合作关系后，进口商仍应定期监控银行的信用状况和财务健康，以便及时发现潜在问题并采取措施。例如通过定期查阅银行的财务报告和信用评级更新，进口商可以及时了解银行的最新情况，并根据需要调整合作策略。如果发现银行信用状况出现下降趋势，进口商应考虑重新评估合作关系，并采取相应的风险防范措施。

（四）对不同结算方式本身的风险管理

不同的国际贸易结算方式具有不同的风险特征，因此，针对这些风险进行有效管理对于确保交易的安全性至关重要。主要的国际贸易结算方式包括汇款、托收和信用证，每种方式都有其独特的风险，而管理这些风险是确保交易顺利进行的关键。

一是汇款结算方式的风险管理至关重要，汇款通常是最简单的结算方式，但

第六章 国际贸易结算

它主要依赖于买方在收到货物后及时付款。如果买方未能履行支付义务，卖方将面临财务风险。为了管理汇款风险，卖方可以要求预付款或者部分付款，以确保在发货前获得一定的资金保障。此外，可以使用国际信用保险来覆盖因汇款违约导致的潜在损失。信用保险公司会在买方违约时提供赔偿，从而减轻卖方的财务压力。

二是托收结算方式的风险管理涉及多方合作和合规性，托收分为跟单托收和光票托收，其中跟单托收要求买方在支付货款或接受信用证后才能获得货物，而光票托收则不要求货物的交付。这种方式的主要风险在于买方在收到货物后不付款或延迟付款。为了降低这些风险，卖方可以选择采用跟单托收，这样可以在买方付款或接受托收单据后才交付货物。卖方还可以通过与可靠的银行合作，确保托收单据的准确性和有效性，从而减少因单据问题引发的争议和风险。

最后，信用证结算方式的风险管理虽然相对复杂，但它提供了较高的保障。信用证由银行开具，承诺在卖方履行合同条款后支付货款。然而信用证本身也有风险，包括银行的信用风险、单据不符风险和信用证条款不明确风险。为了管理这些风险，卖方应确保在开具信用证时与买方明确所有条款和条件，以减少因条款模糊或不一致导致的争议。卖方还应认真审核信用证中的条款，确保所有要求的单据都符合规定。此外，可以与信誉良好的银行合作，以降低因银行信用问题引发的风险。

第七章 云计算在国际贸易中的应用

第一节 云计算概论

一、云计算的内涵

云计算作为一种新兴的技术架构，正在重新定义信息技术资源的获取和管理方式。在国际贸易中，云计算的应用不仅提升了业务运营的灵活性和效率，还推动了全球市场的数字化转型。以下深入探讨云计算的内涵，包括其基本定义、关键特性和应用场景。通过理解云计算的核心概念，可以更好地认识其在国际贸易中的重要作用。

（一）云计算的基本定义

一是云计算的定义。云计算是通过互联网提供计算资源和服务的一种模式，它允许用户按需访问存储、处理和计算能力，而无需拥有和维护实际的硬件基础设施，这种服务模式通过虚拟化技术实现资源的动态分配，能够提供弹性和可扩展的计算能力。二是云计算的服务模型。云计算主要包括三种服务模型：基础设施即服务（IaaS）、平台即服务（PaaS）和软件即服务（SaaS），IaaS提供虚拟化的计算资源，如服务器和存储；PaaS提供开发和运行应用程序的平台；SaaS提供通过网络访问的软件应用，这些服务模型满足了不同业务需求，从而实现了资源的高效利用。三是云计算的部署模型。云计算的部署模型主要包括公共云、私有云和混合云。公共云由第三方服务提供商拥有和管理，适合需要高弹性和低成本的应用；私有云由单一组织内部管理，提供更高的安全性和控制；混合云结合了公共云和私有云的特点，满足复杂业务需求。四是云计算的应用案例。在国际贸易中，许多企业利用云计算提升业务灵活性和全球协作，例如一些跨国公司使用云平台来管理全球供应链，实现数据的实时共享和分析，从而优化库存管理和物流配送。

（二）云计算的关键特性

一是弹性和可扩展性。云计算通过虚拟化技术提供动态资源分配，使用户可以根据实际需求增加或减少计算资源，这种弹性和可扩展性使得企业可以快速响应市场变化，优化资源配置，提高业务运营效率。二是按需付费。云计算采用按需付费的计费模式，用户只需为实际使用的资源付费，而无需提前投入大量资本购买硬件，这种成本效益使得企业能够降低IT支出，并将更多的资金投入到核心业务中。三是高可用性和可靠性。云计算服务提供商通常采用多节点、冗余设计，确保服务的高可用性和数据的可靠性，例如许多云平台提供自动备份和灾难恢复功能，以保障数据安全和业务连续性。四是全球访问和协作。云计算使得用户可以在全球范围内访问和共享数据，支持跨地域的协作和业务操作。这对于国际贸易中的全球供应链管理和市场拓展至关重要，帮助企业实现全球业务的无缝对接和高效管理。

（三）云计算的应用场景

一是供应链管理。在国际贸易中，云计算可以用于优化供应链管理，通过实时数据共享和分析，提高供应链的透明度和响应速度。例如企业可以使用云平台来跟踪货物的运输状态，管理库存，协调供应商和客户，优化供应链流程。二是客户关系管理（CRM）。云计算平台为企业提供了强大的CRM工具，帮助企业管理客户信息、跟踪销售机会、分析客户行为等，通过云端CRM系统，企业可以实现对客户关系的全面管理，提高销售和客户服务的效率。三是数据分析与决策支持。云计算提供强大的数据处理和分析能力，使企业能够对海量数据进行实时分析，获得有价值的业务洞察，企业可以利用云端的数据分析工具进行市场趋势预测、客户行为分析和业务优化决策，提升竞争力。四是电子商务。云计算支持电子商务平台的构建和运营，提供稳定的在线交易环境和高效的数据处理能力，企业可以利用云平台搭建全球化的电商网站，支持大规模的用户访问和交易，优化在线销售和市场推广。

云计算作为一种创新的技术架构，具有弹性、按需付费、高可用性和全球访问等关键特性。在国际贸易中，云计算的应用涵盖了供应链管理、客户关系管理、数据分析与决策支持以及电子商务等多个领域。这些应用不仅提高了业务运营的效率和灵活性，还推动了全球市场的数字化转型。理解和应用云计算的核心概念，对于提升企业的全球竞争力和实现业务的可持续发展具有重要意义。

二、云计算的特点

云计算技术正在改变国际贸易和全球经济的运作模式。其独特的特点使得它成为现代企业在全球化竞争中提高效率、降低成本的重要工具。云计算的特点不仅体现在技术层面，还在于它如何支持企业在复杂的国际贸易环境中实现灵活的资源管理和业务运作。现详细探讨云计算的三个主要特点，包括弹性、按需付费和全球可访问性，以及这些特点如何在国际贸易中发挥作用。

（一）弹性和可扩展性

一是弹性是云计算最显著的特点之一。云计算平台能够动态调整资源配置，满足不断变化的业务需求，对于国际贸易企业来说，弹性使得它们能够快速应对市场变化和业务高峰，例如企业在面临订单激增时，可以迅速增加计算资源以支持业务需求，而在业务低谷时则可以减少资源，优化成本。二是可扩展性也是云计算的重要特点。企业可以根据实际需求进行资源扩展，无需事先进行大量投资，这种灵活性对于跨国公司尤其重要，因为它们需要处理全球范围内的大量数据和交易。通过云计算，企业可以轻松扩展其计算能力和存储容量，以适应不同市场的需求。三是弹性和可扩展性在实际应用中的优势。例如某跨国零售商使用云计算平台来处理全球销售数据和库存管理。云计算的弹性使其能够在销售旺季自动增加资源，而在平季则减少资源，从而有效降低运营成本，同时确保业务的连续性和稳定性。

（二）按需付费

一是按需付费模式是云计算的核心优势之一。企业只需为实际使用的资源支付费用，而无需提前投入大量资金购买硬件，这种模式不仅降低了初始投资成本，还使得企业能够更好地控制运营开支，在国际贸易中，按需付费使得企业能够根据实际业务量调整支出，避免不必要的资金浪费。二是按需付费的灵活性。

第七章 云计算在国际贸易中的应用

企业可以根据业务需求灵活调整资源使用量和费用,例如某企业在开展新的市场推广活动时,可以增加云计算资源以支持大规模的市场数据分析和广告投放,而在活动结束后则可以减少资源,从而节省费用。三是按需付费的风险管理。企业可以通过控制资源使用量来降低财务风险,例如国际贸易公司可以使用按需付费的云计算服务来管理波动的交易量和季节性业务,从而避免在业务低谷期间支付不必要的费用,优化资金流动。

(三)全球可访问性

一是全球可访问性是云计算的重要特点之一。云计算服务提供商在全球范围内部署数据中心,确保用户可以在任何地点访问和使用云服务,对于国际贸易企业来说,这种全球覆盖能力极大地提升了跨境业务的效率和灵活性。例如跨国公司可以在不同地区的云数据中心存储和处理数据,实现全球业务的无缝对接。二是全球可访问性对国际业务的支持。企业可以通过云计算平台实现全球协作和数据共享,例如全球分支机构可以通过云端协作工具实时共享信息,协调业务操作,提高全球业务的效率和响应速度。三是全球可访问性的实际应用案例。例如某国际物流公司利用云计算平台来管理全球物流网络和供应链。通过云平台,公司的全球办事处能够实时访问和更新物流数据,从而提高物流管理的透明度和效率。

云计算的特点包括弹性和可扩展性、按需付费和全球可访问性,这些特点使其在国际贸易中发挥了重要作用。弹性和可扩展性使得企业能够动态调整资源以应对市场变化,按需付费模式降低了初始投资成本并优化了财务管理,而全球可访问性则支持了跨境业务的无缝对接和协作。了解和利用这些特点可以帮助企业在全球市场中提高竞争力,实现业务的高效运营和管理。

三、云计算的分类

云计算的多样性和灵活性使其在不同业务需求和环境下得到了广泛应用。为了满足不同规模和类型企业的需求,云计算被分为几种主要的分类方式,包括公有云、私有云、混合云和社区云。这些分类各自具有独特的特征和优势,在国际贸易中发挥着不同作用。了解这些分类及其特点,有助于企业在选择云计算服务时做出更为精准的决策,以优化业务运营。

（一）公有云

一是公有云的定义和特点。公有云由第三方云服务提供商拥有和运营，服务可以通过互联网公开提供给各种组织和个人，用户可以按需租用计算资源，而无需拥有和维护物理硬件。公有云的主要特点是大规模的资源池和灵活的按需付费模式，使得用户可以以较低的成本获得强大的计算能力和存储资源。二是公有云的应用场景。在国际贸易中，公有云广泛用于电子商务平台的构建、全球数据存储和处理、以及市场分析等方面，例如跨国企业可以利用公有云平台托管其全球电商网站，实现高效的数据处理和全球用户访问。三是公有云的优势和挑战。公有云的优势包括成本效益高、部署快速和可扩展性强，然而公有云也面临数据安全和隐私保护的挑战，企业在选择公有云时需要确保其服务提供商具备足够的安全措施和合规性。四是实际应用案例，例如某国际零售商利用公有云服务来管理其全球销售数据和库存，这种方式不仅提高了数据处理的效率，还通过全球化的数据中心优化了用户体验。

（二）私有云

一是私有云的定义和特点。私有云由单一组织内部拥有和管理，为该组织提供专有的计算资源，私有云可以部署在企业内部数据中心，也可以通过外部服务提供商托管。它的主要特点是提供高度的安全性和控制，适合需要严格数据保护和合规要求的组织。二是私有云的应用场景。在国际贸易中，私有云常用于处理敏感数据、管理企业内部系统和支持复杂的业务应用，例如一些跨国公司在私有云中部署财务管理系统，以确保财务数据的安全性和合规性。三是私有云的优势和挑战。私有云的优势包括较高的安全性、定制化能力和对数据的完全控制，然而其成本较高、部署复杂度大、维护工作量也较大，企业需要权衡这些因素，以决定是否采用私有云。四是实际应用案例。例如某金融机构使用私有云来托管其交易系统和客户数据，这种方式确保了数据的高度安全性和业务的高可用性，满足了严格的金融合规要求。

（三）混合云

一是混合云的定义和特点。混合云是公有云和私有云的组合，允许企业在内部数据中心和外部公有云之间灵活配置资源，混合云的特点是能够实现资源的最佳配置，结合了公有云和私有云的优势。二是混合云的应用场景。在国际贸易中，混合云可以用于优化业务流程和资源管理，例如企业可以将核心业务应用部署在私有云中，而将弹性需求和非核心业务托管在公有云中，以实现成本效益和灵活性。三是混合云的优势和挑战。混合云的优势包括资源的灵活配置和成本优化，然而混合云的管理复杂性较高，需要处理不同环境下的安全和合规性问题，企业在实施混合云时需要制定清晰的策略和管理框架。四是实际应用案例。例如某国际制造企业使用混合云来管理全球供应链数据。核心数据和关键应用部署在私有云中，而大规模的数据分析和业务扩展则利用公有云资源，从而实现了业务的高效运作和灵活扩展。

（四）社区云

一是社区云的定义和特点。社区云是由具有共同需求和利益的组织共同拥有和管理的云计算环境，它为这些组织提供共享的计算资源和服务，旨在满足特定社区的共同需求，如政府机构、教育机构或行业联盟。二是社区云的应用场景。在国际贸易中，社区云可以用于支持行业合作和数据共享，例如多个国际物流公司可以共同建立社区云，以共享运输信息、优化物流网络和提高供应链效率。三是社区云的优势和挑战。社区云的优势包括资源共享、成本分摊和满足特定需求，然而它也面临管理复杂性和数据安全性的挑战，组织需要确保社区云的管理规范和数据保护措施，以实现有效的合作。四是实际应用案例。例如某跨国药品制造商参与了一个行业社区云平台，旨在共享研发数据和市场信息，这种合作不仅提高了行业效率，还促进了创新和技术交流。

云计算的分类包括公有云、私有云、混合云和社区云，每种类型都有其独特的特点和应用场景。公有云提供灵活的资源和成本效益，私有云提供高安全性和控制，混合云结合了两者的优势，社区云支持特定社区的合作和共享。了解这些分类及其特点，有助于企业在选择云计算服务时做出明智的决策，以优化业务运营和管理。

四、云计算的基本架构

云计算的基本架构是理解其在国际贸易中应用的核心。云计算的服务模型包括基础设施即服务（IaaS）、平台即服务（PaaS）和软件即服务（SaaS）。这些服务模型分别在不同层次上提供计算资源、开发平台和应用软件，满足企业在全球范围内的不同业务需求。了解这三种服务模型及其特点，可以帮助企业更好地利用云计算技术，优化业务流程，提升全球竞争力。现深入探讨这三种服务模型的定义、特点及其在国际贸易中的实际应用。

（一）基础设施即服务

一是基础设施即服务（IaaS）的定义。IaaS是一种提供虚拟化计算资源的云服务模式，包括虚拟机、存储、网络和操作系统等基础设施资源。用户可以按需租用这些资源，无需购买和维护实际的硬件设备。这种模式特别适合需要高弹性和大规模计算资源的企业。二是IaaS的特点。IaaS提供了高度的灵活性和可扩展性，用户可以根据实际需求动态调整资源配置。例如企业在面临数据处理高峰时可以快速扩展虚拟机数量，而在业务低谷时可以减少资源，降低成本。此外，IaaS还支持多租户环境，即多个用户可以共享同一基础设施而不会相互干扰。三是IaaS在国际贸易中的应用。跨国公司常使用IaaS来管理全球业务的计算需求。例如全球电商平台可以利用IaaS扩展计算能力，处理大规模的用户访问和交易数据，保证网站的稳定性和响应速度。IaaS还可以支持企业的灾难恢复和备份需求，提高业务连续性。

（二）平台即服务

一是平台即服务（PaaS）的定义。PaaS是提供开发和运行应用程序的云服务模式，包括开发工具、数据库、中间件和应用运行环境。PaaS使得开发人员可以专注于应用程序的开发，而无需关心底层的基础设施。它为企业提供了一个集成的开发和部署环境，加速了应用程序的开发过程。二是PaaS的特点。PaaS支持快速开发和部署应用程序，提供了丰富的开发工具和服务接口，简化了开发流程。例如开发人员可以利用PaaS平台提供的数据库和中间件服务，快速构建和发布应用程序，而无需自己配置和管理这些组件。PaaS还支持自动扩展和负载均衡，确保应用程序的高性能和可靠性。三是PaaS在国际贸易中的应用。在国际贸易中，PaaS可以帮助企业快速开发和部署各种业务应用。例如全球物流公司可以利用PaaS平台开发和运行物流管理系统，实现对全球供应链的实时监控和优化。PaaS还可以支持企业的定制化需求，帮助其快速响应市场变化和客户需求。

（三）软件即服务

一是软件即服务（SaaS）的定义。SaaS是一种通过互联网提供应用程序的软件服务模式，用户可以通过浏览器访问和使用这些应用程序，而无需安装和维护本地软件，SaaS包括各种业务应用，如电子邮件、CRM系统和企业资源计划（ERP）系统。二是SaaS的特点。SaaS提供了即开即用的应用程序，用户无需担心软件的安装、更新和维护问题，它通常采用订阅模式计费，用户按月或按年支付费用，这种模式降低了初始投资成本，此外，SaaS应用程序通常具有良好的可扩展性和集成能力，能够与其他系统和服务无缝对接。三是SaaS在国际贸易中的应用。SaaS可以为国际贸易企业提供各种功能，如客户关系管理、财务管理和协作工具，例如全球跨国公司可以使用SaaS平台进行客户关系管理，跟踪销售机会和客户服务，提升全球业务的效率和客户满意度。SaaS还可以支持企业的全球业务运营，实现跨地域的数据共享和协作。

云计算的基本架构包括基础设施即服务（IaaS）、平台即服务（PaaS）和软件即服务（SaaS），它们分别在计算资源、开发平台和应用软件层面提供服务。IaaS提供弹性的计算资源，适合需要大规模计算的企业；PaaS提供集成的开发平台，支持快速应用开发和部署；SaaS提供即开即用的应用程序，简化了软件管理和维护。在国际贸易中，这三种服务模型通过提供高效的计算能力、开发工具和业务应用，帮助企业优化全球业务流程，提高运营效率和竞争力。

第二节 云计算的关键技术

一、虚拟化技术

虚拟化技术是云计算的核心组成部分之一，它允许多个虚拟实例在单一物理资源上运行，从而优化资源利用率，降低运营成本。虚拟化技术的应用不仅提升了计算资源的灵活性和效率，也为云计算环境中的弹性和可扩展性奠定了基础。以下深入探讨虚拟化技术的概念及特征、结构模型、分类以及它与云计算的关系，以全面了解虚拟化技术如何支持国际贸易中的云计算应用。

（一）虚拟化的概念及特征

一是虚拟化的概念。虚拟化技术通过在物理硬件上创建多个虚拟实例，使得一个物理资源可以支持多个虚拟环境的运行，虚拟化技术可以将计算机的硬件资源抽象化成虚拟资源，用户和应用程序可以在这些虚拟资源上运行，而无需直接操作底层硬件，这种技术广泛应用于服务器虚拟化、存储虚拟化和网络虚拟化等领域。二是虚拟化的特征。虚拟化技术具有以下几个显著特征：①资源隔离性，不同虚拟实例之间的操作不会相互干扰，确保系统的稳定性；②资源共享性，多个虚拟实例可以共享同一物理资源，提高资源利用效率；③动态性，虚拟实例可以按需创建、删除或迁移，增强系统的灵活性和可管理性。三是虚拟化的实际应用，在国际贸易中，虚拟化技术被广泛应用于数据中心的资源管理和优化。例如跨国公司可以利用虚拟化技术在数据中心内部署多个虚拟服务器，支持不同区域的业务需求，减少硬件投资，降低维护成本。

（二）虚拟化的结构模型

一是虚拟化的结构模型概述。虚拟化技术的结构模型主要包括三层：物理层、虚拟化层和虚拟机层，物理层包括实际的硬件资源，如服务器、存储设备和网络设备，虚拟化层是虚拟化软件，它负责将物理资源划分为多个虚拟资源。虚拟机层则是用户和应用程序运行的环境，它们在虚拟化层提供的虚拟资源上进行操作。二是虚拟化层的功能。虚拟化层通过虚拟机监控程序（Hypervisor）管理虚拟机的创建、运行和迁移，它为每个虚拟机提供虚拟化的硬件资源，包括虚拟CPU、虚拟内存和虚拟硬盘，虚拟化层还负责资源的分配和调度，确保各虚拟机之间的资源隔离和公平使用。三是虚拟化结构模型的优势。通过虚拟化层的抽象化和管理，用户可以灵活配置和管理虚拟机，优化资源使用，例如在国际贸易中，企业可以根据业务需求动态调整虚拟机的配置，支持不同地区的业务运作，提高资源利用效率和业务灵活性。

（三）虚拟化的分类

一是虚拟化的分类概述。虚拟化技术可以根据不同的实现方式和应用场景进行分类，主要包括服务器虚拟化、存储虚拟化、网络虚拟化和桌面虚拟化等类型，每种虚拟化类型都有其特定的应用场景和优势。二是服务器虚拟化。服务器虚拟化是最常见的虚拟化类型,它通过在单一物理服务器上创建多个虚拟服务器,提升硬件资源的利用率,服务器虚拟化可以支持多种操作系统和应用程序的运行,提高系统的灵活性和扩展性,在国际贸易中,企业可以通过服务器虚拟化优化数据中心的资源配置,支持全球业务的稳定运行。三是存储虚拟化。存储虚拟化将物理存储设备抽象化成虚拟存储池,简化了存储资源的管理和分配,它可以提升存储资源的利用率和灵活性,支持数据的集中管理和备份。在国际贸易中,企业可以利用存储虚拟化技术实现数据的高效存储和管理,确保全球业务的数据安全性和可靠性。

(四)云计算与虚拟化

一是云计算与虚拟化的关系。虚拟化技术是云计算的基础之一,它支持云计算的弹性和可扩展性,通过虚拟化,云服务提供商可以在共享的物理资源上运行多个虚拟实例,实现资源的动态分配和优化,这种能力使得云计算能够提供按需服务,支持企业在全球范围内的业务需求。二是虚拟化在云计算中的应用。在云计算环境中,虚拟化技术被广泛应用于资源管理和服务交付,例如云服务提供商可以通过虚拟化技术提供虚拟机、虚拟存储和虚拟网络服务,支持企业在云端部署和运行各种应用程序。在国际贸易中,企业可以利用云计算平台的虚拟化技术,快速部署全球业务应用,提升运营效率和市场响应速度。三是虚拟化对云计算的推动作用。虚拟化技术的应用推动了云计算的发展,使得云服务能够提供更加灵活和高效的资源管理方案。虚拟化技术的引入不仅提高了云计算资源的利用率,还降低了企业的IT成本,为国际贸易中的企业提供了更具竞争力的解决方案。

虚拟化技术作为云计算的关键技术之一,通过提供高效的资源管理和优化能力,为云计算环境中的弹性和可扩展性奠定了基础。虚拟化技术的核心包括虚拟化的概念及特征、结构模型、分类以及它与云计算的关系,了解这些核心要素,可以帮助企业更好地利用虚拟化技术支持国际贸易中的云计算应用,实现全球业务的高效管理和运营优化。

二、分布式数据存储技术

分布式数据存储技术是云计算的重要组成部分,它通过将数据分布在多个存储节点上，提供高可用性和高扩展性的存储解决方案，这种技术不仅解决了传统存储系统面临的许多瓶颈问题，还能有效支持大规模的数据管理需求。特别是在国际贸易领域，分布式存储技术通过提升数据处理能力和可靠性，为全球业务的顺利运行提供了坚实的技术支持。以下探讨云计算中的分布式存储技术与传统存储的区别及其主要优势。

（一）云计算的分布式存储与传统的存储是不同的

传统存储系统通常采用集中式架构，其中所有数据存储在单一的存储设备或数据中心中，这种集中式存储虽然易于管理，但在面对数据量大、访问频繁或系统故障时，容易出现性能瓶颈和数据丢失的风险。相对而言，分布式存储技术则将数据分散存储在多个独立的节点上，形成一个虚拟的存储池。这种架构不仅能够提高数据的存储容量，还能提升系统的容错能力和数据访问速度。在云计算环境中，分布式存储技术允许通过横向扩展，即在需要时增加更多的存储节点来扩展存储容量。这与传统存储系统的纵向扩展（增加更大容量的单一存储设备）形成鲜明对比，提供了更为灵活和经济的存储解决方案。分布式存储技术通过数据的多副本存储和自动故障恢复机制，显著提高了数据的可靠性和系统的可用性。

（二）分布式存储的优势

分布式存储技术相较于传统存储系统具有以下几个显著优势：高可用性。分布式存储系统通过在多个节点上存储数据副本，确保即使部分节点发生故障，数据仍然可以从其他节点恢复。这种冗余机制大大提升了数据的可靠性和系统的连续性。在国际贸易中，这种高可用性对于保证跨国业务的正常运行至关重要。可扩展性。分布式存储技术支持横向扩展，可以根据业务需求灵活增加存储节点，从而扩展存储容量和性能。这种扩展方式避免了传统存储系统中由于硬件限制而造成的瓶颈问题，使得云计算环境能够灵活应对不断增长的数据量和访问需求。数据处理效率。分布式存储通过将数据分散存储和处理，减少了单个节点的数据访问压力，提升了整体系统的数据处理效率。在国际贸易中，这意味着更快的数据访问速度和更高效的数据处理能力，有助于优化业务流程和提升决策质量。成本效益。分布式存储系统通常使用廉价的商用硬件，减少了对高成本专用存储设备的依赖。此外，通过高效的资源管理和自动化的故障恢复，分布式存储可以降低维护成本，提高资源利用率。

分布式数据存储技术通过将数据分布在多个存储节点上，提供了高可用性、高可扩展性和高效的数据处理能力，与传统集中式存储系统相比，具有显著的优势。云计算中的分布式存储不仅解决了传统存储系统的瓶颈问题，还为国际贸易中的大规模数据管理需求提供了强有力的支持。了解分布式存储的特点和优势，可以帮助企业在全球业务中充分利用云计算技术，提升数据管理效率和系统可靠性。

三、数据中心联网技术

数据中心联网技术是现代云计算架构的核心组成部分，它涉及数据中心内部以及数据中心之间的网络连接。高效的数据中心联网不仅能够保证数据的高效传输，还能提升系统的整体性能和可靠性。在国际贸易中，这种技术尤为重要，因为它支持跨国业务的无缝数据访问和处理。以下探讨数据中心联网技术的关键特点及其在云计算中的应用。

（一）数据中心联网的基本概念

数据中心联网技术主要涉及构建数据中心内部的网络基础设施以及与其他数据中心、网络服务提供商的连接。这包括网络硬件设备的选择、网络架构设计、数据传输协议的应用等方面。通过采用高带宽、低延迟的网络连接，数据中心能够实现快速的数据传输和高效的数据处理，满足大规模数据存储和计算的需求。在云计算环境中，数据中心联网不仅要保证数据的高吞吐量和低延迟，还需要支持动态资源的调度和管理。网络技术的进步，例如软件定义网络（SDN）和网络功能虚拟化（NFV），使得数据中心能够实现灵活的网络配置和优化，提高了整体系统的可管理性和扩展性。

（二）数据中心联网的关键技术

光纤通信：光纤通信技术在数据中心联网中扮演着至关重要的角色。通过光纤连接，数据中心能够实现高带宽、低延迟的数据传输，支持大规模数据的快速流动。光纤技术的高传输速率和远距离传输能力，使其成为数据中心内部以及跨数据中心网络连接的首选方案。软件定义网络（SDN）：SDN技术通过将网络控制与数据转发分离，实现了网络的灵活管理和优化。在数据中心网络中，SDN能够动态调整网络流量、优化网络路径、提高资源利用效率。这种技术使得网络管理员可以通过集中控制平台实时监控和调整网络状态，提升了数据中心的网络性能和可靠性。网络功能虚拟化（NFV）：NFV技术通过将网络功能虚拟化，实现了网络服务的灵活部署和管理。数据中心可以通过虚拟化技术将网络功能（如防火墙、负载均衡器）从专用硬件中解耦，转而运行在通用服务器上。这种虚拟化方法不仅降低了网络硬件的成本，还提高了网络服务的灵活性和扩展性。

（三）数据中心联网技术在国际贸易中的应用

数据中心联网技术对国际贸易的影响主要体现在以下几个方面：全球数据访问：数据中心联网技术支持全球范围内的数据访问和服务交付。通过建立高速、可靠的网络连接，企业能够实现跨国业务的数据同步和实时更新，提高了全球业务的响应速度和操作效率。业务连续性和灾备：数据中心之间的高效联网支持业务连续性和灾备解决方案。企业可以通过多数据中心的互联互通，实现数据的异地备份和灾难恢复，保障国际贸易业务在发生突发事件时的连续性和稳定性。跨境数据传输优化：数据中心联网技术能够优化跨境数据传输，降低数据传输的延迟和成本。这对于跨国公司在不同地区的数据存取和业务操作具有重要意义，能够提升整体业务的效率和用户体验。

数据中心联网技术在云计算中发挥了至关重要的作用，通过高效的网络连接和先进的技术手段，实现了数据的快速传输和高效处理。它不仅提升了数据中心的整体性能和可靠性，还支持了国际贸易中的全球业务操作、业务连续性和跨境数据优化。了解数据中心联网的关键技术和应用，可以帮助企业在全球化的市场环境中更好地利用云计算资源，提高业务效率和竞争力。

四、并行编程技术

并行编程技术通过将计算任务分解为多个可并行执行的子任务，从而利用多核处理器或多台计算机同时处理数据，以提高计算效率。在数据中心和云计算环境中，并行编程技术能够显著提升数据处理能力和响应速度。通过并行化处理，数据中心可以更快地完成大规模数据分析和计算任务，优化资源利用率，并降低整体处理时间。这种技术对于需要高性能计算和大数据处理的国际贸易应用尤为重要，例如实时数据分析和复杂交易处理。并行编程的核心在于任务的合理分配和协调，确保各个计算单元能够高效协作，实现更高的计算效率和更好的系统性能。

五、自动化部署

自动化部署是指在云计算和数据中心环境中，通过自动化工具和技术实现应用程序和服务的快速、可靠部署和管理。它的主要目的是减少人工干预，提高部署过程的效率和准确性，同时降低操作成本和人为错误的风险。自动化部署的核心在于使用脚本和配置管理工具来自动化执行部署任务。这些工具包括但不限于Ansible、Chef、Puppet和Terraform等。它们允许管理员编写和维护配置文件，这些文件定义了应用程序的部署步骤、环境配置、依赖关系等。通过这些配置文件，自动化工具可以迅速地在目标环境中执行部署操作，无论是单个服务器还是大规模的数据中心集群。

在国际贸易中，自动化部署技术具有显著优势。一是它能够显著缩短应用程序从开发到生产的时间，支持快速迭代和部署，从而提升业务响应速度。二是自动化部署确保了部署的一致性和可靠性，减少了因人为操作失误导致的系统故障。三是自动化部署还支持环境的快速恢复和回滚，当部署出现问题时，可以迅速恢复到先前稳定的状态，保障系统的稳定运行。此外，自动化部署还能提升资源的利用效率，通过动态调整和优化资源配置，确保在不同负载情况下系统的性能稳定。这对于处理国际贸易中复杂的交易数据和高并发请求尤为重要。总之，自动化部署不仅提高了操作效率，还增强了系统的灵活性和稳定性，是现代云计算环境中不可或缺的技术。

第三节 云计算在国际贸易交易前准备工作中的应用

云计算有助于外贸企业在贸易前的准备工作，智能云平台在国际贸易中的运作模式，灵活运用电子邮件、搜索引擎和SNS等对外营销推广工具，以及外贸业务模式都有较为深入的应用。通过网络营销达到在线调研、信息发布、在线销售、客户服务、网站和平台推广的目的。

一、云计算在国际贸易智能云平台中的应用

(一)信息化背景下的国际贸易平台分类

在交易前准备工作环节,云计算应用领域最为广泛和深入的就是跨境电商。基于互联网的外贸企业和平台有:中国制造网Made-in-China、阿里巴巴国际站、环球资源Global Sources、AliExpress、Amazon、eBay、Wish、DHgate等,虽然形式多样,平台种类繁多,但根据运营主体类型可以分为第三方开放平台、自营型平台和外贸电子商务代运营服务商模式三类。

而根据交易主体不同可分为:B2B、B2C、B2G、C2C和移动端。在此仅介绍B2B、B2C、C2C和移动端4种。其中由大企业主导的买家或卖家B2B模式,在国际贸易中主要是跨国公司的母公司与子公司、子公司之间,也有大型企业如波音公司建立的供应商电子商务平台。波音公司在平台上发布采购信息,世界各地的供应商通过平台了解需求,并在线报价竞标。而这类公司主要是提升资源的控制能力和整合价值链资源而设立电子商务平台以提升国际竞争力。虽然这类卖家或买家型的B2B模式也能带动和辐射上下游产业发展,但影响有限,因此在此着重介绍中介型的B2B模式。

中介B2B平台是由买卖双方之外的第三方建立的,它本身不提供产品,主要为买卖双方提供一个信息和商务平台(市场信息和商品交易、仓储配送、贷款结算等全方位的服务),为企业提供发布供求信息和其他商务信息以及提供商务活动的部分网络化环境,网络化环境包括交易平台、招标投标、竞价销售、网上支付等。中介型B2B平台又分为行业垂直和水平综合两种模式。行业垂直B2B电子商务平台又称"垂直B2B模式",即把某一行业的生产商、批发商和零售商整合起来,做深、做透,体现行业的专业性。例如有些平台专门从事钢铁行业、化工行业、汽车行业、服装行业或电子行业。另一种B2B电子商务平台是横向的综合性B2B平台,基本上涵盖了所有行业。这类网站在品牌知名度、用户数量、跨行业、技术研发等方面有着难以企及的优势,如阿里巴巴的全能平台,但在用户精准度和行业服务深度方面略显不足。

B2C电子商务是指商业机构通过互联网向消费者提供服务,这类电子商务多在互联网上进行零售,随着网上购物的迅速发展,B2C电子商务为人们购物提供了便利,也为电子商务提供了新的模式。

第七章　云计算在国际贸易中的应用

C2C跨境电子商务是指个人卖家向属于不同关境的个人买家在线销售产品和服务。个人卖家通过第三方电子商务平台发布产品和服务信息及价格，个人买家对产品和服务进行筛选，最后通过电子商务平台达成交易，进行支付和结算，并通过跨境物流配送货物，完成交易。它面对的终端客户是个人消费者，而商家也是个人卖家。个人卖家发布产品和服务的销售信息和价格，个人买家进行选择，最后通过电子商务平台达成交易，进行支付和结算，并通过跨境物流交付货物，完成交易。代表企业有eBay等。

移动端平台和服务平台Wish是以推荐为主的电子商务平台，专注于移动端，不收取平台费用，收入来源是每笔交易的佣金。Wish优化算法为客户提供相关度最高的推荐，获取大规模的信息数据，精准推荐呈现贴合消费者喜好、用户所需的产品，减少购买决策时间，激发消费增量，图片是Printerest等图片社交网站的瀑布流方式推送商户的产品，使企业能够更精准地找到用户群体。

（二）云计算在智能云平台建设中的应用

国际贸易平台面临三大问题：①国际贸易平台的数据处理流量大，交易信息复杂；②如何让用户快速"感知、操作、互动"；③如何提供运营、推广、询盘管理、客户关系管理、订单管理等附加增值服务。

通过跨境电商云平台可以解决以上问题。云计算硬件和网络技术基础、分布式技术和虚拟化技术以及云平台技术服务的本质，是将计算能力作为小颗粒度的服务提供给用户，由用户按需使用和支付，体现经济、快速、灵活等特点。云平台技术是支撑云计算服务计算技术、多租户技术和容器技术的基础技术。

（1）云计算在处理大流量和复杂交易信息的问题上，为不断上升的交易量提供算力支持和数据支持。图灵奖（计算机领域的最高奖项）获得者吉姆·格雷提出了著名的"新摩尔定律"：每18个月世界增加的信息量超过了计算机历史上的信息总量。今天，积累的数据量之大，已经无法用传统方法处理，处理"大数据"的技术手段依靠的是"云计算"。可以用一个公式来描述大数据和云计算之间的关系：$G=f(x)$，其中G是目标；f为云计算；x为大数据。云计算是处理大数据的一种手段，大数据和云计算是一个硬币的正反两面。大数据是需求，云计算是手段。没有大数据，就没有对云计算的需求。没有云计算，就没有办法处理大数据。

（2）云计算通过"现实—虚拟—现实"的方式链接世界，用户可以快速地对另一端的显示世界进行"感知、操作和互动"。技术以人为本，云计算最终面对的是"人"，只有解决了"人"的认证问题，才能保证整个社会、企业、团体和个人在云计算下的安全和提供财富保障，否则云计算就无法有效推广和实施。例如信息泄露和身份泄露问题严重的核心原因之一就是目前的认证技术不可靠，使得内外部人员可以轻易获取和传递相关信息。最常见的认证技术是"账号+密码"，因为它具有"人人可使用、成本低、理论上可靠"的优点，几乎所有认证接口都采用这种方式。但是，它的缺点也很明显：输入过程长（尤其是在非标准键盘下），输入过程容易被窥探，人们重复使用同一个账号和密码。因此对于倡导"安全、高效"的云计算而言，这种技术是无法满足需求的。近年来，"随机密码""短信密码""u-key"的发展，在一定程度上解决了"某网站或软件认证的安全问题"。但是，它们"缺乏普适性，无法识别操作者的身份，大多数时候还需要使用固定的账号和密码"，比"账号+密码"模式更复杂，更不适合云计算的"高效使用"。

（3）运营推广、询价管理、客户关系管理、订单管理等附加增值服务。大批量的图片视频被上传，由云存储提供服务；促销或节假日超大流量和交易量由云计算提供算力支撑，能够使得运营和推广得以实现；科学的询价管理，客户关系追踪，能很好地实现流量转化，订单管理能使得合同履行环节得以顺利实施。需要加入云计算对国际贸易模式的影响，从B2B批量到B2C、C2C更加趋向个人，个性化的跨境电商，线下、PC端大规模迁徙到线上移动端、云端。

二、云计算在国际贸易营销推广中的应用

在当今全球化的商业环境中，国际贸易企业面临激烈的市场竞争和复杂的营销挑战。云计算技术的发展，为国际贸易企业提供了新的营销工具和策略。利用云计算，企业可以更高效地管理和分析大规模数据，进行精准的市场定位和营销推广。以下探讨云计算在国际贸易营销推广中的应用，包括市场分析、客户关系管理、数字广告投放和社交媒体营销。

（一）市场分析

一是云计算在市场分析中的应用显著提高了国际贸易企业的竞争力，云计算

平台可以处理和分析海量的市场数据，包括消费者行为、市场趋势和竞争对手动态，通过大数据分析，企业能够获得深入的市场洞察，了解消费者需求和偏好，从而制定更有效的营销策略。例如利用云计算平台，企业可以实时监控和分析市场动态，快速调整产品和服务，满足市场需求。二是云计算技术还可以帮助企业进行预测分析，通过机器学习和人工智能算法，企业可以预测市场趋势和消费者行为，提前制定应对策略。预测分析不仅帮助企业把握市场机会，还可以降低市场风险，提高市场决策的科学性和准确性。三是云计算在市场细分中的应用也非常重要，通过分析不同市场和客户群体的数据，企业可以进行精细的市场细分，制定针对性的营销策略。这样，企业可以更好地满足不同客户群体的需求，提高市场占有率和客户满意度。

（二）客户关系管理

一是云计算在客户关系管理（CRM）中的应用，提高了国际贸易企业的客户服务质量和客户忠诚度，云计算平台可以集成和管理客户信息，包括客户联系方式、购买历史、偏好和反馈等，通过分析这些数据，企业可以了解客户需求和行为，提供个性化的服务和产品，提高客户满意度和忠诚度。二是云计算还支持实时的客户互动和沟通，通过云计算平台，企业可以与客户进行实时沟通，了解客户反馈和需求，及时解决客户问题，提升客户体验，例如企业可以通过云计算平台提供在线客服、实时聊天和客户支持服务，快速响应客户需求，提高客户满意度。三是云计算在客户关系管理中的应用，还可以提高营销效率和效果，通过自动化营销工具，企业可以实现精准的客户营销，包括个性化推荐、电子邮件营销和社交媒体营销，这样，企业可以更有效地吸引和维护客户，提高营销效果和客户转化率。

（三）数字广告投放

一是云计算在数字广告投放中的应用，提高了国际贸易企业的广告效果和投资回报率，云计算平台可以帮助企业进行精准的广告投放，定位目标客户群体，提高广告的相关性和点击率，例如通过分析客户数据和行为，企业可以在合适的时间和地点向合适的客户投放广告，提高广告的效果和转化率。二是云计算还支持实时的广告优化,通过实时监控和分析广告效果。企业可以及时调整广告策略和投放计划,提高广告的效果和投资回报率。例如企业可以通过云计算平台实时监控广告点击率、转化率和投资回报率,快速调整广告创意、投放时间和投放渠道,提高广告效果和投资回报率。三是云计算在广告投放中的应用,还可以提高广告的互动性和用户体验,通过云计算平台,企业可以实现个性化的广告体验,例如互动广告、视频广告和社交广告。这样,企业可以吸引和维护客户,提高广告的效果和用户体验。

(四)社交媒体营销

一是云计算在社交媒体营销中的应用,提高了国际贸易企业的品牌知名度和客户互动,云计算平台可以帮助企业分析和管理社交媒体数据,包括客户评论、点赞、分享和关注等,通过分析这些数据,企业可以了解客户需求和偏好,制定有效的社交媒体营销策略,提高品牌知名度和客户互动。二是云计算支持实时的社交媒体监控和分析,通过实时监控和分析社交媒体数据,企业可以及时了解市场动态和客户反馈,快速响应客户需求和市场变化,例如企业可以通过云计算平台实时监控社交媒体上的品牌评论和反馈,及时调整营销策略和产品,提高客户满意度和品牌形象。三是云计算在社交媒体营销中的应用,还可以提高营销效率和效果。通过自动化社交媒体营销工具,企业可以实现精准的客户营销和互动,包括个性化推荐、社交广告和互动活动,这样,企业可以更有效地吸引和维护客户,提高营销效果和客户转化率。

云计算在国际贸易营销推广中的应用,通过市场分析、客户关系管理、数字广告投放和社交媒体营销,显著提高了企业的竞争力和市场效果。市场分析帮助企业获得深入的市场洞察,制定有效的营销策略;客户关系管理提高了客户服务质量和客户忠诚度;数字广告投放提高了广告效果和投资回报率;社交媒体营销提高了品牌知名度和客户互动。通过云计算技术,国际贸易企业可以更高效地管理和分析大规模数据,实现精准的市场定位和营销推广,提升全球竞争力和市场份额。理解和应用这些云计算技术,将有助于企业在激烈的国际市场竞争中脱颖而出,获得持续的业务增长和成功。

第七章　云计算在国际贸易中的应用

第四节　云计算在国际货物贸易环节中的应用

一、云计算在国际货物贸易交易磋商环节的应用

在国际货物贸易中，交易磋商是一个至关重要的环节，它涉及报价、谈判和最终达成协议的过程。随着云计算技术的发展，国际货物贸易交易磋商的方式得到了极大提升，云计算通过提供强大的数据分析能力、便捷的沟通工具和高效的客户关系管理系统，使得交易磋商变得更加高效和精准。以下探讨云计算在国际货物贸易交易磋商环节中的应用，包括交易磋商的流程、云计算在国际贸易询价管理的应用，以及云计算在国际贸易交易磋商中的客户关系管理。

（一）交易磋商的流程

一是交易磋商的流程通常包括报价、谈判和合同签订三个主要阶段。在报价阶段，买卖双方交换商品信息和价格，通过初步沟通确定交易的可行性；在谈判阶段，双方就价格、数量、交货期和支付方式等具体条款进行深入讨论和协商，最终达成一致；在合同签订阶段，双方将协商的结果以书面形式确认，并签署正式合同。二是传统的交易磋商流程往往需要大量的时间和资源，涉及频繁的邮件和电话沟通，文件的交换和确认也较为繁琐，云计算的引入改变了这一现状，使交易磋商流程更加高效和透明。通过云计算平台，买卖双方可以在线实时沟通，分享和编辑文件，减少了信息传递的时间和错误，提高了磋商效率。三是云计算还支持交易磋商的自动化，通过云计算平台，企业可以自动生成报价单、合同和其他交易文件，减少了人工操作的时间和错误。例如云计算平台可以根据客户的需求和市场行情，自动生成最优报价，提高了报价的准确性和竞争力。

（二）云计算在国际贸易询价管理的应用

一是云计算在国际贸易询价管理中的应用显著提高了企业的响应速度和服务质量，通过云计算平台，企业可以快速处理和回复客户的询价请求，提供准确和及时的报价，云计算平台可以集成和管理客户询价数据，包括产品信息、价格和

客户要求，通过分析这些数据，企业可以快速制定最优报价策略，提高客户满意度和询价转化率。二是云计算平台支持询价管理的自动化和智能化，通过自动化询价工具，企业可以自动生成和发送报价单，减少了人工操作的时间和错误，智能化的询价管理系统可以分析客户的历史询价数据和市场行情，提供个性化的报价建议，提高报价的精准度和竞争力。例如通过机器学习算法，云计算平台可以预测客户的需求和价格敏感度，提供最优报价方案，提高询价的成功率。三是云计算在询价管理中的应用还可以提高数据的安全性和透明度，通过云计算平台，企业可以实现数据的集中管理和共享，确保数据的完整性和一致性，云计算平台还提供数据加密和访问控制功能，保护客户和企业的敏感信息，防止数据泄露和滥用。透明的数据管理和共享机制，有助于增强客户的信任和合作意愿，提高交易的成功率和客户满意度。

（三）云计算在国际贸易交易磋商中的客户关系管理

一是云计算在国际贸易交易磋商中的客户关系管理（CRM）应用，提高了企业的客户服务质量和客户忠诚度，云计算平台可以集成和管理客户信息，包括客户联系方式、询价历史、购买偏好和反馈等，通过分析这些数据，企业可以了解客户需求和行为，提供个性化的服务和产品，提高客户满意度和忠诚度。二是云计算平台支持实时客户互动和沟通，通过云计算平台，企业可以与客户进行实时沟通，了解客户反馈和需求，及时解决客户问题，提升客户体验，例如企业可以通过云计算平台提供在线客服、实时聊天和客户支持服务，快速响应客户需求，提高客户满意度和交易成功率。三是云计算在客户关系管理中的应用，还可以提高营销效率和效果，通过自动化营销工具，企业可以实现精准的客户营销，包括个性化推荐、电子邮件营销和社交媒体营销，这样，企业可以更有效地吸引和维护客户，提高营销效果和客户转化率。例如企业可以通过云计算平台分析客户数据，制定个性化的营销策略，提高营销的精准度和效果。

云计算在国际货物贸易交易磋商环节中的应用，通过优化交易磋商流程、提升询价管理效率和加强客户关系管理，提高了企业的竞争力和市场效果，交易磋商流程的优化使得信息传递更加高效和透明，减少了交易成本和时间。询价管理的自动化和智能化提高了报价的精准度和客户满意度，客户关系管理的优化提升了客户服务质量和客户忠诚度，提高了交易成功率和市场份额，通过云计算技术,国际贸易企业可以更高效地管理和分析大规模数据,实现精准的市场定位和营销推广,提升全球竞争力和市场份额。理解和应用这些云计算技术,将有助于企业在激烈的国际市场竞争中脱颖而出,获得持续的业务增长和成功。

二、云计算在国际贸易交易合同签订环节的应用

在国际贸易中,合同签订是确保交易合法合规的重要环节,传统的合同签订方式往往需要大量的时间和人力成本,随着云计算技术的发展,电子合同逐渐成为国际贸易中不可或缺的一部分,云计算不仅提高了合同签订的效率,还增强了合同的安全性和可靠性。以下探讨云计算在国际贸易交易合同签订环节的应用,包括电子合同的定义与类型、电子合同的成立与生效以及电子签名服务。

(一)电子合同的定义与类型

一是电子合同是指通过电子方式签订和履行的合同,通常包括电子邮件、电子文件和电子签名等形式,电子合同作为传统纸质合同的替代,具有高效、便捷和环保的特点,在国际贸易中,电子合同可以大大减少合同签订和管理的时间成本,提升交易效率。二是电子合同的类型主要包括两类:一种是简单的电子邮件合同,另一种是复杂的电子文件合同,简单的电子邮件合同通常适用于小额交易和非正式协议,而复杂的电子文件合同则适用于大额交易和正式协议,这些合同可以通过云计算平台进行创建、存储和管理,确保合同内容的完整性和可追溯性。三是电子合同的使用不仅限于交易协议,还可以包括其他相关文件,如保密协议、合作备忘录和服务协议等,通过云计算平台,企业可以实现合同的标准化和自动化管理,降低合同管理的复杂度和风险,例如企业可以通过云计算平台自动生成合同模板,减少人工操作,提高合同签订的效率和准确性。

(二)电子合同的成立与生效

一是电子合同的成立与生效与传统合同基本相同,需要双方达成一致意见,并进行签署,通过云计算平台,企业可以实现电子合同的在线签署和确认,简化了合同签订的流程,电子合同的签署可以通过电子邮件、在线表单或专用签名工具等方式完成,确保合同的合法性和有效性。二是电子合同的生效通常需要满足一定的法律和技术要求,法律上,电子合同需要符合相关法规和标准,如《电

子签名法》和《合同法》等，技术上，电子合同需要采用可靠的电子签名和认证技术，确保签名的真实性和不可篡改性。通过云计算平台，企业可以使用先进的加密和认证技术，确保电子合同的安全和有效。三是电子合同的存储和管理也是确保其有效性的重要环节，通过云计算平台，企业可以实现合同的集中存储和管理，确保合同数据的完整性和可追溯性。云计算平台还提供数据备份和恢复功能，防止合同数据的丢失和损坏，例如企业可以通过云计算平台定期备份合同数据，确保数据的安全和可靠。

（三）电子签名服务

一是电子签名是电子合同的重要组成部分，通过电子签名，可以确认合同双方的身份和意图。电子签名服务提供了多种签名方式，如数字签名、图形签名和生物识别签名等。通过云计算平台，企业可以选择合适的电子签名方式，确保签名的合法性和安全性。二是电子签名服务的核心在于其认证和验证功能。通过云计算平台，企业可以借助数字证书等技术手段，确保电子签名的真实性和不可篡改性。认证和验证过程包括签名生成、签名验证和签名存储等步骤，每一步都需要高效、安全的技术支持。例如，企业可以通过云计算平台生成数字签名，并利用数字证书进行签名验证，确保签名的合法性和有效性。三是电子签名服务的应用不仅限于合同签署，还可以扩展到其他业务环节，如订单确认、发票签署和保密协议等。通过云计算平台，企业可以实现电子签名的全面应用，提高业务流程的效率和安全性。电子签名服务还可以与其他云计算应用集成，如客户关系管理（CRM）和企业资源计划（ERP）系统，提升企业的整体运营效率和竞争力。例如，企业可以通过云计算平台实现订单确认的自动化和电子化，从而提高订单处理的速度和准确性。

云计算在国际贸易交易合同签订环节的应用，显著提高了合同签订的效率和安全性。电子合同的定义与类型，为企业提供了多种选择，适应不同类型的交易需求。电子合同的成立与生效，通过云计算平台实现在线签署和管理，确保合同的合法性和有效性。电子签名服务，通过可靠的认证和验证技术，确保签名的真实性和不可篡改性，提高了合同签署的安全性和可信度。通过云计算技术，企业可以实现合同签订和管理的标准化和自动化，提高业务流程的效率和安全性，增强企业的竞争力和市场地位。理解和应用这些云计算技术，将有助于企业在激烈的国际市场竞争中脱颖而出，获得持续的业务增长和成功。

第八章 国际贸易经济发展方式

第一节 中介贸易方式

一、包销

包销是一种常见的中介贸易方式，指的是贸易商与制造商之间签订协议，由贸易商负责全部商品的销售工作。包销在国际贸易中发挥着重要作用，不仅能够扩大商品的市场覆盖面，还能提高销售效率。包销的成功实施需要双方紧密合作，确保商品质量和市场需求的匹配。下面详细探讨包销的含义、包销方式的优点与缺陷以及包销的注意事项。

（一）包销的含义

包销是一种特殊的销售方式，通常是指制造商将其产品的销售权全部交给包销商，由包销商负责产品的市场推广和销售。包销商通常会以较低的价格从制造商处购买商品，然后以市场价出售，从中赚取差价。包销合同通常规定了具体的销售数量、价格以及销售区域等细节，确保双方权益。包销在国际贸易中的应用非常广泛，特别是在新市场的开拓中，包销能够帮助制造商迅速进入目标市场。通过包销，制造商可以减少市场开发的风险和成本，而包销商则可以通过其市场网络和销售渠道，迅速推广商品，获得利润。例如一家电子产品制造商希望进入南美市场，可以与当地的贸易公司签订包销协议，由该贸易公司全权负责产品在南美的销售。包销不仅适用于物理产品，还可以应用于服务和技术等领域。例如软件公司可以与当地的IT服务公司签订包销协议，由后者负责软件的销售和技术支持。这种模式下，包销商不仅负责销售，还可以提供售后服务和技术支持，提升客户满意度。

(二)包销方式的优点与缺陷

包销方式在国际贸易中具有多方面的优点。一是它能够有效降低制造商的市场开发成本和风险。制造商不需要直接面对市场的复杂性和不确定性,可以将这些任务交给包销商,从而专注于产品的研发和生产。包销商利用其丰富的市场经验和销售网络,能够快速打开市场,提高产品的市场占有率。二是包销能够提高商品的销售效率。包销商通常拥有广泛的销售渠道和客户资源,能够迅速将产品推广到市场。此外,包销商对当地市场的了解和客户需求的把握,也有助于产品的快速销售。例如一家汽车制造商希望进入东南亚市场,可以与当地的汽车经销商签订包销协议,由后者负责产品的销售和售后服务,提高销售效率。然而包销方式也存在一定的缺陷:一是制造商对市场的控制力较弱,销售渠道和市场推广活动都由包销商掌控,这导致品牌形象和市场策略的不一致。二是包销商会为了追求短期利润,降低销售价格或忽视售后服务,从而影响制造商的品牌声誉。例如一家服装品牌希望进入欧洲市场,如果包销商为了快速销售而大幅降价,会损害品牌的高端形象。此外,包销方式还存在合同履行风险。如果包销商未能达到合同约定的销售目标,制造商会面临库存积压和资金流动问题。例如一家家电制造商与某包销商签订协议,但包销商未能按期完成销售任务,导致库存积压和资金链断裂,给制造商带来严重损失。

(三)包销的注意事项

为了确保包销的成功实施,双方在签订包销协议时需要注意以下几个方面:一是明确销售目标和责任分工,包销协议应详细规定销售数量、销售区域和销售价格等内容,明确双方的责任和义务,确保协议的可操作性和可执行性,例如某饮料制造商在与包销商签订协议时,明确规定了每季度的销售目标和销售区域,确保包销商按计划推进销售工作。二是加强沟通与合作,制造商和包销商需要保持密切的沟通和合作,及时解决市场推广和销售中遇到的问题,制造商应定期向包销商提供产品信息和市场支持,包销商则应及时反馈市场信息和客户需求,确保双方的协同合作。例如一家电子产品制造商定期与包销商召开市场分析会议,共同研究市场动态和销售策略,确保市场推广的有效性。最后制定激励和约束机制。为了激励包销商积极推广产品,制造商可以在包销协议中设立销售奖励和绩效考核机制。同时为了防范合同履行风险，制造商可以要求包销商提供一定的履约保证金，确保其按期完成销售任务。例如一家家居产品制造商在与包销商签订协议时，规定了销售奖励机制和履约保证金制度，确保包销商积极推动销售。

包销作为一种重要的中介贸易方式，在国际贸易中发挥着重要作用。通过包销，制造商可以有效降低市场开发成本和风险，提高商品的销售效率。然而包销方式也存在一定的缺陷，如制造商对市场的控制力较弱、合同履行风险等。为了确保包销的成功实施，双方在签订包销协议时需要明确销售目标和责任分工，加强沟通与合作，并制定激励和约束机制。通过科学合理的包销安排，制造商和包销商可以实现合作共赢，共同推动国际贸易的发展。

二、代理

代理是一种常见的中介贸易方式，通过代理，委托人能够借助代理人的专业知识和市场网络，实现商品的销售和服务的推广。代理模式在国际贸易中广泛应用，能够帮助企业快速进入新市场，降低市场开发风险。代理关系涉及多方权益，因此，在代理合同的签订和执行过程中，需要明确各方的权利与义务，确保合作的顺利进行。以下详细探讨代理的概念、种类和特点，代理人与委托人的义务，以及代理方式的注意事项。

（一）代理的概念、种类和特点

代理是指代理人在委托人的授权范围内，以委托人的名义实施法律行为的一种法律制度。在国际贸易中，代理常见于商品销售、服务推广和市场开发等领域。代理关系的建立通常基于代理合同，合同中详细规定了代理的范围、期限、报酬等具体事项，确保双方的权利与义务。代理根据其法律性质和业务范围可以分为多种类型。一是根据代理权限的不同，可以分为全权代理和特别代理。全权代理是指代理人在一定范围内具有完全的代理权限，可以独立处理委托事务。例如一家跨国公司委托当地的法律顾问全权代理其在某国的法律事务。特别代理是指代理人在特定事务或特定期间内具有代理权限，例如某出口公司委托代理商在某次交易中代为签订合同。二是根据代理人是否对外承担责任，可以分为有名代理和无名代理。有名代理是指代理人在代理活动中以委托人的名义进行交易，对外直接表明其代理身份，通常用于商品销售和服务推广等领域。例如一家国际贸易公司在某国设立代理商,以代理商的名义进行商品销售和市场推广。无名代理是指代理人在代理活动中以自己的名义进行交易,对外不表明其代理身份,这种方式通常用于金融投资和法律事务等领域。代理具有多方面的特点:一是代理具有独立性。代理人在代理活动中,虽然以委托人的名义进行交易,但其独立承担法律责任和风险。二是代理具有灵活性。代理关系可以根据实际需要灵活调整,代理合同可以根据市场变化和业务需要进行修改和补充。例如一家制造企业可以根据市场需求,灵活调整代理商的代理权限和代理区域。最后,代理具有专业性。代理人通常具备专业知识和市场经验,能够为委托人提供专业的市场分析和业务咨询服务。

(二)代理人与委托人的义务

在代理关系中,代理人与委托人分别承担相应的义务。一是代理人应当忠实履行代理合同,按照委托人的指示和授权范围进行代理活动。代理人应当诚实守信,不得利用代理地位谋取私利,或损害委托人的利益。例如一家物流公司委托代理商负责其在某地区的货物运输,代理商应当按照合同要求,安全、高效地完成货物运输任务。二是代理人应当及时向委托人报告代理活动的进展情况,提供必要的业务信息和市场分析报告。委托人有权了解代理活动的具体情况,以便及时调整业务策略和市场计划。例如一家出口公司委托代理商负责某产品的市场推广,代理商应当定期向出口公司提供市场调研报告和销售数据,帮助出口公司制订市场推广计划。委托人也应当履行相应的义务:一是委托人应当提供必要的业务支持和市场资源,帮助代理人顺利开展代理活动。委托人应当及时提供产品信息、市场推广资料和技术支持,确保代理人能够有效推广产品。例如一家软件公司委托代理商推广其新产品,应当提供产品培训、技术支持和市场宣传资料,帮助代理商了解产品特点和市场需求。二是委托人应当按照合同约定,及时支付代理报酬和费用。代理报酬通常包括固定佣金和销售提成,委托人应当按照合同规定,及时结算代理费用,确保代理人的利益得到保障。例如一家跨国公司与代理商签订合同,规定每季度支付一次代理佣金,跨国公司应当按时支付代理商的佣金,确保代理商的工作积极性。最后,委托人应当尊重代理人的独立性,不得干预代理人的正常工作。委托人在授权范围内,可以对代理活动进行监督和指导,但不得干涉代理人的具体操作和业务决策。例如一家制造企业委托代理商负责其产品在某地区的销售，应当尊重代理商的销售策略和市场决策，不得干涉代理商的日常业务管理。

(三) 代理方式的注意事项

为了确保代理关系的顺利实施，双方在代理合同的签订和执行过程中需要注意以下几个方面：一是明确代理合同的内容和条款。代理合同应当详细规定代理的范围、权限、期限、报酬等具体事项，确保双方的权利和义务明确。例如一家出口公司在与代理商签订合同时明确规定了代理商的代理区域、代理产品和销售目标，确保合同的可操作性。二是加强沟通与合作。代理人与委托人应当保持密切的沟通和合作，及时解决代理活动中遇到的问题。委托人应当定期向代理人提供业务支持和市场资源，代理人应当及时向委托人报告代理活动的进展情况，确保双方的协同合作。例如一家国际贸易公司定期与代理商召开市场分析会议，共同研究市场动态和销售策略，确保代理活动的有效性。最后，制定激励和约束机制。为了激励代理人积极开展代理活动，委托人可以在代理合同中设立销售奖励和绩效考核机制。同时为了防范代理风险，委托人可以要求代理人提供一定的履约保证金，确保其按期完成代理任务。例如一家制造企业在与代理商签订合同时规定了销售奖励机制和履约保证金制度，确保代理商积极推动销售。

代理作为一种重要的中介贸易方式，在国际贸易中具有广泛应用。通过代理，委托人可以借助代理人的专业知识和市场网络，快速进入新市场，降低市场开发风险。然而代理关系涉及多方权益，需要明确各方的权利与义务，确保合作的顺利进行。代理人应当忠实履行代理合同，按照委托人的指示和授权范围进行代理活动，同时及时向委托人报告代理活动的进展情况。委托人应当提供必要的业务支持和市场资源，及时支付代理报酬和费用，并尊重代理人的独立性。通过科学合理的代理安排，委托人和代理人可以实现合作共赢，共同推动国际贸易的发展。

三、寄售

寄售作为一种传统且广泛应用的中介贸易方式，在国际贸易中具有独特的优势和应用场景。它指的是货物所有人将货物交给第三方销售代理，在货物售出后再支付货款的交易方式。这种方式可以帮助出口商降低库存风险，快速进入市场，同时也为进口商提供了更大的灵活性。以下探讨寄售的概念和特点，以及寄售方式的优点和缺陷。

（一）寄售的概念、特点

寄售是一种特殊的销售方式，其核心是货物所有人（寄售人）将货物交由第三方代理（寄售代理）进行销售，在货物售出后，寄售代理将货款交给寄售人，同时收取一定的代理费用。寄售的特点主要体现在以下几个方面。

一是寄售是一种所有权暂时转移的销售方式。在寄售过程中，货物的所有权暂时由寄售人转移给寄售代理，但在货物实际销售前，所有权仍然属于寄售人。寄售代理仅负责货物的销售和管理，不对货物的实际所有权负责。这种所有权的暂时转移，使寄售人能够灵活应对市场需求变化，减少库存压力和销售风险。

二是寄售具有较高的灵活性。寄售人在选择寄售代理时，可以根据市场需求和业务发展需要，灵活调整寄售的货物种类、数量和销售价格。寄售代理则可以根据市场反馈，灵活调整销售策略和推广方式，最大限度地提高货物的销售率和利润率。这种灵活性使寄售成为企业快速进入新市场和测试市场反应的有效手段。

三是寄售需要建立良好的信任关系。由于寄售代理在整个寄售过程中负责货物的销售和管理，寄售人需要对寄售代理的诚信和能力有充分信任。双方需要通过签订寄售合同，明确各自的权利和义务，确保寄售活动的顺利进行。例如一家国际贸易公司将其新产品交由当地的寄售代理销售，通过签订合同，明确销售目标、佣金比例和货款结算方式，确保双方的合作顺利进行。

（二）寄售方式的优点、缺陷

寄售方式在国际贸易中具有诸多优点。

一是降低库存风险。通过寄售，寄售人可以将货物提前交给寄售代理，不需要自行存储和管理货物，从而降低库存风险和管理成本。寄售代理在销售过程中承担货物的管理和销售责任，寄售人只需在货物售出后收取货款。例如一家制造企业将其产品寄售给海外代理商，不需要自行存储和管理产品，降低了库存风险和管理成本。

二是寄售能够快速进入市场。寄售方式使寄售人能够快速将产品投放到市场，通过寄售代理的销售网络和市场资源，迅速打开市场，获取市场份额。这种方式特别适用于新产品的市场推广和试销。寄售代理在销售过程中,可以根据市场反馈,及时调整销售策略,提高产品的市场适应性和竞争力。例如一家电子产品制造商将其新款手机寄售给海外代理商,通过代理商的销售网络,迅速打开海外市场。

三是寄售具有较高的市场适应性。寄售方式使寄售人能够灵活调整产品种类、数量和销售策略,及时应对市场需求变化。寄售代理在销售过程中,可以根据市场反馈,调整销售价格和推广方式,提高产品的市场竞争力和销售率。例如一家服装企业将其新款服装寄售给海外代理商,根据市场反馈,及时调整销售价格和推广策略,提高产品的市场适应性。然而寄售方式也存在一些缺陷。对寄售代理的依赖性较强。由于寄售人在整个销售过程中依赖寄售代理的销售网络和市场资源,一旦寄售代理的销售能力和市场信誉出现问题,将直接影响寄售货物的销售和收益。例如一家食品企业将其产品寄售给海外代理商,如果代理商的销售网络和市场信誉出现问题,将直接影响产品的销售和收益。

四是寄售方式导致资金回笼周期较长。由于寄售货物在销售前,寄售人无法及时收回货款,资金回笼周期较长,影响寄售人的资金流动性和业务发展。例如一家电子产品制造商将其产品寄售给海外代理商,直到产品售出后才能收回货款,资金回笼周期较长,影响公司的资金流动性和业务发展。

最后寄售方式需要较高的信任成本。由于寄售人在整个寄售过程中依赖寄售代理的诚信和能力,故双方需要建立良好的信任关系,这需要较高的信任成本和管理成本。例如一家制造企业将其产品寄售给海外代理商,需要通过签订合同和建立信任机制,确保代理商能够诚信履约,这需要较高的信任成本和管理成本。

寄售作为一种重要的中介贸易方式,在国际贸易中具有广泛的应用和独特的优势。通过寄售,寄售人能够降低库存风险,快速进入市场,提高产品的市场适应性和竞争力。然而寄售方式也存在对寄售代理的依赖性较强、资金回笼周期较长和信任成本较高等缺陷。在实际操作中,寄售人需要充分评估寄售方式的优缺点,选择合适的寄售代理,建立良好的信任关系,通过科学合理的管理,最大限度地发挥寄售方式的优势,推动国际贸易的发展。

四、经销与定销

在国际贸易中,经销和定销作为两种主要的中介贸易方式,具有各自的特点和应用场景。经销是指生产商将产品销售权授予经销商，由经销商独立完成产品的销售活动；而定销则是指生产商将产品直接销售给定销商，再由定销商负责产品的销售和市场推广。以下探讨经销和定销的概念及其在国际贸易中的应用，并对两者进行比较，分析其优缺点，以帮助企业选择合适的中介贸易方式，优化国际市场拓展策略。

（一）经销

经销是一种常见的国际贸易中介方式，指生产商将产品的销售权授予经销商，由经销商独立完成产品的销售活动。经销商在获得产品的销售权后，可以自主定价、营销和推广产品，并承担销售过程中的市场风险和财务风险。

一是经销模式有助于扩大市场覆盖面。通过与多个经销商合作，生产商可以迅速进入不同市场，提高产品的市场覆盖率和渗透率。例如一家电子产品制造商与全球多家经销商合作，将产品销售到世界各地，提高了产品的市场占有率和品牌知名度。

二是经销模式可以降低生产商的销售成本，由于经销商负责产品的销售和推广，生产商无需投入大量的资金和人力进行市场推广，从而降低了销售成本和运营风险。例如一家化妆品制造商通过与本地经销商合作，将产品销售到海外市场，降低了市场推广的成本和风险。

三是经销模式能够提高销售灵活性，经销商作为独立的销售实体，可以根据市场需求和竞争情况，灵活调整销售策略和价格，提高产品的市场竞争力和销售额。例如一家汽车制造商与多个地区的经销商合作，根据当地市场需求调整销售价格和促销策略，提高了产品的销售额和市场占有率。

（二）定销

定销是一种直接销售模式，指生产商将产品直接销售给定销商，由定销商负责产品的销售和市场推广。定销商在获得产品后，可以根据市场需求和生产商的要求进行销售，并承担一定的市场风险和财务风险。

一是定销模式有助于提高销售效率。通过直接销售，生产商可以减少中间环节，缩短产品的销售周期，提高销售效率和资金回笼速度。例如一家家具制造商通过直接销售将产品销售给定销商，提高了销售效率和资金回笼速度。

二是定销模式可以加强生产商对市场的控制，通过直接销售，生产商可以更好地了解市场需求和客户反馈，及时调整生产和销售策略，提高市场适应性和竞争力。例如一家服装制造商通过直接销售将产品销售给定销商，根据市场反馈调整生产和销售策略，提高了产品的市场适应性和竞争力。

三是定销模式有助于建立稳定的销售渠道，通过与定销商建立长期合作关系，生产商可以建立稳定的销售渠道，确保产品的持续销售和市场占有率。例如一家食品制造商通过与定销商建立长期合作关系，确保了产品的持续销售和市场占有率。

（三）两者的比较

经销和定销作为两种主要的中介贸易方式，各有优缺点，需要根据企业的具体情况进行选择和应用，现从市场覆盖面、销售成本和销售灵活性等方面对两者进行比较。

一是从市场覆盖面来看，经销模式更具优势。通过与多个经销商合作，生产商可以迅速进入不同的市场，提高产品的市场覆盖率和渗透率。而定销模式则更适用于特定市场的深耕和开发。例如一家电子产品制造商通过与全球多家经销商合作，将产品销售到世界各地，提高了产品的市场占有率和品牌知名度；而一家家具制造商则通过直接销售将产品销售给定销商，在特定市场进行深耕和开发。

二是从销售成本来看，定销模式更具优势，通过直接销售，生产商可以减少中间环节，降低销售成本和运营风险。而经销模式则需要生产商投入一定的资金和人力进行市场推广，从而增加了销售成本和风险。例如一家化妆品制造商通过与本地经销商合作，将产品销售到海外市场，降低了市场推广的成本和风险；而一家食品制造商则通过直接销售，将产品销售给定销商，降低了销售成本和运营风险。

三是从销售灵活性来看，经销模式更具优势，经销商作为独立的销售实体，可以根据市场需求和竞争情况，灵活调整销售策略和价格，提高产品的市场竞争力和销售额。而定销模式则更注重生产商对市场的控制和销售策略的统一性。例如一家汽车制造商与多个地区的经销商合作，根据当地市场需求调整销售价格和促销策略，提高了产品的销售额和市场占有率；而一家服装制造商通过直接销售将产品销售给定销商，根据市场反馈调整生产和销售策略，提高了产品的市场适应性和竞争力。

经销和定销作为两种主要的中介贸易方式，各有优缺点，需要根据企业的具体情况进行选择和应用。经销模式通过与多个经销商合作，可以迅速扩大市场覆盖面，降低销售成本，提高销售灵活性；而定销模式通过直接销售，可以提高销售效率，加强市场控制，建立稳定的销售渠道。在实际操作中，企业应根据市场需求、产品特点和自身资源，选择合适的中介贸易方式，优化国际市场拓展策略，推动企业的国际化发展。例如一家电子产品制造商可以通过与全球多家经销商合作，迅速扩大市场覆盖面，提高产品的市场占有率和品牌知名度；而一家食品制造商则可以通过直接销售，将产品销售给定销商，提高销售效率，建立稳定的销售渠道，确保产品的持续销售和市场占有率。

第二节　特殊贸易方式

一、展卖与拍卖

在国际贸易中，展卖与拍卖作为两种特殊的贸易方式，具有独特的运作模式和显著的市场影响力。展卖通常通过展览和展示的方式，将产品直接呈现在潜在买家面前，以促进销售和市场推广；而拍卖则是一种公开竞争的销售方式，通过竞价将商品售出。以下详细探讨展卖和拍卖的概念、特点、作用及其交易程序，分析其在国际贸易中的应用和注意事项，以帮助企业更好地理解和运用这些特殊的贸易方式。

（一）展卖的概念和种类

展卖是一种通过展示和展览的方式，将产品直接呈现在潜在买家面前，以促进销售和市场推广的特殊贸易方式。展卖通常在大型展会、博览会或专门的展销会上进行，参与者可以通过直观的产品展示和现场体验，了解产品的特点和优势，从而促进销售。

一是展卖的种类多样。根据展卖的目的和形式，可以分为商品展销会、行业展会、博览会等。例如广交会作为中国最大的综合性展览会，涵盖了多种商品和行业，通过展示和展览，促进了国际贸易的开展。

第八章　国际贸易经济发展方式

二是展卖具有很强的互动性。在展卖活动中，买家可以直接与卖家进行交流，了解产品的详细信息和技术特点，从而做出更为明智的购买决策，例如在某些高科技产品展览会上，买家可以亲自体验产品的功能和性能，与卖家讨论技术细节，进一步了解产品的应用场景和市场前景。

三是展卖有助于提升品牌知名度和市场影响力。通过参加大型展会和博览会，企业可以展示其最新产品和技术，吸引潜在客户和合作伙伴，提高品牌知名度和市场影响力。例如某些国际知名品牌通过参加全球各地的展会，展示其创新产品和技术，提高了品牌的全球影响力和市场竞争力。

（二）展卖的作用和注意事项

1. 展卖的作用

（1）有利于宣传出口产品，扩大影响，促成交易

对一些新产品和规格复杂的商品，通过现场看样、试样、尝样以及详细介绍，可使国外客户具体了解商品的品质、规格、包装、性能、用途等情况，从而促成交易，而且可以在很短时期内成交，不必像平日那样往返函电多次联系。这对一些需要看货成交，对色彩、图案、造型或规格有严格要求的手工艺品、纺织品、服装等尤其重要。

（2）有利于建立和发展客户关系，扩大销售范围

在展卖期间，除了展出商品外，还可以和各种不同类型的客户进行广泛接触，有机会使更多的客户了解出口厂商的业务、价格水平等，从而疏通贸易渠道，扩大产品的销路。

（3）有利于开展市场调研，深入了解国外市场情况

通过在现场与客户和消费者的广泛直接接触，可以比较全面地了解国外市场情况，国外对出口厂商出口商品的需求和对出口商品的反应。同时还可以借鉴海外厂商在产品设计、品质、花色品种和生产工艺等方面的优点和先进技术。通过直接与客户洽谈，可比较深入地了解客户的资信、经营能力、经营作风等方面的情况。这些对于出口厂商组织出口货源、安排国内生产、扩展业务联系都有很大帮助。

2. 开展展卖业务需注意的问题

通过展卖方式开展业务，出口方付出的费用大，需办的手续较多，花费的时间和人力也较多。因此开展展卖业务时应注意以下几方面：①开展展卖业务应掌

握"展销结合,以销为主"的原则。②事前通过各种途径进行必要的调查研究,分析市场、商品、客户、交易条件等有关情况,做到有的放矢。③展销的商品应有针对性,应是适销的产品,以利于在展览的过程中就地销售;不能把设计不好、款式陈旧、质量差的滞销商品推出去展销。④展销的商品应有特色,尤其是在同一国家、地区的多次展销应有不同的特点,尽量避免雷同。

(三)拍卖的概念和特点

拍卖是一种具有悠久历史的贸易方式,是一种实物交易,其特点如下。

①它是一种由一定的拍卖组织定期组织的,集中在一定时间和地点买卖某种特定商品的交易方法。世界各地的拍卖组织,除国家办的拍卖行以外,基本分为两种类型:一类是由经纪人以股份公司等形式组成的、专门接受货主委托的拍卖行;另一类是由商业企业为推销商品而成立的拍卖组织;前者居多数。国际性的拍卖交易往往集中在一定的时间内进行,时间长短不一,短的一周数次,长的可达到每年一次。利用拍卖方式出售的商品往往是大宗的,而又多半是品质规格不够标准化和容易变质腐烂的商品,例如茶叶、烟草、羊毛、裘皮、香料、蔬菜、水果、海产品,以及一些贵重商品,如金银首饰、珠宝古玩、艺术品等的交易,仍沿用拍卖这一方式进行。由于是特定商品的交易方式,故拍卖必须在一个固定的中心市场,由集散市场或主要消费市场形成的拍卖中心举行。而由于成交数量大,尤其是一些大型的国际拍卖,集中了各个不同供应来源,各种不同品质的商品,故吸引了来自世界各地的卖主和各式各样的买主,所以拍卖中心往往形成一种具有国际影响力的贸易中心,通过拍卖形成的成交价格,往往被视为该种商品的"国际市场价格",对该种商品的行市变化有重大影响,成为各国商人计算价格、洽谈交易的依据。

②它是一种公开竞买、可以看货、一次确定成交的现货交易,所以竞争比较激烈,各国商品的品质在这里相互比较,相互竞争,可以较好地实现按质论价、优质优价,而且事后因质量问题发生索赔争执的较少。

③它是一种按一定的法律和拍卖的规章程序进行的交易。参加买卖的双方不需要事先磋商交易条件,但却需要详细了解和掌握有关拍卖行的章程、规则、当地市场和行业惯例等因素对成交条件的影响。

（四）拍卖的交易程序

1. 准备阶段

参加拍卖的卖方一是把商品运到拍卖地点或指定仓库，委托拍卖行代为整理挑选，按一定的质量标准予以分级，然后按一定的数量分成若干批并加以一定的编号，拍卖行则按批或按销售额的百分比，从中收取分批费。二是由拍卖行发出通知或刊登广告，说明商品品种、存放地点、拍卖日期和地点、欲购者可自行前去自由看货等；同时编制拍卖目录，列明商品种类、拍卖程序、拍卖条件等，在拍卖日期前10～15天发送给买主选择。买主在接到通知后，进行选择。正式拍卖。正式拍卖必须在预定的时间和地点进行。

2. 成交与交货

当拍卖人连问三次"谁加价"？而无人提出新的表示时，就以击打木槌或其他习惯方式宣告拍卖成立。按英国法律，拍卖人在击槌表示接受之前，买主可以撤回其出价，但拍卖人一击槌即意味着交易已经成立，买主不得撤回其所喊出的价格，交易就算完成。于是买主开立购买确认书，说明购买的商品名称、批次、数量及价格，交给拍卖行存执。按照一般规定，买主应于拍卖结束后两个星期左右，向拍卖行交付货款，换取仓库提货单，至指定仓库提取货物，否则逾期就要另付储存、保险等费用。在拍卖完毕后，拍卖人就公布拍卖的结果，有的拍卖市场还在拍卖期间每天公布拍卖进行的情况，这些都是研究市场行情的重要资料。

二、招标与投标

在国际贸易中，招标与投标是一种常见的特殊贸易方式，主要用于大宗商品、工程项目和服务采购等领域。通过公开、公正和竞争性的招标和投标过程，确保交易的透明度和公平性，提高采购效率和质量。以下详细探讨招标与投标的概念、特点及其基本程序，分析其在国际贸易中的应用和注意事项，以帮助企业更好地理解和运用这一贸易方式。

（一）招标与投标的概念和特点

招标是指买方（招标人）公开发布采购信息，邀请潜在供应商（投标人）提交报价和方案，通过竞争性评审选择最佳供应商的一种贸易方式。投标是指供应商根据招标人的要求，提交报价和方案，参与竞争的过程。招标与投标具有公开、公正、竞争性强等特点。一是招标与投标的公开性，招标人通过公开发布招标信息，吸引潜在供应商参与，确保采购过程的透明度和公开性，例如某大型基础设施项目通过公开招标，吸引了全球多家知名企业参与投标，提高了项目的竞争性和透明度。二是招标与投标的公正性，在招标与投标过程中，招标人通过明确的评审标准和程序，对投标人的报价和方案进行公正评审，确保采购过程的公平性，例如某国际援助项目通过严格的评审程序，确保了投标人的评审过程公开、公正，最终选择了最佳供应商。三是招标与投标的竞争性强，通过竞争性的招标和投标过程，招标人可以获得更具竞争力的报价和方案，提高采购效率和质量，例如某跨国企业通过招标采购原材料，吸引了多家供应商参与竞争，最终获得了更具价格优势和质量保障的供应商。

（二）招标与投标的基本程序

招标与投标的基本程序通常包括招标准备、发布招标公告、投标人准备和提交投标文件、开标评标和授标等环节，每个环节都有其特定的操作流程和要求，确保招标与投标过程的顺利进行和公平公正。一是招标准备是招标与投标过程的基础。在招标活动开始前，招标人需要对招标项目进行详细的准备工作，包括编制招标文件、确定评审标准和评审程序等。例如某大型基础设施项目在招标前，需要编制详细的招标文件，明确项目的技术要求、评审标准和评审程序，确保招标过程的顺利进行。二是发布招标公告是招标与投标的重要环节。招标人通过公开发布招标公告，邀请潜在供应商参与投标，确保采购过程的公开和透明。例如某国际援助项目通过公开发布招标公告，吸引了全球多家知名企业参与投标，确保了采购过程的公开和透明。三是投标人准备和提交投标文件是投标过程的核心，投标人根据招标文件的要求，编制和提交详细的投标文件，包括报价、技术方案和相关资质证明等。例如某跨国企业在参与招标时，需要准备详细的投标文件，确保投标方案符合招标要求，具有竞争力。四是开标评标和授标是招标与投标过程的最终环节，在投标截止后，招标人组织开标和评标，通过公正的评审程序，选择最佳投标人并授予合同。例如某大型基础设施项目通过严格的开标和评标程序，最终选择了最佳投标人，确保了项目的顺利实施和质量保障。

招标与投标作为一种公开、公正和竞争性的特殊贸易方式，在国际贸易中具有重要的应用和作用。通过招标与投标，买方可以获得更具竞争力的报价和方案，提高采购效率和质量，确保交易的透明度和公平性。在实际操作中，企业应根据市场需求和项目特点，选择合适的招标与投标方式，优化国际市场拓展策略，推动企业的国际化发展。例如一家跨国企业在采购原材料时，可以通过招标与投标，获得更具价格优势和质量保障的供应商，提高采购效率和质量。通过合理运用招标与投标，企业可以提高产品的市场竞争力和销售额，实现国际市场的拓展和发展。

三、交易所交易

（一）概念、特点

商品交易所是一种有组织的固定市场，是指在一定的时间和地点，按照一定的规则，进行大宗商品交易的场所。商品交易所的交易可分为现货交易和期货交易两类。在自由资本主义向垄断资本主义过渡，第一次科技革命带来资本主义生产大发展和世界市场基本形成的时期，商品交易所作为一种价格的调节器受到产业资本家、农场主和国际贸易商人的重视。他们利用在交易所的交易来转移经营中的价格风险，一些投机家则利用交易所特有的机制，将之作为投机的场所。而设立在一些重要集散市场的重要交易所，由于交易的成员来自世界各地，包括主要生产者、中间商和实际用户，所以很快成为世界交易中心，它所形成的价格，往往被看作"国际市场价格"，成为交易所以外交易的作价依据。

商品交易所一般由会员组成，只有交易所的正式成员才能进入交易所大厅进行买卖，他们除了自己经营外，也可以充当经纪人代非会员买卖，收取一定的佣金。在交易所进行交易时，必须按照交易所章程的规定，在规定的时间内（一般是上下午各一场），在交易所大厅，根据商品的品级或样品，以口头喊价的方式，进行"公开"交易；交易达成后，买卖双方不是当场交割实物，只是把代表商品所有权的证件予以转让，双方都要根据交易所规定的标准交纳一定比例（一般是5%～10%）的履约押金，然后在交割期到来时进行交割。由此可见商品交易所的特点。

一定要通过交易所会员或经纪人才能在交易所内直接进行交易；

买卖的商品不是看货成交，而是凭样或凭品质规格、标准成交，通过交易所交易的商品必须是品质上可以标准化的大宗商品；

商品的交易和商品的实际转移没有直接关系，一宗商品往往经过多次买进卖出，卖主和买主都是在利用不同时间商品价格涨落赚取价格差额；

商品的分等、分级以及包装等都必须服从交易所制定的标准，一切交易条件也必须服从交易所制定的标准合同规定。

（二）现货交易

现货交易，又称"实物交易"，是指实际商品的即期交割。这种交易与一般贸易做法没什么区别，交易的目的是买卖实物。由参加交易所的有资格出场交易的会员（企业家、中间商、生产者）自己或客户代表，在交易所指定的时间和场地，通过公开喊价的方式进行交易。交易所对这种交易只提供场所和各种合同格式，协助解决有关交易纠纷等。

（三）期货交易

1. 概念

商品期货交易是一种通过交易所制定的标准合同，由买卖双方在交易所内达成远期分割的交易方式。买卖双方达成期货合同交易后，并没有买进或卖出现货商品的需求，也就是并没有真正实现商品的转移，卖方可以不一定到期交货，买方也不一定到期提货，他们可以在交割期届临之前，通过买进（卖出）同一交货月份、数额相等的合同，来抵消合同项下的义务，而从先后两次交易中追逐价格涨落变化上的利润。所以，期货合同交易实际上只是期货合同本身的买卖，没有涉及真正的商品，人们也就把它称作"纸面交易"。期货合同交易事先只需交纳少量押金（一般相当于合同金额的5%左右）和佣金，无须投入大量资金，而且方便，有利于资金周转和转移商品价格变动的风险。

2. 特点

一是期货交易的标的物不是一般交易下的各种商品，而是各种标准合同。标准合同是指同交易所制定的内容和条款都整齐划一的合同格式。采用这种标准合同格式，除了价格和交货期两项内容需要由交易双方协商确定之外，其他条款，包括品质数量、交货地点、交货办法、支付方式和时间以及解决纠纷的办法等，都是统一的。

二是具有自己特殊的清算制度，并由专门的清算机构来办理清算事宜。有的交易所内没有清算所，有的则委托某一金融机构负责清算。期货合同买卖的差价并不在期货交易双方之间结算，而是通过清算所进行结算。清算所在期货合同到期前，直接以记账方式对交易者买入和卖出的合同进行对冲；只有对未能及时对冲的合同才通知交易者进行实际交割。

三是具有严格的保证金制度。因期货交易是先成交、后清算。如果交易的一方因巨额亏损或破产而丧失偿付能力，会给另一方造成损失，并影响业务的发展。为此，交易所都规定严格的保证金制度，以确保合同的履行。期货交易中的保证金只保证交易者在交易亏损时可支付应付出的差价，而且要准备按交易所的要求随时追加。

第三节 技术贸易方式

一、国际技术贸易的概念

随着全球化进程的加快和科技创新的迅猛发展，国际技术贸易在全球经济中的地位愈发重要。国际技术贸易不仅推动了科技成果的跨国传播和应用，也促进了各国经济结构的调整和升级。因此，深入理解国际技术贸易的概念，对于企业和国家在全球竞争中抢占技术制高点、实现可持续发展具有重要意义。以下探讨国际技术贸易的基本概念、特点和作用，帮助读者全面了解这一重要的贸易方式。

（一）国际技术贸易的基本概念

国际技术贸易是指不同国家或地区之间进行的技术交易活动。它包括技术的转让、技术咨询、技术服务以及与技术相关的培训和支持等。国际技术贸易不仅涉及技术产品的买卖，还包括知识产权的转移和使用权的许可。例如某公司通过国际技术贸易，从国外购买了一项先进的制造技术，并通过技术转让协议获得了该技术的使用权，从而提高了生产效率和产品质量。国际技术贸易的主要形式有技术转让、技术许可、技术合作等。技术转让是指技术所有者将其技术成果的所有权或使用权转让给他人，包括专利技术、非专利技术和技术诀窍等。技术许可则是指技术所有者允许他人使用其技术成果，但不转让所有权。例如一家制药公司将其新药的生产技术许可给国外的合作伙伴，合作伙伴在获得许可后可以生产该新药，但该技术的所有权仍归原制药公司所有。此外，国际技术贸易还包括技术合作，即不同国家或地区的企业或机构在技术研发、生产和应用等方面进行合作，共同开发和利用新技术。例如两家跨国公司在新材料领域进行技术合作，共同开发新型高性能材料，并在全球市场推广应用。

（二）国际技术贸易的特点

国际技术贸易具有独特的特点，与传统商品贸易有很大不同，一是国际技术贸易的无形性，技术作为一种无形资产，无法像有形商品那样直接观察和触摸，而是通过专利、版权、商标和技术诀窍等形式存在和转移，例如一家科技公司将其自主研发的软件算法通过技术许可的方式，授权给另一家企业使用，但该算法本身并不是有形商品。二是国际技术贸易的高附加值性，技术作为一种高知识含量的商品，具有较高的附加值，通过技术贸易，企业可以获得先进的技术成果，提高生产效率和产品质量，增强市场竞争力。例如一家制造企业通过购买国外先进的自动化生产技术，大幅提升了生产效率和产品质量，从而在市场竞争中占据了有利地位。三是国际技术贸易的长期性和复杂性，技术贸易通常涉及复杂的合同和法律条款，交易过程较为繁琐，需要较长时间完成。此外，技术贸易还涉及技术培训、售后服务和知识产权保护等方面的问题，需要买卖双方长期合作和密切配合。例如一家医药公司在购买国外新药技术时，不仅需要签订详细的技术转让合同，还需要进行技术培训和售后服务，确保新药生产的顺利进行。

（三）国际技术贸易的作用

国际技术贸易在促进全球经济发展、推动科技进步和优化资源配置等方面具有重要作用。

一是国际技术贸易促进了全球科技成果的传播和应用，加速了科技进步和创新，通过技术贸易，发达国家的先进技术可以迅速传播到发展中国家，推动其技术水平的提升和产业结构的升级。例如某发展中国家通过引进发达国家的高效农业技术，提高了农业生产效率，促进了农业现代化发展。

二是国际技术贸易有助于优化资源配置，提高全球经济的整体效率，通过技术贸易，不同国家和地区可以充分发挥各自的技术优势和资源禀赋，实现技术和资源的最佳配置。例如一家跨国公司通过技术转让，将其先进的环保技术应用于发展中国家的工厂，提高了生产效率，降低了污染排放，实现了经济和环境效益的双赢。

三是国际技术贸易推动了企业的国际化发展和竞争力提升，通过技术贸易，企业可以获得先进的技术成果，提升自身的技术水平和创新能力，增强市场竞争力。例如一家电子企业通过引进国外先进的芯片制造技术，提高了产品性能和质量，在全球市场中占据了更大的市场份额。

国际技术贸易作为一种重要的贸易方式，在全球经济和科技发展中发挥着重要作用。通过国际技术贸易，各国可以实现科技成果的跨国传播和应用，推动技术进步和经济发展。同时国际技术贸易也有助于优化全球资源配置，提高经济效益和企业竞争力。未来随着全球化进程的深入和科技创新的持续推进，国际技术贸易将继续在全球经济中扮演重要角色。企业和国家应抓住机遇，积极参与国际技术贸易，实现技术进步和经济发展的双重目标。例如一家跨国公司通过技术合作，不仅获得了先进的技术成果，还在全球市场中提升了竞争力，实现了企业的可持续发展。通过合理利用国际技术贸易，企业和国家可以在全球竞争中抢占技术制高点，实现经济发展的新突破。

二、技术贸易的形式

技术贸易作为现代国际贸易中的一种重要形式，不仅涉及商品的买卖，还包括技术的转让和应用。技术贸易主要包括许可证贸易、工程承包、合作生产与开发，以及技术咨询与服务等多种形式。这些形式在推动技术创新、提升产业竞争力、促进经济发展方面发挥了关键作用。以下详细探讨这些技术贸易形式的定义、特点及其在国际贸易中的应用，以帮助企业和政策制定者更好地理解和运用这些技术贸易方式。

（一）许可证贸易

许可证贸易指的是技术持有者（许可方）将其拥有的技术许可给他方（被许可方），并允许其在一定条件下使用该技术以生产产品或提供服务。许可证贸易是一种重要的技术贸易形式，广泛应用于国际市场，帮助企业通过技术合作和授权实现市场扩展和利润增长。许可证贸易是技术转让的一种方式，其中许可方将技术专利、商标、工艺等知识产权授权给被许可方使用。被许可方在使用这些技术时，通常需要支付许可费或专利使用费。许可证贸易具有促进技术扩散、提高企业竞争力的优点。通过技术许可，企业可以在短时间内获得先进技术，加快产品研发和市场推广。例如许多跨国公司通过许可证贸易，将其先进的生产工艺授权给地方合作伙伴，迅速进入新市场。在进行许可证贸易时，企业需要确保技术转让协议的合法性和完整性，包括技术使用范围、期限、费用及保密条款等。此外，许可方还需进行技术培训，确保被许可方能够正确使用授权技术。

（二）工程承包

1.国际工程承包的含义和特点

国际工程承包是指一个国家的工程发包人或业主（政府部门、企业或项目所有人）委托国外的工程承包人，负责按规定的条件完成某项工程任务的一种技术贸易方式。由于国际工程承包是一种综合性的国际经济合作方式，它不仅涉及不同国别的当事人，而且涉及技术、设备、资金、劳务等诸多因素，因此它具有以下特点。

（1）工程项目的当事人多

其当事人不仅涉及发包和承包双方，而且涉及分项工程的承包人和监理工程师及其代表。

（2）工程内容广泛、复杂

一个工程项目从筹备到完成，需要涉及勘查、咨询、可行性研究、工程设计、谈判签约、设备和原材料供应、人员培训、施工、安装、调试、移交和善后处理等多项工作，以及购买、运输、保险分包、技术转让等多项商务内容，关系复杂。

（3）技术水平高

它不仅涉及工程项目设计施工、安装等活动中使用的专门技术、管理经验和操作技能，更重要的是涉及工程项目本身的技术含量和水平。因为目前各国所引进的项目，一般都是中高级大型成套设备、工厂，或者是高新技术密集型工程项目。

（4）项目营建时间长，占用资金多

大型工程项目涉及环节多而复杂，因此营建时间短则2～3年，长则8～10年。时间长加上需要的设备多而复杂，必然需要占用大量的资金。

（5）高风险和高收益

由于营建时间长，在承包期内，项目所在国的政治经济和自然条件都发生变化,这样,项目当事人都要承担较大的风险。当然,投资额大也会给承包者带来丰厚的利润。

2.国际工程承包的方式

工程承包的具体方式很多,可以归纳为统包和分包两种方式。

(1)统包方式

即是对一个工程项目建设的全部内容,包括工程技术、技术设备和劳务全部承包的做法。根据统包程度的不同,具体又可分为以下3种:①半统包,指的是承包人负责从方案选择、规划、设计、施工直到人员培训与指导等全部工作的工程承包。工程完工后,经过试车,机器运转正常,符合合同标准,即可移交发包人。承包方不承担产品的试产责任。②交钥匙工程承包,是指承包人不仅要完成半统包工程承包的任务,而且在工程完工后,还要经过试车和一段时间的运转,确认产品质量、产量与原材料、能源消耗都达到合同规定的指标,才算全部履行了合同,并将工程项目移交发包人。③产品到手承包,指承包人完成了交钥匙工程承包中的全部任务后,还须保证在项目投产或工程使用后一段时间(2~3年)内,继续负责技术指导、职业培训、设备维修等任务,直到发包方能生产出符合合同规定的质量和数量产品为止。

(2)分包方式

即对工程项目的各部分内容分别承包,一般是对技术、材料设备、劳务分别承包。分包方式可以由工程业主将一项工程分为若干部分,分别与各承包人签订合同;也可以由一个承包者将全部工程包下来,再将各部分分包给其他承包者,分包者与招标方不发生直接关系,工程项目由统包者承担全部责任。

(三)合作生产与开发

合作生产与开发是国际技术贸易中的重要形式,它涉及企业或组织在产品生产和技术开发过程中进行的协作。这种合作方式不仅有助于技术的创新和优化,还可以加速产品的市场推广。合作生产与开发的基本理念是通过资源共享、技术交流和能力互补,实现双方或多方在产品研发和生产过程中的共同目标,从而获得更高的效率和成果。在合作生产中,参与方通常通过分工合作,共同承担生产任务。合作伙伴可以通过技术共享、设施共用等方式来提高生产效率,降低成本。例如一个企业拥有先进的生产设备,而另一个企业则具有成熟的生产工艺和市场经验。通过合作，这两个企业可以将各自的优势结合起来，共同提升生产能力，缩短生产周期，降低生产成本。

合作开发则侧重于技术和产品的共同研发。合作伙伴在研发过程中共同投入资源，包括资金、技术和人力，共同承担研发风险。合作开发的优势在于能够汇集多方的专业知识和经验，加快技术突破和产品创新。通过合作开发，企业可以在短时间内获得市场所需的新技术，迅速应对市场需求变化，从而增强竞争力。合作生产与开发的成功实施依赖于明确的合作协议和有效的管理机制。企业在合作初期需要制定详细的合作计划，明确各方的职责、权益和责任。合作协议中应包含技术和知识产权的保护条款，以确保合作过程中产生的技术成果和知识产权的归属问题得到妥善解决。此外，企业还需要建立有效的沟通机制，确保各方在合作过程中保持信息的透明和协调，及时解决出现的问题。

（四）技术咨询与服务

技术咨询与服务作为国际技术贸易的一种重要形式，涉及企业或组织向客户提供专业的技术建议、解决方案和服务，以帮助客户解决技术问题、提升技术水平或优化业务流程。这种形式不仅强调技术的应用和优化，还注重与客户的互动和长期合作关系的建立。技术咨询的核心在于利用咨询方的专业知识和经验，为客户提供量身定制的技术解决方案。咨询服务的内容可以涵盖从技术评估、系统设计、技术规划、到实施指导、问题解决等多个方面。通过技术咨询，客户可以获得关于新技术应用、系统优化、流程改进等方面的专业建议，从而在技术层面提升自身的竞争力。例如一家咨询公司会帮助客户评估现有的IT系统，提出改进建议，并协助实施新系统，以提高业务的效率和效果。

技术服务则侧重于技术的实际应用和支持，通常包括技术培训、设备维护、系统集成、故障排除等。技术服务的目的是确保客户能够有效地使用技术产品，解决在使用过程中遇到的问题，并保持系统的正常运转。技术服务可以帮助客户提高技术的使用效率，减少系统故障，延长设备的使用寿命，确保业务的持续性。例如设备供应商会提供设备安装和调试服务，确保设备能够按照预期的性能运行；同样，软件公司会提供系统维护和升级服务，确保软件在长期使用中保持最佳状态。在技术咨询与服务过程中，建立良好的客户关系至关重要。技术咨询与服务不仅是一个技术转移的过程，更是一个持续沟通和协作的过程。服务提供方需要深入了解客户的需求和业务环境，确保提供的解决方案和服务能够真正满足客户的要求。此外，定期的反馈和跟进也是技术咨询与服务的重要环节，以确保客户在实施过程中能够得到及时的支持和帮助。

技术贸易的多种形式，如许可证贸易、工程承包、合作生产与开发、技术咨询与服务，极大地丰富了国际贸易的内涵和外延。通过这些技术贸易方式，企业不仅可以实现技术创新和市场拓展，还能提升生产能力和竞争力。每种技术贸易形式都有其独特的特点和应用场景，企业应根据自身需求和市场条件，选择合适的技术贸易方式，优化国际市场拓展策略，推动技术进步和经济发展。例如一家制造企业可以通过许可证贸易获得先进生产工艺，通过工程承包参与国际项目建设，通过合作生产与开发提升产品竞争力，并通过技术咨询与服务优化生产流程。通过有效运用技术贸易方式，企业可以在国际市场中获得更大的成功和发展。

第四节 其他贸易方式

一、旅游贸易

（一）旅游贸易概述

1.旅游贸易的概念

旅游，简单地说就是以游览为目的旅行。旅游活动反映的关系很广，既包括旅游者同自然社会的关系，又包括人们之间的相互关系。旅游贸易就是以旅游活动为基础、旅游企业与旅游者之间进行旅游产品交换的活动。

旅游企业是旅游经济活动的核心单位，它们是专门从事旅游业务的经济组织，包括旅行社、旅游酒店、交通运输公司以及旅游服务公司等。旅游产品的定义与普通商品的定义有所不同。旅游产品指的是游客在旅游过程中所需的所有产品和服务的综合体。这涵盖了从旅游者离开家开始旅行，到回到家后的整个过程。通常旅游产品包括三个主要部分：①核心内容，即旅游体验；②外观特征，包括独特性、风格、质量和声誉等；③附加要素，如优惠条件和营销策略等。

2.旅游贸易的特点

（1）旅游贸易的经济—文化性

经济—文化性是旅游贸易的突出特点，二者密不可分，旅游贸易，既可以说是文化性的经济活动，也可以说是经济性的文化活动。旅游贸易的经济性主要表现在旅游广告的经营上，旅游贸易所提供的产品和服务也受商品生产和商品交换等一系列经济规律支配。而旅游贸易的文化性，则表现在文化作为一根主线，贯穿旅游消费和旅游供给的全过程。

（2）旅游贸易的综合性

旅游贸易与各种社会经济活动互为条件，互相依赖，综合成为一个整体。旅游活动中的食、住、行、游、购、娱等是融于一体的综合性服务。旅游产品是由旅游资源、旅游设施与旅游服务等构成的综合体。在整个国民经济活动中，旅游贸易既与工业、农业、商业、交通运输、邮电通信、建筑业、城市建设等部门的经济活动有密切关系，又与文化、教育、卫生、金融、园林等部门联系在一起，涉及经济、政治、文化等方方面面，构成综合性的社会经济活动。

（3）旅游贸易的季节性和敏感性

由于自然条件对旅游资源自然景观的影响，以及旅游者休假时间的约束等，旅游经营活动具有明显的季节性，存在显著的旺季和淡季。而且，由于旅游贸易具有综合性特点，因此要求与旅游贸易相联系的各部门必须协调发展，一旦某一部分脱节，旅游贸易就会受到冲击，从而具有敏感性强的另一特点。

（4）旅游贸易的涉外性

旅游包括国内旅游和国际旅游，国际旅游是一个国家的居民到另一个主权国家去进行的旅游，包括国内居民出口旅游和外国人来国内旅游两部分。由于要跨越国境，国际旅游因其涉及出入境签证、报关、验关、兑换外币等问题而具有涉外性。

（二）旅游产品的销售渠道

1.销售渠道的一般概念

所谓旅游产品的销售渠道，是指旅游企业把旅游产品销售给最终消费者的途径。它包括旅游产品从生产者手里脱手，直到旅游者购买为止的全过程。

2.旅游中间商

第八章　国际贸易经济发展方式

目前，间接销售渠道在国际旅游贸易中是最常见的也是用得最为广泛的形式，一般把所有中间环节都统称为"旅游中间商"，也就是说，任何一个单位或个人，处在旅游者和旅游产品生产者之间，参与了旅游产品的销售，即为旅游中间商。旅游中间商有以下几种。

单一经营。这种旅游中间商只经销一国一地或一个旅游企业的一种旅游产品，或者只提供一项旅游服务；主营其他业务并兼营旅游中间商业务；主营旅游中间商业务兼营其他业务。

旅游中间商的主要业务如下：

组合、推销包价旅行团；代订酒店、餐饮、观光、文艺演出；代售机票、车船票；安排接送；货运委托；旅游业务问讯；安排商务、文体等专业活动，组织会议；提供导游；代目的地进行宣传推销活动；发售旅行支票；出版、发行杂志；培训旅游专业人才等。

旅游企业通常是在下列时刻需要考虑选择中间商。

当旅游企业的产品拟进入国际市场而本身又不能直接销售时；当原有的旅游中间商质量发生变化时；当产品的种类增加，产品质量提高时；当旅游企业要提高销售量时；当旅游企业要进入新市场时；当顾客结构发生变化时；当同类产品供给者增多从而市场竞争加剧时等。

旅游企业选择中间商时需要了解对方以下几个方面的情况。

对方的市场重点在哪里，是哪一类型的中间商；对方的竞争对手是谁，市场占有率、销售情况如何；对方资信能力如何；对方的地理位置是否适合本企业要求；对方的政治倾向、历史和现状及发展情况怎样。

二、加工装配贸易

（一）加工装配贸易的含义和特点

1. 加工装配贸易的含义

加工装配贸易是一种将加工与出口扩展、收取加工费用相结合的业务形式。具体而言，外商作为委托方提供所有或部分原材料、辅料、零部件、元件、配套件以及包装材料等，而承接方（即东道国的企业）根据合同中的质量、规格、款式、型号、商标品牌和交货时间等要求，进行加工和装配，最终生产出成品并交给外商销售。承接方按合同规定获得加工费用或双方按各自定价支付。在这种模式下，承接方的职责仅限于加工生产和收取加工费用，而委托方则负责产品的销售及相关的盈亏风险。

在实际业务中，为了提高加工效能和产品质量，降低加工成本，有时委托方在提供来料的同时往往还提供一部分为加工使用的关键设备、生产技术、仪器和工具。这些机器设备的价款，由承接方用所收取的工缴费或装配费分期清偿。这是把加工装配贸易和补偿贸易结合起来进行的。加工装配贸易实际上是以商品为载体的劳务出口，但具体做法上涉及原材料、零部件的进口和加工后的成品出口。

2.加工装配贸易的特点

一是加工装配贸易是一种进出结合、两头在外的贸易，提供原材料和零部件的一方与接受成品的一方为同一客户，进出口属于一笔交易。

二是加工装配贸易双方的关系是纯生产性的委托加工关系，而不是商品买卖关系。承接加工方只能按委托方的要求加工产品，不能擅自做主，随意改动，也就是说，对委托方提供的原材料和零部件等，承接方只能有使用权，没有所有权，对销售盈亏不负责任，不承担国际市场变化对产品销路的风险。

三是加工装配贸易对承接方来说不需投入大量资本，一般是利用本企业现有的设备和技术进行加工生产，不需自备原材料、辅料、元器件等，纯属代客加工。

四是加工装配贸易的产品多为劳动密集型产品、机械化程度有限，对生产设备和技术的要求相对较低，劳动素质要求不高，普通劳动者稍加培训就基本能上岗工作。

五是加工装配贸易项目周期一般较短，生产的多为国际市场上更新快、时间性强的产品，这些产品批次多、变化快、交货急，要求生产企业具有灵活多变、适应性强的特点，这尤其适合于那些生产规模较小的企业。

（二）加工装配贸易的一般程序

加工装配贸易可以由承接加工企业直接与委托方签订加工装配合同；也可以由承接方的贸易公司和加工企业一道与委托方签订合同；或先由承接方贸易公司与委托方签订加工装配合同，然后由贸易公司再与加工企业签订加工生产合同。无论哪一种方式，加工装配贸易从其进行的程序或过程来看，一般包括以下几个基本阶段。

1.交易准备

在此阶段有两个关键问题,一是要合理确定商品种类,即根据本国或本地区本部门的综合生产能力(包括工业基础、技术条件和劳动力状况等)选择对自己有利的产品,一般情况都是选择劳动密集型产品。同时要考虑加工装配产品的发展前景,与国内出口商品之间的关系以及与国内产业结构之间的关系,以免冲击本国正常贸易和国内产品结构改善。二是要谨慎选择客户。一般承接方选择的委托方,应具有较雄厚的经济实力,可靠的资信能力和良好的经营能力。同时准备阶段还要特别注意对国际市场(包括最新动态、市场趋势、竞争对手等)的调查研究。

2.谈判签约

这个阶段是整个业务过程中最重要的阶段。在这个阶段要进行技术谈判和商务谈判,根据双方谈判的内容起草合同,并在进一步谈判中作必要的修改。在双方取得一致意见后签约,用文字形式最后将双方的权利和义务在合同中明确加以规定。

3.审批合同

经营单位对外签订的加工装配合同,必须经有关主管部门审批。

4.运进料件

对委托方提供的料件,按照贸易双方商定的合同条件进行运输,然后凭海关文本和有关单据提运料件。

5.加工生产

加工生产阶段是履行合同的最主要阶段。在这个阶段要严守合同,保证生产的各个环节自始至终按照合同的要求进行。

6.运出结汇

加工生产阶段结束后,应立即向海关申报核销,然后才能将成品装运出境。结汇所需单据必须齐全,经核对相符后,向当地银行办理结汇,承接加工方也可分批发货,分批收取工缴费。

三、补偿贸易

(一)补偿贸易的含义和特点

1.补偿贸易的含义

补偿贸易是一种国际贸易方式,其中出口商向进口商提供产品或服务,进口商则以提供相应的回报来补偿出口商。这个回报通常以实物商品或服务的形式存在，而不仅仅是货币支付。补偿贸易一般发生在一些发展中国家或经济不发达地区，这些地区由于资金短缺或外汇限制，无法直接进行货币支付。这种贸易模式的关键在于出口商和进口商之间的协议，其中规定了商品或服务的供应和回报的形式。补偿贸易可以促进贸易双方的合作与发展，同时避免了外汇流失的问题。通过这种方式，出口商能够确保获得所需的回报，而进口商则能在没有立即支付现金的情况下，获得必要的商品或技术。

2.补偿贸易的特点

补偿贸易是商品贸易、技术贸易、信贷贸易相结合的产物。它既属于货物买卖性质，又与一般货物买卖有区别，其特点如下。

（1）补偿贸易与信贷相结合

一笔补偿贸易从机器设备的进口到生产出产品偿还，以至偿还完毕需要相当长的一段时间，这实际上是出口方给设备进口方提供了中长期的商业信贷，而出口方为了使自己的资金周转不受影响，往往寻求银行贷款。对进口商而言，补偿贸易就如同将借款引进技术设备和通过出口商品归还借款两种交易结合起来，因此信贷作为一种必要条件，是补偿贸易中不可缺少的一个组成部分。

（2）补偿贸易与生产相联系

补偿贸易的买卖方进口技术和机器设备，是为了发展生产和出口，特别是在直接补偿条件下，进口的价款要用进口项目所生产出来的产品偿还，项目能否顺利进行，与该工程项目能否按时投产，产品的质量和数量能否达到一定标准有密切关系，因此，设备出口方往往很关心设备的质量，工程项目的进展和产品的生产情况等，以至在零部件、技术和培训人员等方面对进口方提供支援与服务。可见，贸易双方的通力合作是补偿贸易顺利进行的重要保证。

（3）补偿贸易双方是买卖关系

补偿贸易方式下进口的设备和其他物资，是经过作价出售的，设备进口方承担支付货款的义务，对进口的机器设备、原料以及建成的工程项目和将来的产品具有所有权和使用权，自己经营、自担风险、自负盈亏。

（4）补偿贸易与传统易货贸易的区别

补偿贸易与易货贸易都保留着用实物来支付进口的基本特征，但前者却比后者要复杂得多。

一是补偿贸易的易货是同信贷相结合的，而传统易货贸易进出口双方并没有信贷关系。二是补偿贸易与商品的生产相联系，一方交付的商品往往是另一方交付的商品所生产出来的产品；而传统易货贸易中所交换的商品之间一般没有直接联系。

（5）补偿贸易与合资经营的区别

补偿贸易不同于合资经营。

补偿贸易中进口方对进口设备和其他物资拥有独立的所有权和经营权，盈亏与设备出口方无关；合资经营中各方都占有一定股份，企业的所有权和使用权双方共有，企业和产品都由双方共同经营，共担风险、共负盈亏。

补偿贸易中的产品交换是设备和用这种设备生产出来的产品之间的交换，其基础是彼此之间的信贷关系；而合资经营中，虽也涉及技术设备的进口问题，但这往往是作为外商投资的一部分，不存在信贷关系。

最后，补偿贸易中的产品外销实质是补偿；而合资经营中的产品外销是获得收益的手段，其利润由合营双方按比例分成。

（二）补偿贸易的一般程序

每一笔补偿贸易的交易，一般都必须经过以下四个阶段。

1. 项目的确定

项目选择是补偿贸易的起点，补偿贸易中双方所交换的商品，是根据各自的需要来确定的，它直接关系到双方的利益，因此对设备进口方来说，需要引进的技术设备必须是先进的或比较先进的，同时又必须与本国现有的技术能力、管理能力、原材料供给等能力相配套，是本国所适用的技术设备，符合本国国民经济发展的需要；引进的技术设备本身应具有偿还贷款的能力，其生产的产品要有一定的国际市场竞争能力，并避免与本国传统的出口产品或销售相当稳定的产品相竞争，而且不应与本国或国际环境保护的有关规定相违背。

2. 可行性研究

可行性研究是在投资前对补偿贸易项目的一种考察和鉴定，是一项综合性的技术经济研究工作。

3. 合同的洽谈和签订

可行性研究报告获批准后，双方就进入了合同的谈判阶段。这是补偿贸易的关键阶段。谈判的内容涉及补偿贸易过程中的全部问题，包括出口方技术设备的名称、性能及其他技术指标；进口方补偿贷款的方式；进口及返销产品的种类、价格、结算、货币、运输、保险及有关问题；违约、处罚、争议、仲裁的解决和处理；合同的生效和终止等。其中的核心问题是进口技术设备和补偿产品的确定及作价。当交易双方就合同的各项条款都已达成一致意见后，即可签订正式合同。补偿贸易合同一般有两种。一种是笼统地签订一个合同，合同中就引进的技术设备和补偿产品结合起来，在总体上明确进出口各方的权利和义务及其他有关问题。另一种是先签订一个总协议，然后再分别签订技术设备进口合同和补偿产品出口合同，由总协议把技术设备的进口和补偿产品的出口联结起来。前者比较适合于规模小，引进技术设备和补偿产品都比较简单的交易，后者较适合于规模大，引进的技术设备和补偿方式及补偿产品都比较复杂的交易。

上述协议和合同经双方代表签字后，一般即可生效，但有的国家法律规定必须经上级机关审查批准后方能生效，否则将失去本国法律的保护。这时则应迅速备函并附上合同文本送交上级机关审批，并抄送当地海关，外汇管理机构、财政、税务、银行等部门。

4.履行合同阶段

履行合同是补偿贸易业务中最具实质性的阶段，双方要根据合同的规定，完成各自应当承担的义务。履行合同的全部过程都必须以双方所签订的具有法律效力的合同为行动指南，任何违反合同的行为都将按合同规定的办法予以处理。

第九章　国际电子商务背景下的现代物流与金融服务

第一节　国际电子商务与物流

一、国际电子商务与物流的关系

随着全球化进程的加快和信息技术的迅猛发展，国际电子商务成为全球贸易的重要形式。国际电子商务的蓬勃发展对现代物流系统提出了新的挑战和要求。物流不仅是国际电子商务的基础设施保障，还直接影响到电子商务的效率和用户体验。理解国际电子商务与物流之间的关系，有助于深入分析物流在全球电子商务中的作用和影响，从而为企业和政策制定者提供重要参考。

（一）物流是国际电子商务的基础设施

一是物流支持电子商务的订单履行，在国际电子商务中，物流系统负责从商家到消费者的整个订单履行过程，包括库存管理、包装、运输和配送等环节，物流系统的高效运作直接影响到电子商务交易的完成速度和准确性。例如一家跨境电商平台通过与全球物流服务提供商合作，确保订单能够及时且准确地送达客户手中，提升用户的购物体验和满意度。

二是物流优化了国际电子商务的供应链，国际电子商务涉及的供应链通常较为复杂，包括多个国家和地区的供应商、制造商和分销商，通过优化物流流程和提高供应链的透明度，企业可以减少库存成本、缩短交货时间并提高供应链的整体效率。例如一家跨国电商公司利用先进的物流技术，如自动化仓储和智能运输系统，优化了其全球供应链，提升了运营效率和市场响应速度。

三是物流提供了电子商务的客户服务支持，在国际电子商务中，物流不仅承担着配送任务，还提供了客户服务支持，如订单跟踪、退货处理和售后服务等。优质的物流服务能够提高客户的满意度和忠诚度，从而促进业务的持续增长。例如通过提供实时的物流跟踪服务和灵活的退货政策，一家全球电商平台提高了客户的购物体验和满意度，增强了市场竞争力。

（二）国际电子商务推动了物流技术的创新

一是智能物流技术的应用，国际电子商务的发展推动了物流技术的创新，如智能仓储、无人机配送和物联网技术等，这些技术的应用提高了物流效率，降低了运营成本。例如利用自动化仓储系统，一家全球电商公司能够在更短的时间内完成订单拣选和打包，提高了订单处理速度和准确性。

二是大数据分析在物流中的应用，大数据分析技术能够帮助物流企业实时监控运输状态、预测需求变化并优化配送路线。通过分析海量的物流数据，企业可以实现精准的物流规划和调度，提高配送效率和服务质量，例如一家国际物流公司利用大数据分析优化了配送路线，减少了运输时间和成本，提高了客户的满意度。

三是区块链技术在物流中的应用，区块链技术能够提供透明、不可篡改的物流记录，提高了供应链的信任度和安全性，通过在区块链上记录每一个物流环节的详细信息，企业可以追踪货物的流转情况，减少欺诈和错误发生的风险。例如某跨境电商平台通过应用区块链技术，实现了供应链的全程可追溯，提升了物流操作的透明度和安全性。

（三）物流对国际电子商务的挑战与应对

一是跨境物流的复杂性，国际电子商务涉及不同国家的法规、关税和运输标准，使得跨境物流变得复杂且具有挑战性。企业需要应对这些复杂的跨境物流问题，如海关清关、关税支付和多国配送等。例如为了应对跨境物流的挑战，一些电商平台与当地物流供应商合作，确保符合各国的法规和标准，顺利完成国际配送。

二是物流成本的管理，国际电子商务中的物流成本通常较高，包括运输费、仓储费和关税等，企业需要有效管理这些成本，以保持价格竞争力和盈利能力。例如通过优化物流网络和提高运输效率，一家跨国电商公司成功降低了物流成本，并在全球市场中保持了价格优势。

三是服务质量的保证，在国际电子商务中，物流服务的质量直接影响到客户

第九章　国际电子商务背景下的现代物流与金融服务

的满意度和企业的声誉，企业需要确保物流服务的高质量，如准时配送、准确无损的货物和良好的客户服务。例如一些电商平台通过建立严格的物流服务标准和质量控制体系，确保了物流服务的高水平，赢得了客户的信赖和好评。

国际电子商务与物流之间的关系密不可分。物流作为国际电子商务的基础设施，支持了电子商务的订单履行、供应链优化和客户服务支持。同时，国际电子商务推动了物流技术的创新，如智能物流、大数据分析和区块链技术等，为物流行业带来了新的发展机遇。然而，国际电子商务也对物流提出了新的挑战，如跨境物流的复杂性、物流成本的管理和服务质量的保证。通过深入分析国际电子商务与物流的关系，可以为企业和政策制定者提供宝贵的参考，推动全球电子商务的健康发展。

二、国际电子商务对物流各作业环节的影响

国际电子商务的快速发展对物流作业的各个环节产生了深远的影响，电子商务不仅改变了消费者的购物方式，也改变了物流行业的运作模式，了解国际电子商务对物流各作业环节的具体影响，有助于优化物流管理、提高运营效率，并满足不断增长的市场需求。以下详细探讨国际电子商务对物流采购、包装、运输、库存、配送和物流信息等各作业环节的影响。

（一）国际电子商务对物流采购的影响

一是采购需求的变化，国际电子商务推动了全球供应链的整合和优化，企业需要根据在线市场的需求实时调整采购计划，以确保供应链的灵活性和响应速度。例如电商平台通过数据分析预测需求波动，从而及时调整采购策略，避免了库存积压和断货现象。

二是供应商选择的多样化，电子商务平台使得采购活动可以直接与全球供应商对接，降低了中间环节的成本，企业可以通过线上平台寻找合适的供应商，并进行比较和选择，例如一家跨境电商企业通过平台与来自不同国家的供应商合作，获得了更具竞争力的采购价格和更高质量的产品。

三是采购流程的数字化，国际电子商务促使采购流程从传统的手工操作转向数字化管理，企业通过电子采购系统进行订单处理、合同管理和供应商沟通，提升了采购效率和透明度，例如企业利用电子采购系统自动生成采购订单和支付请

求，减少了人工处理的错误和延迟。

四是采购决策的实时性。电子商务平台的实时数据分析能力，使得采购决策可以基于实时市场需求和销售数据进行调整，企业能够迅速应对市场变化，优化采购计划，例如通过分析电商平台的销售数据，企业可以实时调整采购计划，满足市场的变化需求。

五是供应链合作的加强，国际电子商务促进了供应链各环节之间的紧密合作，企业与供应商、分销商和物流服务提供商之间的信息共享和协调，增强了供应链的整体效率，例如企业与供应商通过共享库存和销售数据，实现了更高效的采购和补货流程。

六是国际采购风险管理。电子商务的全球化特点，使得国际采购面临更多风险，如汇率波动、贸易政策变化等。企业需要建立有效的风险管理机制，以应对这些不确定因素。例如企业通过使用金融工具和合同条款来管理汇率风险和政策风险，确保国际采购的稳定性。

（二）国际电子商务对包装的影响

一是包装设计的个性化，国际电子商务推动了包装设计的个性化和多样化，以满足不同市场和消费者的需求，企业需要根据消费者的偏好和市场的要求设计和生产不同类型的包装，例如一些电商平台推出了定制化的包装选项，提升了消费者的购买体验和品牌忠诚度。

二是包装材料的选择，电子商务的发展促使企业更加关注包装材料的环保性和经济性，企业在选择包装材料时，不仅要考虑成本，还要考虑材料的环保性和可回收性，例如企业采用可降解和环保的包装材料，减少了对环境的影响，并提高了品牌的社会责任形象。

三是包装过程的自动化，为了应对电子商务订单量的激增，企业在包装环节引入了自动化技术，提高了包装效率和准确性，例如企业通过自动化包装设备和机器人系统，提高了订单处理速度，降低了包装过程中的人工成本和错误率。

四是包装标准化和规范化，国际电子商务的全球化特点要求企业遵循一定的包装标准和规范，以确保产品在运输过程中的安全性和合规性，例如企业根据国际物流标准对产品进行包装，以确保符合不同国家的进口要求和安全标准。

五是包装成本的控制，电子商务的快速发展对包装成本提出了更高的控制要

第九章 国际电子商务背景下的现代物流与金融服务

求,企业需要通过优化包装设计和材料选择,降低包装成本,提高整体利润率。例如企业通过减少包装材料的使用和提高包装效率,成功降低了包装成本,并保持了产品的市场竞争力。

六是包装对物流的影响,包装设计直接影响到物流过程中的存储和运输效率。良好的包装设计可以提高货物的堆放密度,减少运输过程中的损坏,例如企业通过优化包装设计,减少了货物在运输过程中的损坏率,提高了物流效率。

(三) 国际电子商务对运输的影响

一是运输模式的多样化,国际电子商务促进了运输模式的多样化,以满足不同客户的需求,企业需要根据货物的性质、运输距离和时效要求选择合适的运输方式,例如企业在跨境电商中采用空运、海运和铁路等多种运输方式,以满足不同订单的需求。

二是运输时效的提高,为了满足消费者对快速配送的需求,企业需要提升运输时效,并提供更为灵活的配送选项,例如一些电商平台提供了次日达或当日达的配送服务,以满足消费者对快速物流的需求。

三是运输网络的全球化,国际电子商务推动了运输网络的全球化,企业需要建立覆盖全球的运输网络,以支持跨境电商业务,例如企业与全球物流公司合作,建立了覆盖主要市场的运输网络,提高了全球配送的能力。

四是运输成本的管理,电子商务的增长导致运输成本的上升,企业需要通过优化运输路线、选择合适的运输方式和合作伙伴来降低运输成本。例如企业通过使用智能物流系统和数据分析,优化了运输路线和配送策略,成功降低了运输成本。

五是运输信息的实时跟踪,国际电子商务要求物流公司提供实时的运输信息跟踪服务,以提高客户的满意度。例如企业通过提供实时的物流跟踪信息和订单状态更新,增强了客户对物流服务的信任和满意度。

六是环境友好型运输,随着环保意识的增强,企业在运输过程中需要考虑环保因素。绿色物流和低碳运输成为国际电子商务中的新趋势。例如企业采用电动运输工具和优化运输路线,减少了运输过程中的碳排放,符合环保要求。

(四) 国际电子商务对库存的影响

一是库存管理的精细化。国际电子商务推动了库存管理的精细化,企业需要通过实时数据分析和需求预测来优化库存水平。例如企业利用先进的库存管理系统，根据销售数据和市场趋势调整库存，减少库存积压和缺货现象。

二是库存周转率的提高。为了应对电子商务中高频次的订单，企业需要提高库存周转率，以确保库存的流动性和效率。例如企业通过优化库存布局和物流配送，缩短了库存周转时间，提高了库存的利用效率。

三是跨境库存的管理。国际电子商务要求企业在不同国家和地区建立跨境库存，以满足全球市场的需求。例如企业在主要市场设立了分仓中心，减少了跨境运输时间和成本，提高了客户的满意度。

四是库存技术的应用。电子商务推动了库存管理技术的发展，如自动化仓储、RFID技术和数据分析等，企业通过应用这些技术，提高了库存管理的效率和准确性。例如企业通过RFID技术实时跟踪库存状态，减少了库存错误和损失。

五是库存成本的控制。企业需要控制库存成本，以提高整体利润率，有效的库存管理可以降低库存持有成本和过期风险，例如企业通过优化库存水平和供应链管理，成功降低了库存成本，提高了盈利能力。

六是库存对供应链的影响。库存管理直接影响到供应链的整体效率和稳定性。企业需要通过协调供应链各环节，确保库存的合理配置和供应链的顺畅运行。例如企业通过与供应商和物流公司合作，优化了供应链流程，减少了库存短缺和供应链中断的风险。

（五）国际电子商务对配送的影响

一是配送模式的创新。国际电子商务推动了配送模式的创新，如同城配送、快递自提和无人配送等，企业需要根据不同的配送需求选择合适的配送模式。例如电商平台提供了多种配送选项，包括次日达、预约配送和自提点取货，满足了不同消费者的需求。

二是配送时效的提升。为了满足消费者对快速配送的要求，企业需要提升配送时效，实时更新的配送信息和灵活的配送选项成为竞争的关键因素。例如企业通过引入高效的配送网络和智能调度系统，提高了配送时效，增强了市场竞争力。

三是配送成本的管理。国际电子商务要求企业有效管理配送成本，以提高盈利能力，企业需要优化配送流程、降低配送成本，并提高配送效率。例如企业通过整合物流资源和优化配送路线，成功降低了配送成本，

第九章　国际电子商务背景下的现代物流与金融服务

四是配送服务质量的提升。配送服务质量直接影响到客户的满意度和品牌形象。企业需要提供高质量的配送服务，如准时配送、安全配送和良好的客户服务。例如企业通过建立完善的配送服务体系，提高了配送质量和客户满意度。

五是跨境配送的挑战。国际电子商务中的跨境配送面临诸多挑战，如关税、清关和运输时间等，企业需要解决这些挑战，确保跨境配送的顺利进行。例如企业通过与国际物流公司合作，解决了跨境配送中的关税和清关问题，确保了订单的及时交付。

六是环境可持续配送。随着环保意识的提高，绿色配送和低碳物流成为国际电子商务的新趋势。企业需要考虑环境影响，推动绿色配送模式的发展。例如企业通过使用环保包装和电动配送车辆，减少了配送过程中的碳排放，符合环保要求。

（六）国际电子商务对物流信息的影响

一是信息化管理的提升。国际电子商务推动了物流信息化管理的发展，企业通过信息系统实时监控物流状态，优化物流流程，提高管理效率，例如企业通过实施物流管理系统，实现了对运输、库存和配送的实时监控，提高了运营效率。

二是数据分析的应用。电子商务提供了大量的物流数据，企业可以通过数据分析技术优化物流决策，数据分析可以帮助企业预测需求、优化运输路线和提升服务质量。例如企业通过分析物流数据，优化配送策略和库存管理，提高物流效率。

三是信息共享和协作。国际电子商务要求供应链各环节之间的信息共享和协作。企业与供应商、物流服务提供商和客户之间需要建立有效的信息沟通渠道。例如企业通过共享物流信息和订单数据，实现了供应链的协调和优化，提高了整体运营效率。

四是实时追踪和透明度。电子商务对物流信息的实时追踪和透明度提出了更高的要求，企业需要提供实时的物流追踪信息，以满足客户对物流状态的关注，例如企业通过提供实时的订单追踪功能，提高了客户对物流服务的信任和满意度。

五是信息安全的保障。随着物流信息化的普及，信息安全成为一个重要问题，企业需要采取措施保护物流数据的安全，防止数据泄露和篡改，例如企业通过加密技术和访问控制措施，确保物流信息的安全和隐私保护。

六是技术创新的推动。电子商务推动了物流信息技术的创新，如物联网、人工智能和区块链等。这些技术的应用提高了物流信息的处理能力和决策支持。例如企业通过应用区块链技术，实现了物流信息的透明和不可篡改，提高了供应链的信任度。

国际电子商务对物流各作业环节的影响是深远的。电子商务的增长推动了物流采购的灵活化和数字化，促使包装设计的个性化和自动化，推动了运输模式和网络的多样化，提升了库存管理的精细化和技术化，创新了配送模式和服务，并加速了物流信息的数字化和安全管理。了解这些影响有助于企业优化物流管理、提高运营效率，并满足市场的不断变化需求。

三、国际电子商务条件下物流系统的建立

国际电子商务的快速发展对物流系统的建设提出了新的挑战和要求。物流系统不仅需要高效支持电子商务的快速增长，还需要应对全球市场的复杂性和变化性。构建一个适应国际电子商务环境的物流系统，是提升企业竞争力、优化运营效率和满足客户需求的关键。以下探讨物流系统的概念、国际电子商务的要求、建立物流系统需要考虑的因素，以及如何在电子商务背景下建立有效的物流系统。

（一）物流系统的概念

一是物流系统的定义。物流系统是指由一系列相互关联的环节和活动组成的整体，旨在通过有效的资源管理和操作流程，满足供应链中的物流需求，它包括从原材料的采购、生产、存储、配送到最终消费者的全过程，一个高效的物流系统能够提高供应链的整体效率，降低运营成本，并优化客户服务。

二是物流系统的主要组成部分。物流系统通常包括运输、仓储、库存管理、订单处理和信息系统等多个环节，这些环节通过协同运作，确保产品从供应商到消费者的顺畅流动。例如运输环节负责将货物从仓库运送到客户，仓储环节则负责产品的存储和管理。

三是物流系统的功能。物流系统的核心功能包括物资流动的优化、成本控制、服务水平的提高和信息的及时传递，它不仅要处理实际的物流操作，还需要进行战略规划和优化，以适应市场需求的变化，例如通过优化运输路线和仓储布局，降低运输和存储成本，提高整体物流效率。

四是物流系统的重要性。在国际电子商务中，物流系统的高效运作对企业的成功至关重要，一个优秀的物流系统能够提高订单处理速度，减少交货时间，

第九章　国际电子商务背景下的现代物流与金融服务

并增强客户满意度,例如亚马逊通过其先进的物流系统,能够实现快速的配送服务,提升了客户的购物体验。

(二) 国际电子商务条件下物流系统的要求

一是高效的订单处理能力。在国际电子商务环境下,物流系统需要具备快速处理大量订单的能力,订单处理涉及从订单接收、确认、拣选、包装到配送的整个过程,需要高效的流程和系统支持。例如通过自动化订单处理系统,提高订单处理的速度和准确性。

二是全球配送能力。国际电子商务要求物流系统能够支持全球范围的配送,处理跨境运输和清关等复杂操作,物流系统需要建立覆盖主要市场的配送网络,并能够应对不同国家和地区的法律法规,例如企业与全球物流服务提供商合作,建立了国际配送网络,确保快速而高效的跨境配送。

三是实时的信息跟踪和透明度。电子商务的客户对物流信息的实时跟踪和透明度有较高的要求,物流系统需要提供实时的运输跟踪信息,并能够向客户及时更新订单状态,例如通过物流跟踪系统和信息平台,客户可以随时查看订单的配送进度和位置。

四是灵活的库存管理。国际电子商务要求物流系统具备灵活的库存管理能力,以应对需求波动和市场变化,系统需要能够实时更新库存数据,并根据销售预测进行库存调整,例如企业通过使用智能库存管理系统,实现了库存的动态调整和优化。

(三) 物流系统建立需要考虑的因素

一是技术支持。物流系统的建立需要先进的技术支持,包括自动化设备、信息系统和数据分析工具,技术的应用可以提高物流操作的效率和准确性,例如企业通过引入自动化仓储系统和人工智能技术,提高了库存管理和订单处理的效率。

二是成本控制。建立物流系统时需要考虑成本控制,确保在满足需求的同时降低运营成本,成本控制包括对运输、仓储、库存管理等环节的优化,例如企业通过优化运输路线和仓储布局,减少了物流成本,提高了盈利能力。

三是供应链协作。物流系统的建立需要与供应链的其他环节进行有效的协作,包括供应商、分销商和物流服务提供商,良好的协作可以提高供应链的整体效率和灵活性。例如企业通过与供应链伙伴共享信息和协调操作,提高了整体供应链的响应速度和协调性。

四是法规和合规性。国际电子商务涉及不同国家和地区的法规和合规要求,物流系统需要遵循相关的法律法规,例如企业需要了解和遵守各国的进口和出口规定,确保物流操作的合法性和合规性。

(四)电子商务条件下物流系统的建立

一是需求分析和系统规划。在建立物流系统之前,需要进行需求分析和系统规划,以明确物流系统的目标和要求,需求分析包括对市场需求、订单量、配送范围等的评估,系统规划则包括物流流程设计和技术选型。例如通过需求分析,企业确定了需要建立一个覆盖全球的配送网络,并选择了适合的技术和设备。

二是系统设计和集成。根据需求分析的结果,进行物流系统的设计和集成,包括各个环节的流程设计、系统接口和数据流动。例如企业设计了一个集成的物流管理系统,将运输、仓储和库存管理模块整合在一起,提高了系统的协同效率。

三是系统实施和测试。在完成系统设计后,需要进行系统的实施和测试,以确保系统的功能和性能符合要求,实施包括系统的安装、配置和调试,测试包括对系统功能、性能和稳定性的验证,例如企业在系统实施后进行了全面的测试,确保系统的各项功能正常运行,满足业务需求。

四是培训和优化。系统上线后,需要对相关人员进行培训,以确保他们能够熟练操作和使用系统,同时企业需要不断优化和改进系统,根据实际运行情况进行调整和升级。例如企业提供了系统操作培训,并根据反馈进行系统优化,提升了系统的使用效果和效率。

在国际电子商务环境下,物流系统的建立需要综合考虑物流系统的概念、电子商务的要求、建立物流系统的因素以及具体的实施步骤。通过对需求进行分析、设计和集成、实施和测试,以及培训和优化,可以建立一个高效的物流系统,支持企业在全球市场中的运营和发展。一个优化的物流系统不仅能提高企业的运营效率,还能增强客户的满意度,提升企业在国际市场中的竞争力。

第二节　供应链管理与物流管理信息系统

一、国际电子商务条件下的供应链管理

（一）供应链管理

供应链管理是伴随着供应链概念的出现而在管理领域形成的一个崭新的管理思想和方法，涉及各种企业及企业管理的方方面面，是一种跨行业的管理。它对供应链中的信息流、物流和资金流进行设计、规划和控制，将供应链上各节点的企业联结成一个利益共同体，企业间加强合作关系，有效分配资源，最大限度提高效率，为追求共同经济利益的最大化而共同努力。

（二）国际电子商务对供应链的影响

1.国际电子商务拉近了企业与客户的联系，缩短了供应链的距离

在传统的供应链渠道中，产品从生产企业流到消费者手里要经过多个环节，流程很长，因此造成了成本上升、利润下降等问题。采用电子商务的方式后，供应链的每个环节都发生了变化，其中发生最大变化的是分销商这一环节。分销商是传统国际贸易中必不可少的角色，但在新的贸易流程里，已经不需要这一角色。通过网上的交易平台，生产企业可以绕过传统的分销商与零售商甚至直接与消费者联系。

流程的精简是对整个供应链的优化，供应链上的每个环节都因此而受益。

由于省去了中间环节，生产企业可以直接了解下游的销售状况，调整企业的生产进度，同时也可以更清楚向上游的供应商采购所需的原料，减少了产品的积压。作为上游的原料供应商也能从供应链的优化中加强对下游各厂商需求的了解，增强快速反应能力。

零售商通过网上的交易平台直接向生产商发出购物订单，不需要分销商的介入，贸易流程的减少使零售商的成本也大大降低了，产品的销售价格会大幅度下降，刺激了产品的购买。传统分销商可以通过建立商业网站，利用自己与生产

企业和消费者直接相联的优势，继续充当传统经销商的角色，但转型后的分销商在互联网上只是一个虚拟的信息与组织中介，不需要设置多层实体分销网络（包括人员与店铺设施），也不需要存货，因此仍然降低了流通成本，缩短了流通时间，使物流路再缩短。

2.国际电子商务改变了供应链中货物流动方向

传统供应链中各节点的企业处于独立分离状态，使企业之间的需求预测、库存状态、生产计划等重要信息无法迅速、准确传递，导致供需脱节。供应链大都采用推动式运作模式，即以制造商为核心，产品生产出来以后，从分销商、零售商开始逐级推向最终消费者，属于典型的"买方市场"。这使得分销商、零售商处于被动接受地位，只能以增大库存的方法应对市场需求的变化，使整个供应链上的库存量增大，货物运转周期长，对需求变动的反应能力慢，最终影响了供应链的整体运作效率。在国际电子商务环境下，供应链实现了一体化，各节点的企业通过互联网协调彼此的合作关系。分销商、零售商能及时且准确掌握顾客信息以及产品的销售信息，通过供应链的信息系统迅速传递给上游的制造企业，制造商就可以及时为下一轮的生产进行调整，同时调整自身的采购计划，从而使原材料供应商也获得市场需求变化的信息并及时改变他们的供应计划。市场信息通过网络的快速传递使供应链上各节点的企业能够对市场需求的变化做出同步反应、使产品的流动方向转变成"拉动式"，实现供应链中的"零库存"或"柔性库存"。

3.国际电子商务改变了供应链的企业管理模式

传统的供应链管理一般是建立在私有专用网络上。一些生产企业除了建立具有竞争优势的核心企业外，还通过投资自建、投资控股或兼并的方式将上游原材料的供应，下游产品的销售等业务纳入自己管理范围内，这需要投入大量的资金，只有一些大型企业才有能力进行自己的供应链建设，并且这种供应链缺乏柔性。电子商务的应用促进了供应链的发展，也弥补了传统供应链的不足。

4.第三方物流将在国际电子商务环境下成为供应链中的主要物流模式

在国际电子商务环境下，第三方物流（3PL）正迅速成为供应链中的主要物流模式。3PL提供商专注于物流和供应链管理，帮助企业优化仓储、运输、配送及相关服务。这种模式使得企业能够将非核心业务外包给专业公司，从而降低成本、提高效率和灵活性。第三方物流还具备全球网络和专业知识，能够高效处理跨境运输和清关等复杂操作，满足国际市场对快速、高效物流的需求。通过利用

3PL的资源和技术，企业可以专注于核心业务，增强市场竞争力，实现全球扩展和客户满意度的提升。

二、国际物流管理信息系统

国际物流管理信息系统在国际电子商务中扮演着关键角色。随着电子商务的全球化发展，物流管理系统不仅需要高效支持日常操作，还需要处理复杂的跨境物流需求。现代国际物流管理信息系统通过各种技术手段，提高物流过程的透明度、效率和准确性，从而为企业提供竞争优势。以下详细探讨国际物流管理信息系统的概念及其关键技术，包括自动识别技术（AIDC）、电子数据交换（EDI）、全球定位系统（GPS）、地理信息系统（GIS）和智能交通系统（ITS）。

（一）国际物流管理信息系统的概念

一是国际物流管理信息系统的定义。国际物流管理信息系统是指通过信息技术手段，对物流过程中的各个环节进行全面管理和优化的系统，它包括物流信息的采集、处理、传递和应用，旨在提升物流管理的效率和准确性，例如企业通过建立国际物流管理信息系统，实现了对全球物流过程的实时监控和优化。

二是系统的核心功能。该系统通常包括运输管理、仓储管理、库存控制、订单处理和信息沟通等功能。通过集成这些功能，系统能够协调各环节操作，提高整体物流效率。例如系统通过实时更新库存信息，帮助企业快速响应市场需求变化。

三是系统的实施效果。有效的国际物流管理信息系统能够提升订单处理速度、减少物流成本、提高客户满意度，例如企业通过优化物流流程和信息流动，减少了运输时间和运营成本，提高了客户的购物体验。

四是系统的挑战与前景。尽管国际物流管理信息系统具有显著的优势，但在实施过程中也面临技术兼容性、数据安全和系统集成等挑战，未来随着技术的发展，系统将更加智能化和自动化，进一步提升物流管理的效率和可靠性。

（二）自动识别技术（AIDC）

一是自动识别技术的定义。自动识别技术（AIDC）是指利用技术手段自动采集和识别信息的技术，常见的自动识别技术包括条形码、二维码、射频识别（RFID）等。这些技术可以快速准确地捕获物流信息，减少人工干预，例如RFID技术通过无线电信号自动识别和追踪货物，提高了信息采集的效率。二是自动识别技术在物流中的应用。AIDC技术在物流管理中主要用于货物追踪、库存管理和订单处理，通过自动识别，系统能够实时更新物流状态和库存数据，提高物流操作的准确性和效率，例如通过条形码扫描，系统能够快速记录货物的入库和出库信息。三是技术的优势。自动识别技术具有数据采集速度快、准确性高、操作简单等优点，它能够显著提高物流操作的效率，减少人工错误，例如RFID技术能够在不接触的情况下快速读取货物信息，减少人工操作的复杂性。四是技术的挑战与发展。尽管AIDC技术具有许多优势，但在实际应用中仍面临成本、技术标准和隐私保护等问题。未来随着技术的进步和成本的降低，AIDC技术将在物流管理中得到更广泛的应用。

（三）电子数据交换（EDI）

一是电子数据交换的定义。电子数据交换（EDI）是指通过电子方式交换商业信息的技术，EDI能够实现企业间的数据自动传输和处理，减少了传统纸质文件的使用，提高了数据交换的效率和准确性，例如企业通过EDI系统可以自动接收和处理订单、发票等文件，简化了交易流程。二是EDI在物流中的应用。在国际电子商务中，EDI主要用于订单处理、货物跟踪和账单管理，通过EDI，企业能够实时交换和更新订单信息、运输状态和支付记录，提高了物流管理的透明度和效率。例如企业通过EDI系统与供应商和客户共享物流信息，实现了订单和库存的实时同步。三是EDI的优势。EDI技术具有处理速度快、信息准确、成本低等优点，它能够大幅度提高企业间的信息传递效率，减少人工干预和错误，例如通过EDI系统，企业可以在几分钟内完成订单处理和信息交换，提升了业务响应速度。四是EDI的挑战与前景。尽管EDI技术提供了许多便利，但在实施过程中面临标准化、兼容性和安全性等问题，未来随着技术的进步和行业标准的制定，EDI将更加普及，并与其他信息技术系统集成，进一步提升物流管理的智能化水平。

（四）全球定位系统（GPS）

一是全球定位系统的定义。全球定位系统（GPS）是一种基于卫星的导航系统，能够提供全球范围内的定位、导航和时间服务，GPS技术通过接收卫星信号来确定物体的位置和移动状态，是现代物流管理中不可或缺的工具，例如企业通过GPS系统实时追踪运输车辆的位置，优化运输路线。二是GPS在物流中的应用。在物流管理中，GPS主要用于车辆追踪、运输路线优化和实时监控，通过GPS技术，企业能够获取运输车辆的实时位置，确保运输过程的可控性和安全性。例如GPS系统能够帮助企业监控货物的运输进度，提前预警运输延误。三是GPS的优势。GPS技术具有定位精度高、覆盖范围广、实时性强等优点，它能够大幅提高物流管理的透明度和效率，例如通过GPS技术，企业能够实时跟踪运输车辆的动态，优化运输路线，降低运输成本。四是GPS的挑战与发展。尽管GPS技术提供了许多优势，但在实际应用中仍面临信号干扰、隐私保护和设备成本等问题，未来随着技术的进步和应用场景的扩展，GPS将进一步提升物流管理的智能化水平。

（五）地理信息系统（GIS）

一是地理信息系统的定义。地理信息系统（GIS）是用于收集、管理、分析和展示地理数据的系统，GIS能够处理空间数据和属性数据，提供地理空间分析和可视化功能，是物流管理中的重要工具，例如企业通过GIS系统分析配送路线，优化配送网络。二是GIS在物流中的应用。在物流管理中，GIS主要用于路径规划、网络优化和数据可视化，通过GIS技术，企业能够进行地理空间分析，优化配送路径和资源配置，例如GIS系统能够帮助企业分析不同区域的配送需求，优化仓储和配送策略。三是GIS的优势。GIS技术具有空间分析能力强、数据集成性高和可视化效果好等优点，它能够提供丰富的地理信息，帮助企业做出科学的物流决策，例如通过GIS技术，企业能够直观地展示配送网络，优化资源配置，提高运营效率。四是GIS的挑战与发展。尽管GIS技术提供了许多优势，但在实际应用中面临数据质量、系统集成和成本等问题，未来随着技术的发展和数据资源的丰富，GIS将在物流管理中发挥更加重要的作用。

（六）智能交通系统（ITS）

一是智能交通系统的定义。智能交通系统（ITS）是指利用先进的信息技术、通信技术和控制技术，提升交通系统效率和安全性的系统，ITS通过整合各种交通信息和管理手段，优化交通流量和运输管理，例如企业通过ITS系统实现交通流量的实时监控和调控,提高了物流运输的效率。二是ITS在物流中的应用。在物流管理中,ITS主要用于交通流量监控、智能交通信号控制和运输管理,通过ITS技术,企业能够实时获取交通信息,优化运输路线,减少交通拥堵,例如ITS系统能够根据实时交通状况调整运输路线,减少运输延误。三是ITS的优势。ITS技术具有实时性强、效率高、智能化水平高等优点,它能够提供实时的交通信息和智能交通管理,提升物流运输的效率和安全性,例如通过ITS技术,企业能够实时监控交通状况,调整运输计划,提高运营效率。四是ITS的挑战与发展。尽管ITS技术提供了许多优势,但在实际应用中面临技术复杂性、数据隐私和成本等问题。未来随着技术的发展和应用场景的扩展,ITS将在物流管理中发挥更加重要的作用,提升运输管理的智能化水平。

在国际电子商务环境下,物流系统的建立和优化依赖于多种先进的技术手段。自动识别技术(AIDC)、电子数据交换(EDI)、全球定位系统(GPS)、地理信息系统(GIS)和智能交通系统(ITS)是构建高效国际物流管理信息系统的核心技术。

第三节 电子货币与电子支付

一、电子货币概述

电子货币是现代金融体系中的重要组成部分,它在全球电子商务中扮演着关键角色。随着互联网技术的发展和金融创新的推进,电子货币的应用范围不断扩大,改变了传统的货币交易方式。电子货币不仅提高了交易的便捷性和效率,还促进了全球经济一体化。以下对电子货币的概念、特点以及在国际电子商务中的作用进行详细介绍。

(一)电子货币的定义

一是电子货币的基本概念。电子货币指的是以电子形式存在的货币,通常通过数字化技术进行存储和交易。它可以是数字现金、电子钱包或其他形式的虚拟货币。电子货币的出现大大简化了交易过程,降低了传统货币交易中的成本和

第九章　国际电子商务背景下的现代物流与金融服务

时间消耗。例如使用电子钱包进行支付，可以快速完成交易，而无需使用实物货币。二是电子货币的主要形式。常见的电子货币形式包括电子钱包（如 PayPal、支付宝）、预付卡（如充值卡）、虚拟货币（如比特币）等。这些形式各具特点，满足不同用户的需求。例如电子钱包提供了便捷的在线支付功能，而虚拟货币则为跨境交易提供了新的支付方式。

（二）电子货币的特点

一是电子货币的便利性。电子货币具有高度的便捷性，用户可以随时随地进行交易，不受时间和地点的限制，它支持即时支付和结算，使得跨境交易变得更加高效。例如用户可以通过手机上的电子钱包进行全球范围的支付，避免了传统银行转账的繁琐过程。二是电子货币的安全性和隐私保护。电子货币系统通常采用先进的加密技术和安全措施，保护用户的交易数据和个人信息，尽管如此，电子货币也面临一定的安全挑战，如网络攻击和信息泄露。因此持续改进安全技术和加强用户教育是确保电子货币安全的重要方面。

电子货币作为现代金融技术的重要成果，在国际电子商务中发挥着越来越重要的作用，它通过提供便捷的交易方式和高效的支付手段，改变了传统货币交易的模式，推动了全球经济的数字化进程。随着技术的不断进步，电子货币的应用前景将更加广阔，为全球贸易和经济发展带来更多机遇。

二、电子货币的职能与分类

电子货币作为现代金融体系中的一种新型货币形式，其职能和分类在不断发展和完善。它不仅改变了传统货币的使用方式，还在金融交易中发挥了重要作用。了解电子货币的职能和分类，有助于更好地把握其在电子商务中的应用及未来发展趋势。以下对电子货币的主要职能及其分类进行详细介绍，揭示其在现代经济中的作用及意义。

（一）电子货币的职能

一是电子货币的支付功能，电子货币最基本的职能是作为支付工具，支持各种在线和离线交易，通过电子货币，用户可以进行即时支付，完成从个人到商家的各种交易活动，其主要优点包括交易速度快、操作便捷，以及支持跨境交易。

例如用户可以使用电子钱包在全球范围内购物,省去了传统支付方式的繁琐步骤。二是电子货币的储值功能,电子货币也可以作为储值工具,用户可以将一定金额的货币存储在电子账户中,随时用于未来的交易,储值功能使得用户能够方便地管理个人资金,并进行预算控制。电子钱包和预付卡就是典型的储值工具,它们允许用户将资金预先存入账户中,以便进行日常消费。

(二)电子货币的分类

一是根据发行主体分类。电子货币可以分为两大类:央行发行的电子货币和非央行发行的电子货币。央行发行的电子货币通常指数字货币,例如央行数字货币(CBDC),由国家或地区的中央银行发行,具有法定货币的地位。非央行发行的电子货币包括各种虚拟货币和电子钱包,例如比特币和支付宝,这些货币不由中央银行发行,但在市场上具有广泛的使用和认可度。二是根据使用形式分类。电子货币还可以根据其使用方式进行分类,包括存储型电子货币和转账型电子货币。存储型电子货币主要用于资金的存储和消费,如电子钱包和预付卡,它们允许用户在特定平台上进行交易。转账型电子货币则用于资金的转账和支付,如比特币和以太坊等加密货币,它们在全球范围内进行去中心化交易。

电子货币作为金融创新的产物,在现代经济中扮演着越来越重要的角色。它不仅具有传统货币的基本职能,如支付和储值,还通过其多样的分类满足了不同用户的需求。了解电子货币的职能与分类,有助于把握其在国际电子商务中的应用场景,并为未来的金融科技发展提供参考。随着技术的不断进步,电子货币的职能和分类将更加丰富,为全球经济的数字化转型做出更大贡献。

三、电子货币与电子商务

电子货币和电子商务是现代经济中的两个重要组成部分。电子货币的出现不仅改变了传统的货币使用方式,还促进了电子商务的快速发展。电子货币与电子商务之间的关系密切且相互依赖,它们共同推动了全球经济的数字化进程。理解电子货币与电子商务的关系及其优势,对于把握未来金融科技的发展趋势具有重要意义。以下探讨电子货币与电子商务之间的关系以及电子货币支付的优越性。

(一)电子货币与电子商务之间的关系

一是电子货币推动了电子商务的发展,电子货币作为一种新型的支付工具,为

第九章　国际电子商务背景下的现代物流与金融服务

电子商务提供了便利的支付手段。它的普及使得消费者和商家能够在没有实物货币的情况下完成交易，显著提高了交易的效率。电子货币的即时支付功能使得电子商务交易过程更加流畅，缩短了交易时间，提高了用户体验。例如通过电子钱包进行在线支付，不仅便捷，还减少了传统支付中的中介环节，加快了交易的速度。二是电子商务促进了电子货币的普及和应用，电子商务的快速发展带动了对电子货币的需求增长。商家为了满足消费者的支付需求，纷纷引入各种电子货币支付方式。同时电子商务平台也推动了电子货币技术的创新和完善，例如大型电商平台和支付服务提供商不断推出新的支付产品和技术，进一步推动了电子货币的应用普及，这种互动关系不仅促进了金融技术的发展，也推动了全球电子商务的繁荣。

（二）电子货币支付的优越性

一是电子货币支付具有较高的便捷性和效率。相较于传统的现金支付和银行转账，电子货币支付可以在几秒钟内完成交易，用户只需通过手机或电脑操作，即可完成支付，无需面对面交换货币或排队等待银行处理，这种便捷性极大地提升了消费者的购物体验，并推动了全球范围内的在线交易活动，例如通过电子钱包进行支付，用户可以随时随地完成购物，无需携带现金或信用卡，交易过程更加高效和便捷。二是电子货币支付在安全性方面具有明显优势。电子货币系统通常采用先进的加密技术和安全措施来保护用户的交易信息和资金安全，这种技术手段有效防止了欺诈和盗窃行为，保障了用户的财产安全。此外，电子货币支付还支持多重身份验证和交易监控，进一步增强了系统的安全性。例如使用电子钱包支付时，用户通常需要输入密码或进行指纹识别，以确保只有授权用户才能完成交易。

电子货币与电子商务之间的关系密不可分，它们共同推动了现代经济的数字化转型。电子货币的出现不仅提升了电子商务的支付效率，也推动了电子商务的普及和发展。电子货币支付凭借其便捷性和安全性，在全球范围内得到广泛应用。随着技术的不断进步，电子货币和电子商务的互动将进一步深化，为未来的经济发展提供更多机遇。了解这两者之间的关系及电子货币支付的优越性，对于把握未来金融科技的发展方向具有重要意义。

四、电子支付

电子货币支付转账系统是现代金融系统中的关键组成部分，它支持电子货币的转账和结算功能。随着全球电子商务的兴起，电子货币支付转账系统在处理跨境交易和实时支付方面发挥了重要作用。了解这些系统的工作原理和应用场景，有助于更好地利用电子货币进行交易和转账。以下介绍主要的电子货币支付转账系统及其功能。

（一）电子支付网关

电子支付网关是连接商家和银行之间的中介平台，它处理支付请求并确保交易的安全性。电子支付网关支持多种支付方式，包括信用卡、借记卡和电子钱包等。它通过加密技术保护用户的支付信息，并将交易数据传输给银行进行处理。例如 Stripe 和 PayPal 提供了强大的支付网关服务，为商家提供了便捷的支付解决方案，并确保交易的安全和顺畅。

（二）支付处理平台

支付处理平台是管理和处理电子货币支付的核心系统。它负责验证支付请求、处理交易、结算资金以及生成交易报告。支付处理平台通常与银行和金融机构紧密合作，以确保支付的准确性和实时性。平台还提供了各种附加功能，如交易分析、风险管理和客户支持。例如 Square 和 Adyen 是领先的支付处理平台，它们为商家提供了一站式支付解决方案，并支持全球范围内的交易处理。

电子支付作为现代金融交易的重要方式，涵盖了多种支付工具和系统。电子钱包和预付卡等支付方式，为用户提供了便利的支付选项，而电子支付网关和支付处理平台则确保了交易的安全性和效率。随着技术的不断进步，电子支付系统将继续发展和完善，为用户和商家提供更好的支付体验。了解这些支付方式和系统，有助于更好地适应电子支付的未来发展趋势。

第四节　网上银行与保险业务

一、网上银行业务

随着信息技术和互联网的迅猛发展，网上银行业务应运而生，逐渐成为现代金融体系的重要组成部分。网上银行不仅改变了传统银行业务的运营模式，还提供了

第九章　国际电子商务背景下的现代物流与金融服务

更加便捷和高效的服务方式。了解网上银行的概念和其运行特点，有助于更好地理解其在金融领域中的重要作用。以下探讨网上银行的基本概念及其运行特点。

（一）网上银行的概念

一是网上银行是一种通过互联网提供金融服务的银行业务模式，它利用信息技术和互联网平台，为客户提供在线账户管理、资金转账、贷款申请、投资理财等多种金融服务。网上银行不仅大大提高了银行业务的便捷性和效率，还为客户提供了24小时不间断的服务，客户只需通过电脑或移动设备登录网上银行平台，即可轻松完成各种金融操作。例如工商银行的网上银行平台为客户提供了丰富的金融服务，用户可以在线查询账户余额、进行资金转账和购买理财产品。二是网上银行不仅包括传统银行业务的在线化，还包括新型的金融服务模式，除了基本的存取款和转账功能外，网上银行还提供了在线贷款、信用卡申请、保险购买和证券交易等多种增值服务，这些服务使得客户能够更加便捷地管理个人财务，提高了银行服务的综合性和多样性。例如招商银行的网上银行平台不仅提供基本的银行业务，还支持在线申请信用卡和购买保险产品，为客户提供了一站式金融服务。

（二）网上银行业务的运行特点

一是网上银行业务具有高度的便捷性和灵活性，客户可以通过互联网随时随地进行金融操作，无需亲临银行网点，这种便捷性不仅节省了客户的时间和精力，还提高了银行业务的效率。网上银行还支持多种终端设备，如电脑、手机和平板电脑，使得客户可以根据自己的需求选择合适的设备进行操作，例如通过手机银行APP，客户可以在家中、办公室甚至出差途中随时处理金融事务，享受无缝的金融服务体验。二是网上银行业务的安全性和隐私保护是其运行的核心特点之一，为了保障客户的资金安全和个人信息安全，网上银行通常采用多种先进的安全技术，如数据加密、身份验证和交易监控等。这些技术手段有效防范了黑客攻击和信息泄露，确保了客户的资金和信息安全。此外，网上银行还提供多重身份验证和动态口令等安全措施，进一步提高了交易的安全性。例如许多银行的网上银行平台在客户登录和进行重要交易时，都会发送短信验证码或要求进行指纹识别，以确保只有授权用户才能进行操作。

网上银行作为现代金融服务的重要形式，通过互联网为客户提供便捷、高效和安全的金融服务。网上银行不仅涵盖了传统银行业务的在线化，还拓展了多种新型金融服务模式。其高度的便捷性和灵活性，以及先进的安全技术，保障了客户的资金和信息安全。随着技术的不断进步和客户需求的多样化，网上银行将继续发展，为客户提供更加全面和优质的金融服务。了解网上银行的概念及其运行特点，有助于更好地适应和利用这一现代金融工具。

二、网上保险业务

随着互联网技术的迅速发展，保险业也迎来了全面的数字化转型。网上保险业务成为现代保险服务的重要组成部分，不仅为消费者提供了更加便捷的投保方式，还提升了保险公司的运营效率和服务水平。了解网上保险的基本概念及其业务模式，有助于更好地理解其在现代金融服务中的重要地位。以下探讨网上保险的概述及其业务模式。

（一）网上保险概述

一是网上保险是指利用互联网技术，通过网络平台向消费者提供保险产品和服务的业务模式。与传统保险业务不同，网上保险打破了时间和空间的限制，消费者可以通过电脑、手机等设备随时随地购买保险产品，进行保单管理和理赔申请。这种便捷的服务模式不仅节省了消费者的时间和成本，还提高了保险公司的服务效率和客户满意度。例如平安保险的网上平台提供了丰富的保险产品，用户可以在线浏览、比较和购买，体验到便捷的保险服务。二是网上保险不仅涵盖了传统保险产品的在线销售，还包括新型的互联网保险产品。这些产品通常具有保费低、保障高、购买便捷等特点，满足了消费者多样化的保险需求。例如短期意外险、旅行险和手机保险等新型产品在网上保险市场受到广泛欢迎。此外，网上保险还提供个性化定制服务，根据消费者的具体需求和风险状况，量身定制保险方案，提高了保险产品的精准性和适用性。

（二）网上保险业务模式

一是网上保险业务模式包括自营平台和第三方平台两种主要形式，自营平台是指保险公司自己搭建和运营的网上销售平台，通过直接面向消费者提供保险产

第九章　国际电子商务背景下的现代物流与金融服务

品和服务，自营平台的优势在于可以直接掌握客户资源，提供更加个性化和精准性的服务，例如中国人寿的官方网站就是一个典型的自营平台，用户可以通过该平台在线购买各种保险产品，进行保单查询和理赔申请。二是第三方平台是指保险公司通过合作的互联网平台或电商平台销售保险产品，这种业务模式的优势在于可以借助第三方平台的流量和用户资源，快速扩大市场覆盖面，提高销售量，例如支付宝和微信等第三方支付平台与多家保险公司合作，推出各种便捷的保险产品，用户可以通过这些平台一键购买保险，体验到快速和便捷的保险服务，此外，第三方平台还提供了多种增值服务，如保险产品推荐、保单管理和理赔协助等，进一步提升了用户体验和服务质量。

网上保险业务作为现代保险服务的重要形式，通过互联网为消费者提供了更加便捷、高效和个性化的保险服务，网上保险不仅涵盖了传统保险产品的在线销售，还引入了多种新型的互联网保险产品，满足了消费者多样化的保险需求。自营平台和第三方平台两种主要的业务模式，各具优势，共同推动了网上保险业务的发展和普及。随着技术的不断进步和消费者需求的变化，网上保险业务将继续创新和完善，为消费者提供更加优质的保险服务。了解网上保险的概述及其业务模式，有助于更好地适应和利用这一现代金融工具。

第十章　数字经济与数字贸易协同发展路径

第一节　数字经济与数字贸易发展概述

一、数字经济发展概述

（一）数字经济的特征

1. 便捷性

便捷性是数字经济最显著的特征。数字经济本身是一种速度经济，通过互联网突破了地域限制和时间限制，使企业与消费者实现直接沟通，不仅降低了沟通成本，还减少了信息不对称。数字经济背景下，世界通过网络平台共享信息，即便跨越半个地球也能通过网络实现即时沟通，经济活动的距离阻碍被消除，带来沟通的时间大大缩短，进而使经济活动的完成周期被大大缩短。一般而言，经济活动包括生产、交换、分配、消费环节，互联网将大量用户聚集到一个交流平台上，经济结构趋于扁平化，省略了中间环节的流转，使处于经济活动各个环节的用户都可以方便、快捷地使用数据网络参与经济活动。这就给企业与消费者的直接交流创造了机会，如制造企业可以直接向消费者征集产品意见，消费者也可直接向制造企业表达个性化需求，消费与生产直接对接，降低了信息不对称带来的决策失误概率，提高企业资源使用效率，避免盲目生产造成的无端浪费并减轻商家库存压力，提高经济效益。

2. 自我膨胀性

数字经济价值可以不断累积增值，实现自我膨胀。数字经济以数字化的知识和信息资产为主要生产要素，数字化的知识和信息资产来源是数据信息，数据信息是由参与现代信息网络的用户提供的，包括企业、供应商、消费者等，参与的

第十章　数字经济与数字贸易协同发展路径

用户越多，信息就会呈指数增长，产生的经济效益也会随之呈现指数增长。数字经济基于现代信息网络提供的数据信息，可以发挥出成倍于单个数据信息价值的组合协同效应。在同一平台上，因为用户数量增加吸引更多用户的加入，参与人数急剧膨胀，使原来平台信息被充分开发从而急剧自我膨胀，创造出超乎想象的收益。

3. 高渗透性

数字经济的发展目标是实现资源优化配置，重构经济发展模式。要重构经济发展模式必须加强与传统产业的融合。数字经济运用数字技术赋能三大产业，打破产业壁垒，推动三大产业相互融合，催生新的业态模式，展现极强的渗透性。数据能够记录经济活动各个领域的相关活动情况，通过数据分析可以对消费者的物质和精神需求进行精准预测，以便企业及时调整生产策略，提供个性化定制的高质量服务，从而实现资源的优化配置，带动整个产业的转型发展。另外，智能技术还为消费者提供更加贴心的自动化服务，将劳动力从机械的操作中解放出来，使其有更多的时间和精力去进行高附加值的工作，从而重构传统产业的发展模式，真正实现产业数字化。

4. 边际效益递增性

数字经济的边际效益递增性表现为数字经济的边际成本递减且边际收益递增。一方面，边际成本递减指随着产量的增加，生产一件产品所需要付出的成本越来越少，即发挥规模效应。数字经济以现代信息网络为运行载体，信息网络基础设施的前期构建需要付出高昂的成本，但一经建设投入使用就会随着参与的用户越来越多，产生规模效应。另一方面，过去中小企业发展受限于市场规模、消费群体、经济资源以及管理成本等各方面因素，很难成长为大型企业。而数字经济的自我膨胀性和高渗透性，使各行各业的中小企业可以借助网络平台开展业务，平台用户的不断增加代表着市场规模的扩大，平台上还聚集着供应链上下游各个环节的企业，可以实现企业联动，合作共赢，边际收益增加。

5. 可持续性

数字经济的生产要素主要是数字化的知识和信息资产，属于无形资源，既可以反复使用，又不会占用社会有形资源，因此对自然环境几乎是零负担，符合可持续发展战略。数字经济的发展目标是实现资源优化配置，转变经济发展模式。这一点，可以通过数字技术和网络平台来实现。数字技术和网络平台可以推动传统产业向环境友好、绿色高效的方向转变，避免过度消耗、浪费严重的现象出现，实现从高排放、高能耗、资源驱动发展模式转变为低碳、绿色、循环经济发展模式，走经济可持续的高质量发展道路。

6.外部经济性

数字化的知识和信息资产具有重复使用的特性，不仅不会发生实质性损耗，还可以进行无限的复制叠加，信息内容的每一次无限叠加都会创造出更高的经济价值。因此，现代信息网络上的用户越多，提供的信息内容就越丰富，数据分析得出的结论就越有价值，这种价值最终会体现在现代信息网络平台的完善和产品的丰富上，最终惠及企业和全体消费者，这一点正是数字经济具有正外部效应的体现。

数字经济背景下，很多互联网平台前期不惜投入巨大成本，加快扩大注册用户数量，正是为了利用数字经济的外部经济性，当成为大用户平台，就可以被用户推动着持续向前发展，产生经济价值。

（二）数字经济产业范围

数字经济的产业范围涵盖了广泛的领域，涉及信息通信技术产业、互联网产业、电子商务、数字金融、智能制造、数字文化和数字健康等多个方面。这些产业通过信息技术的深度融合，推动了各行业的数字化转型和升级，带来了新的增长点和发展机遇。例如，智能制造通过物联网和大数据技术，实现了生产过程的智能化和自动化，提升了制造业的生产效率和产品质量，推动了制造业的高质量发展。信息通信技术产业是数字经济的基础设施，通过提供高速、稳定的网络连接和先进的计算设备，支撑了其他数字经济产业的发展。互联网产业包括搜索引擎、社交媒体、电子商务等，成为数字经济的重要组成部分，连接了数亿用户，促进了信息流通和商业交易。

数字金融是数字经济的关键领域，通过金融科技创新，如移动支付、数字货币、区块链等技术，提升了金融服务的效率和普惠性。电子商务作为数字经济的重要表现形式，通过在线平台，连接了全球的消费者和商家，极大地促进了商品和服务的流通。阿里巴巴、京东等电子商务巨头，通过不断创新和扩展，推动了国内外市场的繁荣。数字文化产业涵盖了数字娱乐、在线教育、数字出版等，通过互联网平台，为用户提供丰富的文化和教育资源，促进了文化产业的繁荣和发

第十章　数字经济与数字贸易协同发展路径

展。数字健康则通过远程医疗、健康管理平台等手段，提升了医疗服务的覆盖面和效率，为公众健康提供了新的保障。

此外，数字经济的产业范围还包括新兴的数字服务业和平台经济。数字服务业如云计算、人工智能和大数据分析等，提供了基础设施和技术支持，促进了各行业的数字化转型和创新发展。云计算通过提供灵活、可扩展的计算资源，支持了大量的数据处理和应用开发，成为数字经济的重要支撑。人工智能通过机器学习和数据挖掘等技术，实现了智能化的应用和服务，提高了各行业的运营效率和决策水平。平台经济则通过互联网平台的搭建，连接了供需双方，实现了资源的高效配置和利用。例如滴滴出行通过共享经济模式，利用平台连接了大量司机和乘客，实现了出行资源的优化配置，为用户提供了便捷的出行服务，同时也创造了大量就业机会，推动了经济的发展。数字经济的广泛产业范围，不仅带来了经济结构的优化和增长方式的转变，还推动了社会的全面进步。各产业通过数字技术的创新应用，提升了生产力水平，促进了资源的有效利用，实现了经济的高质量发展。了解数字经济的产业范围，有助于更好地把握其发展机遇，为推动经济的可持续发展提供新的动力。

（三）我国数字经济发展趋势

我国数字经济近年来快速发展，已成为全球数字经济的重要力量。随着信息技术的不断进步和应用普及，数字经济在国内经济中的地位日益增强，展现出积极的增长趋势和广阔的发展前景。

一是我国数字经济的规模不断扩大，根据统计数据，我国数字经济的总量持续增长，已经占据了国内生产总值（GDP）的重要份额，特别是互联网产业、电子商务、数字金融等领域的蓬勃发展，为数字经济的扩张奠定了坚实基础。例如电子商务平台如阿里巴巴、京东等，通过创新的商业模式和强大的用户基础，推动了大量的线上交易和市场增长。此外，数字金融领域的崛起，特别是移动支付和数字货币的普及，也显著促进了数字经济的整体增长。

二是我国数字经济的产业结构不断优化，数字经济不仅涵盖了传统的互联网和电子商务，还扩展到了智能制造、数字健康、数字文化等新兴领域，政府对数字经济的政策支持和投资推动了这些新兴领域的发展。例如国家实施了"互联网+"战略，鼓励传统产业与互联网技术的深度融合，推动了智能制造和数字化转型。

智能制造通过引入物联网、人工智能等技术，实现了生产过程的智能化和自动化，提升了制造业的核心竞争力。数字健康和数字文化领域的快速发展，也进一步丰富了数字经济的内涵，推动了社会各方面的进步。

三是技术创新驱动了我国数字经济的持续发展，我国在人工智能、大数据、云计算等技术领域取得了显著突破，并在全球范围内发挥了重要作用。例如人工智能技术的应用，推动了智能语音识别、图像识别等领域的发展，提升了产业的智能化水平。大数据技术的普及，推动了数据驱动决策的广泛应用，优化了各行业的运营和管理。云计算则为企业提供了灵活、高效的计算资源，支持了各种创新应用的开发和部署。这些技术创新不仅提升了数字经济的整体水平，也增强了我国在全球数字经济中的竞争力。

最后，政策环境和国际合作也为我国数字经济的发展提供了有力支持。政府出台了一系列促进数字经济发展的政策措施，如《数字经济发展战略纲要》和《"十四五"数字经济发展规划》，明确了数字经济的发展目标和方向。国际合作方面，我国积极参与全球数字经济治理，推动了数字贸易规则的制定和国际标准的建设。例如我国参与了数字丝绸之路的建设，推动了跨境电子商务的发展，促进了与各国的数字经济合作。

二、数字贸易发展概述

数字贸易，作为数字经济的重要组成部分，正在全球范围内快速发展。它不仅改变了传统贸易的方式和模式，还推动了国际贸易的创新和进步。了解数字贸易的特征及其在我国发展的意义以及发展趋势，有助于更好地把握数字贸易带来的机遇和挑战。以下对数字贸易的发展进行概述，深入探讨其特征、我国数字贸易的发展意义以及未来的发展趋势。

（一）数字贸易的特征

一是数字贸易具有高度的虚拟性和数字化特征，数字贸易通过互联网和信息技术进行商品和服务的交易，不依赖于实体货物的移动，这种虚拟性使得数字贸易能够突破传统贸易的地理限制，实现全球范围内的无缝交易。例如电子商务平台如亚马逊和阿里巴巴，通过数字技术提供全球购物服务，使消费者可以随时随地购买商品，而无需亲临实体店。二是数字贸易具有高效性和便捷性，通过数字

第十章 数字经济与数字贸易协同发展路径

平台进行交易，能够大大提高交易的效率和便捷性，数字化的支付方式、物流管理和信息处理，使得交易过程更加迅速和流畅。此外，数字贸易还支持自动化和智能化的交易操作，如自动化定价、智能推荐和数据分析等，进一步提升了交易的便捷性和效率。例如通过大数据分析和人工智能技术，电子商务平台可以精准推荐商品，优化用户的购物体验。

（二）我国数字贸易发展的意义

一是数字贸易对我国经济的增长和转型具有重要意义。随着数字经济的崛起，数字贸易为我国提供了新的经济增长点，通过推动数字贸易，我国可以促进产业升级，推动传统行业的数字化转型，提高经济的整体竞争力。此外，数字贸易还可以带动相关产业的发展，如信息技术、物流和金融服务等，形成新的经济增长点。例如我国通过推动数字贸易，促进了电商平台的发展和国际市场的拓展，提高了经济的综合竞争力。二是数字贸易有助于提高我国在全球贸易中的话语权和影响力。通过参与全球数字贸易体系，我国可以加强与其他国家的经济合作，提升在国际贸易中的地位和影响力，数字贸易的全球化特征使得我国能够更好地融入全球市场，参与国际规则的制定，争取更多的市场份额和贸易利益。例如通过参与国际电子商务标准的制定和全球数字平台的建设，我国能够增强在全球数字贸易中的话语权和影响力。

（三）我国数字贸易的发展趋势

一是我国数字贸易将呈现出更加多样化的发展趋势，随着技术的进步和市场的变化，数字贸易的形式和内容将不断丰富和多样化。从传统的电子商务到新兴的数字服务、数字内容和数字资产交易，数字贸易的领域将不断扩展。此外，数字贸易还将融合更多的新技术，如区块链、人工智能和5G技术，推动交易模式和服务形式的创新。例如我国的跨境电商平台不断推出新型的数字化服务，如全球仓储、智能物流和数据驱动的市场分析，推动了数字贸易的多样化发展。二是数字贸易的全球化和区域化趋势将进一步加强，全球数字贸易的发展将促进各国之间的经济合作和交流，而区域性的数字贸易合作也将成为重要的发展方向，例如我国通过与"一带一路"沿线国家的数字贸易合作，推动了区域经济一体化进程，提高了区域内的贸易便利性和市场连接性。此外，数字贸易还将促进全球数字基础设施的建设，如国际数据中心和全球支付系统，进一步推动全球化的发展趋势。

数字贸易作为数字经济的重要组成部分，具有高度的虚拟性和数字化特征，带来了高效便捷的交易方式。对于我国而言，数字贸易不仅为经济增长和转型提供了新的机遇，还提升了在全球贸易中的话语权和影响力。未来我国数字贸易将呈现多样化和全球化的发展趋势，推动经济的全面发展和国际合作。理解数字贸易的特征、意义和发展趋势，有助于更好地把握数字经济带来的机遇和挑战，推动数字贸易的进一步发展。

第二节 数字产业化与产业数字化的数字贸易协同发展路径

一、数字产业化与数字贸易协同发展路径

（一）发展数字文化贸易

1.数字文化贸易

数字文化贸易在文化贸易的基础上进一步发展而起，数字文化贸易并不仅仅是文化贸易的数字化形态，而是其产业的载体也从传统文化产业变成了数字文化产业。因此，数字文化贸易是基于互联网等数字技术，以数字文化产业为载体，以数字内容为贸易对象，以数字交付为实现方式的新型文化贸易，其核心领域涉及数字文化技术服务、数字文化内容服务、数字文化传播渠道服务等。

2.数字文化贸易发展策略

发展数字文化贸易可以从以下四个方面入手。

（1）升级数字文化产业

数字文化贸易以数字文化产业为载体，因此，升级数字文化产业对发展数字文化贸易起到重要作用，升级数字文化产业的重点在于深化数字技术在数字文化产业领域的应用。数字技术应用是数字文化产业的核心，在产业价值链的各个环节普遍应用，促进了文化产品与服务的生产、营销、交易等环节的转型升级，持续催生文化产业新业态和新模式，深化数字技术应用将为数字文化产业带来更加

多样性。特别是在数字文化产品设计和生产领域，数字文化产品设计和生产因技术革新而持续升级。新兴的文化业态、新的文化消费群体和消费模式也如雨后春笋般发展起来。数字内容、动漫游戏、视频直播、视听载体、数字电影、网络表演、线上演唱会、电子竞技、数字出版、手机出版等基于互联网和移动互联网的新兴数字文化业态，将成为数字文化贸易发展的新动能和新增长点。

（2）优化数字文化贸易结构

优化数字文化贸易结构就是要提升文化服务贸易在数字文化贸易中的比重。数字技术应用促进传统文化行业转型，线上业务内容不断调整，营收比重持续增大。相对于文化产品贸易，文化服务贸易标的多以数据形式实现跨境流动，这样有利于文化服务跨境贸易的多样化、高水平呈现，扩大文化服务贸易规模。以文化旅游服务业、会展服务业、演艺服务业、医疗康养服务业为代表，大数据、人工智能、云计算等技术深度应用，拓宽了线上营销渠道、改变了线上服务提供和消费的形式，在更可靠、更安全的信息和交易保障下，实现对外贸易规模持续增长。

（3）创新数字内容表现形式

数字内容是数字文化贸易的对象，创新数字内容的表现形式可以为数字文化贸易提供更加新颖、多样的贸易产品展示。创新数字内容表现形式需要开展数字媒体艺术创作，将虚拟与现实技术融入数字媒体艺术创作中，创设出一个能使用户融入其中的极富真实性的虚拟环境。在数字媒体艺术创作的过程中，既要确保虚拟与现实技术应用的准确性，还要结合计算机技术及数字媒体技术，在最大程度上对虚拟环境进行优化，使其细节得到有效处理。例如VR技术就是数字媒体艺术创作过程中所需要用到的技术，是人类感知和体验世界的新途径，可以将物理世界、虚拟世界和社会生活通过互联网无缝融合，人借助虚拟化身能够在虚拟空间中进行各种活动，因此，VR技术在数字内容表现方面具备广阔的应用空间。

（4）树立中国特色的文化品牌

品牌建设是影响数字文化贸易企业竞争能力的重要因素之一。我国数字文化贸易企业要想扩大影响力，实现我国文化"走出去"，必须树立具有中国特色的文化品牌。我国文化博大精深且十分丰富，有着许多文化内涵丰富的资源，数字文化贸易企业需要以传统文化资源保护理念为基础，尊重文化多样性的特征，加强对我国传统文化、革命文化和社会主义先进文化等的开发和利用，将文化资源与新时代相结合，从战略的发展角度出发，打造出特色文化品牌。除了品牌内容的挖掘，数字文化贸易企业还需要在营销方面下功夫，依据国际市场需求制定营销目标，在兼顾文化差异的同时探索文化的价值，并通过多样化的渠道进行推广，如开展具有中国特色的数字文化贸易产品展销，提升我国数字文化贸易企业文化产品的知名度。

（二）开展数字营销

1.数字营销的内涵

数字营销是指利用数字技术和互联网平台进行市场推广和销售活动的一种营销方式。它涵盖了通过数字渠道（如搜索引擎、社交媒体、电子邮件、移动应用等）进行的广告、推广和品牌建设活动。数字营销不仅关注在线广告投放，还包括通过数据分析、内容营销、社交媒体互动等手段来提升品牌曝光率、用户参与度和销售转化率。与传统营销相比，数字营销具有高度的精准性和实时性，能够通过分析用户行为和反馈，制定更加个性化的营销策略，从而提高营销效果和投资回报率。

2.数字营销开展策略

开展数字营销可以从以下三个方面入手。

（1）灵活采取营销方式

数字营销的具体类型包括搜索引擎优化、内容营销、社交媒体营销、网红营销、点击付费广告、网盟营销、本地广告、营销自动化、电子邮件营销、网络公关、集客营销、赞助内容等。开展数字营销要结合贸易企业的实际情况，采取切实可行的营销方式。例如在贸易企业网站上线之初，获得流量是第一位，只有网站有了流量，才进一步将进入网站的访客变为客户实现流量的价值，搜索引擎优化就是这样一个不需要投入广告费就能实现这一目的的最佳方法。搜索引擎优化可以解决贸易企业官网和搜索引擎之间的沟通，通过技术手段使搜索引擎能更好地识别贸易企业官网的每一个页面，争取让网站上更多的页面在被收录的同时对官网内容进行调整，使那些被收录的页面能够在搜索引擎上排名靠前。当用户在搜索相关的关键词时，能够优先点击链接进入该贸易企业的网站，从而使网站获得流量，然后再通过网站上面的产品展示、服务说明、在线沟通等进行流量变现。

（2）顺应数字营销发展趋势

数字营销具有三大趋势，开展数字营销需要顺应数字营销的发展趋势，以取得事半功倍的效果。

第一,用户圈层化,圈层化是以客户为中心的一种表现,开展数字营销需要把握圈层共同的特点,再利用合适的内容和权益去维护圈层,最后,通过这些圈层把新用户拉进来,才是圈层营销最核心的点。

第二,内容视频化,视频化是指通过在视频和直播中实现销售,凭借创意内容依托互联网长尾效应赚取社交红利,这都可以在真正意义上给贸易企业带来核心价值,这也是营销转化的关键。数字经济与数字贸易中的数字营销方案要把握内容视频化的热潮,输出更多优质内容营销。

第三,传播去中心化,过去的传播是以企业为中心,点对多进行传播,现在的数字营销是一个非常离散的去中心化结构。关键意见领袖、关键消费者、普通消费者等都成了重要的传播节点。

(3) 打造智能营销方案

智能营销即运用数字技术将适当的内容通过适当的途径,在适当的场合传递到适当的人群中去。开展数字营销需要善于利用智能交互与人工智能技术打造智能营销方案。如今以智能音箱、智能客服和智能机器人为代表的交互形式正在实现应用普及。在数字经济与数字贸易领域的营销中,可以积极去挖掘这些智能交互的适用场景,创新营销方法,改善用户体验。在具体的实践场景中,人工智能已经逐渐实现了对内容创意制作的渗透,可以在深度学习图片和文案的基础上,依据广告传播效果来判断创意内容的好坏,以便贸易企业能在小范围渠道中检验创意内容的投放效果,经过持续评估,最终找到最优创意,然后按需重组,生成可以与人工创意相媲美的营销内容,提高创意生产效率。

(三) 构建数字化供应链

1.数字化供应链相关介绍

数字化供应链是指利用云计算、大数据、人工智能等数字技术,以客户为中心,构建出一个全新的供应链,使其具有需求、预测、协同、执行、决策等功能。

在需求方面,要根据数字化平台中原料、生产、仓库、市场等数据,对供应链中不同企业需求进行分析;在预测方面,要监测舆情、法规、原料、市场等影响供应链的因素,预测未来时间内健康状况,防范危机;在协同方面,要连接供应链上下游企业,对彼此的业务状况和业务数据进行互通统一,共同推动供应链的开拓发展；在执行方面，要获取供应链中仓库、运输、市场等业务数据，自动判断生产数量、运输时间、市场需求，对每个环节、业务进行调整；在决策方面，要根据供应链和市场各节点数据及信息，智能推断供应链未来变化情况，对业务状况进行决策。

2.数字化供应链构建策略

（1）重新定义供应链战略

供应链战略是构建供应链的前提，数字化供应链不同于传统的供应链，因此在构建时要重新定义供应链战略。一方面，构建数字化供应链要秉承以"以客户为中心"的理念，将这一理念贯穿于数字化供应链的每个环节，为客户提供独特的个性化体验。根据每位客户的具体需求，设计供应链的运作，为他们提供大批量、个性化定制产品。另一方面，构建数字化供应链要重新定位业务服务，充分利用所有可用的数据和技术，向客户提供新的流程和服务。持续优化流程和预测业务成果，同时开辟新的收入流，打入之前无法进入的市场，并利用创新方法开展供应链业务服务竞争。

（2）升级信息系统软件

随着数字经济时代的到来，构建数字化供应链自然也需要信息系统软件跟上时代的步伐，发挥物联网、人工智能、大数据、机器学习、区块链、智能分析和3D打印等新技术在数字化供应链信息系统软件升级中的赋能作用，以实现数字内容生产、数字贸易、数字营销等功能，开启即时、智能和互联的数字化供应链新时代。

（3）实现供应链全面协同

供应链协同是当下企业的核心竞争力之一，数字经济与数字贸易的相关企业也不例外。相比单纯制造，供应链协同具有十分强大的作用。举例来说，假如一个制造工厂接到贸易企业的一个订单，生产A和B两种商品各1万件，要求三个月内交货。制造工厂加班加点、保质保量生产出商品并在截止日期前把货发出去，这是单纯制造。而供应链协同则是，制造工厂在生产过程中了解到贸易企业的A商品相对畅销，且新订单生成前已经低于最低安全库存了，马上就要断货；而B商品滞销，尚有大量库存。于是，工厂加速A商品的生产和交货期，而延缓B商品的生产，甚至减少生产量。单纯制造会产生大量滞销品，浪费资源，而供应链协同则会将库存降至最低，帮助贸易企业与工厂合理配置资源，共同实现利

第十章 数字经济与数字贸易协同发展路径

益最大化。实现供应链的全面协同可以通过"互联网+"将供应链上下游连接起来,将贸易企业的产品库存信息及销售情况等信息,通过数据协同反馈至上游生产企业,实现更大范围的供应链协同。

二、产业数字化与数字贸易协同发展路径

(一)制造业数字化与数字贸易的协同路径

数字经济时代,数字技术的迅猛发展重塑了经济发展的物质基础,并逐步渗透进制造业领域中,有效地提高了制造环节的经济价值。一方面,制造业数字化是产业数字化的重要代表,是数字经济的重要组成部分;另一方面,制造业与贸易本身同处一个产业生态系统中,对应着生产和销售两个角度。制造业是贸易对象的主要来源,为贸易提供了丰富的实体产品,贸易是制造业产品销售的重要渠道,为制造企业带来极大的利润。

制造业数字化与数字贸易协同发展的路径具体包括以下三个方面。

1. 个性化定制

个性化定制指根据消费者需要进行特定的产品设计,使用户参与产品的生产流程,令产品或服务充分体现消费者的个人属性。近年来,定制消费成为一种时尚,随着人们人均可支配收入的不断提高,越来越多的消费者愿意为个性化定制的成本买单,这极大促进了消费体系的升级。当产品设计能够满足消费者的专属喜好和习惯需求时就更能激发消费者的消费欲望。同时个性化定制所具备的创意能够给消费者带来很大的新鲜感,打破了产品的同质性,让个性化定制的产品能够从一众产品中脱颖而出。

个性化定制可以实现制造业数字化与数字贸易的协同发展。一方面,个性化定制契合了制造业数字化转型的目标。数字经济中的消费和生产是辩证关系,消费作为上一轮再生产过程的终点和下一轮再生产的起点,既受到生产的制约,又对生产具有重要影响。个性化定制能够真正实现按需生产,有利于制造企业加大对服务环节的投入,发展个性化定制服务、全生命周期管理、网络精准营销、在线支持服务等,促进制造业提质增效和升级转型,推动服务型制造业和生产性服务业发展。另一方面,个性化定制是数字贸易的必然趋势,数字贸易通过大数据等信息化手段促进从生产到渠道,再到消费的信息流通,正向提高生产和流通效

率，促进消费效率提升，从而以消费拉动生产，促进制造业柔性化、个性化、定制化生产。

2. 柔性化生产

柔性化生产借助先进数字技术，着重对制造企业生产线和供应链的反应速度进行提升，在保证产品质量的前提下，以更快的生产速度、更短的生产周期、更低的生产成本进行生产，获得强大的柔性化生产能力，旨在实现"多样化、小规模、周期可控"的生产目标，提升制造企业生产能力以应对数字贸易消费者的个性化定制需求。

从实践角度来说，柔性化生产是制造企业开拓个性化定制产品生产业务的重要手段。制造企业需要全面融合数字技术力量建立柔性生产系统进行柔性资源管理。一是制造企业可以采取柔性化生产单元和人工辅助相结合的形式打造柔性生产系统。柔性化生产单元是最小范围内的柔性化生产系统，既可以让制造企业享受到柔性化生产带来的便捷高效，又可以控制建立柔性生产系统的建立成本，降低制造企业进行柔性生产的门槛，使制造企业的设备、生产工艺、售后服务等提高服务柔性，更好地适应个性化需求逐渐发展的市场环境。二是制造企业要注重提高设备柔性，统一设备类型并提高设备灵活性，统一设备类型的目的是提高设备的兼容性，以适应多样化产品生产的需要。最后，制造企业要优化柔性资源管理，随时针对市场环境变化对产品库存进行调整。由于个性化产品基本不具有通用性，一旦滞销就很难寻求到需求相匹配的消费者，且部分个性化定制产品具有保质期，保质时间越长，产品的性能和品质越会下降，甚至影响产品销售。此外，技术的发展促使产品工艺更新换代速度加快，随时会有新的产品出现并取代旧的产品。因此，制造企业需要持续优化柔性资源管理，智能化地开展产品全生命周期管理，定期做出产品生命期限提醒和销售数据匹配，确保库存产品的质量，降低制造企业的库存风险，避免生产资源的浪费。

3. 平台化协同

制造业数字化与数字贸易协同发展，要以个性化定制为导向，以柔性化生产为手段，将所有信息资源集合在一起实现制造业与贸易的产业联动。具体而言，就是要建立一个综合性数据共享平台，将制造企业、贸易企业和消费者聚集在一起，让生产、销售和需求上下贯通，真正实现按需生产、精准营销的个性化定制，提高消费者的购物体验。

第十章　数字经济与数字贸易协同发展路径

从实践角度来说，要实现制造业数字化与数字贸易协同发展，必须构建一个智能化贸易平台，这一平台也可以看作跨境电商平台的升级版，在跨境电商平台的基础上将制造企业纳入平台范围。由贸易平台作为中间人，收集消费者的个性化需求，制造企业按照需求进行产品设计与生产，再由贸易平台推送给消费者，完成购物下单。此外，还需要持续优化贸易平台的购物环境。在当今时代，网络购物已经成为主流的购物方式，平台购物环境的优劣将直接影响消费者的购物体验，嵌入人工智能等技术的贸易平台可以更加优化消费服务能力，提升贸易服务效率，从而让平台活跃起来，其中的数字贸易企业和制造企业都能共同创造价值，满足消费者需求，实现协同发展。

（二）金融业数字化与数字贸易的协同发展路径

金融业数字化与数字贸易的协同发展路径包括两个方面。

1.数字支付与数字贸易协同

数字支付是数字贸易产业链的一个重要环节，特别是在国际贸易部分，跨境支付是必不可少的。本书将重点对跨境支付的数字化与数字贸易协同进行研究。

当传统电汇的跨境支付已经不能适应新兴的数字贸易时，就促使跨境支付向新兴数字化的跨境支付全面转变的需求。在数字技术的支持下，数字化的跨境支付可以降低支付成本、提高支付效率，适用范围更广、安全性更高，由此形成跨境数字支付与数字贸易相互协同的发展局面。

从实践角度来说，实现数字支付与数字贸易协同要进行功能的对接，即在数字贸易平台中嵌入数字支付功能。目前，已有众多的跨境贸易平台与第三方支付公司合作，在跨境贸易平台中嵌入跨境支付功能，但世界范围内的跨境支付公司众多，各自覆盖区域有限，在支付时很容易因支付工具无法使用导致付款失败。因此除了要进行功能的对接外，数字支付还需要升级跨境支付系统。

随着我国在全球贸易中所处的地位日益凸显，以人民币为核心的跨境支付体系逐渐兴起。数字人民币通过电子钱包进行支付，无须身份或者账户，也不需要互联网连接，甚至无须中介费用，这对扩大数字贸易往来具有十分积极的促进作用。将数字人民币与数字化跨境支付相结合，在数字贸易平台中嵌入数字人民币跨境支付系统是实现数字支付与数字贸易协同的重要方式。

2.数字保险与数字贸易协同

保险为货物贸易运输提供风险保障，关于数字贸易产业链中产品交付这一重要环节。货物贸易在运输、装卸和储存过程中，会遭遇各种不同风险，这些风险会造成货物和运输工具的损失。货物贸易保险把货物在运输途中遭遇的各种风险作为其保障的范围，是贸易企业规避国际货物运输风险，降低风险损失的重要手段，满足了贸易的风险转移需求。

从实践角度来说，数字保险是数字经济驱动下金融业数字化的一大转型代表，是对贸易的货物运输保险的数字化升级，通过将数字保险业务嵌入数字贸易平台，是实现与数字贸易协同发展最直接的方式。

数字保险业务系统的搭建要在数字技术的支持下方能完成。在大数据、区块链、物联网、人工智能等数字技术的赋能作用下，保险机构可以打造一个集信息安全分享、数据分析、动态自动化交易为一体的数字保险业务系统。具体而言，大数据技术可以对数字贸易信息进行真实、全面的数据挖掘，以实现数字保险产品创新及个性化定价；物联网技术可以实现对贸易精准风险数据的远程采集；区块链技术基于分布式账本、加密与授权、可溯源等特性，可以进行业务信息的高效安全的信息加密传输，以提高数据的安全性、真实性和准确性，实现贸易保险信息录入、账单核对、信息校验等流程的自动化和智能化；机器学习技术能够对货物贸易运输风险进行辨识预警，提升保险机构和数字贸易企业的风险管理能力。

除了搭建数字保险业务系统外，保险机构还需要对数字保险服务进行创新，为数字贸易企业提供更加多样化、定制化的保险服务。具体而言，保险机构要根据不同贸易企业的保险需求和所在行业的特殊风险，去推荐合适的定制化创新风险保障产品。同时保险机构要积极创新承保模式，为数字贸易发展提供更加便捷、高效的保险服务。以物流业中的冷藏车为例，一般情况下，冷藏车保险属于机动车辆保险，按车辆分类属于特种车，其保险分为交强险、商业险。但由于冷藏车作业的特殊性，从保险公司的角度来说，冷藏车事故发生后，由于车厢、冷机等设备维修成本较高，所以赔付费用高，不愿意承担亏本的风险。从维修车厂的角度来说，定损缺乏严格的标准。对物流企业来说，每年保费高昂。当保险业务实现数字化，就为以上难题找到了解决方案。为帮助企业建立更好的管理制度、提供管理抓手，太平洋保险借助易流科技"让物流更透明"的理念，在冷藏车业务板块建立一套风控管理体系，出台整体承保方案。具体来说，所有车辆安装易流科技视频监控系统,借助易流科技的7×24小时人工服务,对高危风险实时监控,设备双向对讲功能直接建立坐席与驾驶员之间的联系,避免重大事故发生;依托设备预警报告,向企业提供风控报告,便于企业建立奖惩制度,提高驾驶员安全意识,降低事故发生率;承保方案设计上兼顾成本优化与保障充足的特点,首年保费低于市场平均水平。这就是数字保险业务的定制化服务。

第三节 数字化治理与数据价值化以及数字贸易协同发展路径

一、数字化治理与数字贸易协同发展路径

(一)构建数字贸易治理体系

构建数字贸易治理体系是保障数字贸易健康、可持续发展的基础性工作,随着数字经济的快速发展,数字贸易已成为全球经济的重要组成部分,它不仅涉及数据流通、信息安全、知识产权等多个方面,还面临着跨境数据流动、市场准入和监管协调等复杂挑战。因此,建立一个科学的数字贸易治理体系是确保数字贸易正常运作的关键。

一是数字贸易治理体系的构建需要明确的政策法规框架,这一框架应涵盖数据保护、隐私权、安全保障、反洗钱、跨境数据流动等方面的内容,以确保数字贸易的合法性和合规性,例如欧盟的《通用数据保护条例》(GDPR)为数据保护提供了详细的法律规定,对企业如何处理个人数据提出了严格要求。类似的法律法规可以为其他国家和地区提供参考,推动全球数字贸易环境的规范化。

二是数字贸易治理体系应包括有效的监管机制,数字贸易的特殊性和复杂性要求监管机构具备跨领域的专业知识和技术能力,建立多层次的监管机制,可以有效监控和管理数字贸易中的风险和问题。这包括对数据安全的监管、对跨境交易的审查、对技术标准的制定等。此外,政府还应与企业、行业组织等多方合作,形成合力,共同推进数字贸易的规范和发展。

最后,国际合作是构建数字贸易治理体系的重要方面,数字贸易的全球

性特征决定了其治理需要国家间的协作和协调。各国应通过国际组织和多边平台，制定全球统一的规则和标准，推动数字贸易的跨境流动。例如世界贸易组织（WTO）正在推动数字贸易规则的制定，旨在为全球数字市场提供一个公平、开放的环境。通过国际合作，可以实现对数字贸易的有效治理，促进全球市场的整合与发展。

（二）构建数字贸易标准体系

构建数字贸易标准体系是促进数字经济高效运作和全球一体化的重要手段，数字贸易的快速发展依赖于统一的标准和规范，这不仅能提高交易效率，还能减少由于标准不一致导致的市场摩擦，标准体系涵盖了技术标准、数据格式标准、交易流程标准等多个方面，为数字贸易的各个环节提供了规范化的操作指南。一是数字贸易标准体系的核心在于技术标准的制定。这些标准涉及数据传输、信息交换、网络安全等技术方面，是数字贸易顺畅进行的基础。统一的技术标准可以确保不同平台和系统之间的互操作性，避免因技术不兼容带来的问题。例如ISO 20022标准为金融服务领域的数字支付提供了统一的消息格式，促进了全球金融市场的互联互通。通过制定和推广类似的技术标准，可以提升数字交易的效率和可靠性。二是数据格式标准在数字贸易中扮演着至关重要的角色，数据格式标准确保了不同系统之间的数据能够正确传输和处理。例如XML（可扩展标记语言）和JSON（JavaScript对象表示法）被广泛用于数据交换和信息存储，它们的标准化使用，使得各种系统能够轻松地解析和交换数据。统一的数据格式标准有助于减少信息处理中的错误，提高数据交换的速度和准确性。

此外，交易流程标准的建立也是构建数字贸易标准体系的重要内容。这些标准包括交易的各个环节，从订单生成、支付处理到交付跟踪等。通过制定标准化的交易流程，可以减少交易过程中不必要的复杂性和延迟，提高交易的透明度和效率。例如电子商务平台可以通过统一的订单处理和支付流程，提高客户体验，降低交易成本。标准化的流程还有助于各方在交易中的角色和责任清晰化，减少纠纷和争议。最后，数字贸易标准体系的建设需要灵活应对新兴技术和市场变化。随着人工智能、区块链、5G等新技术的不断出现，数字贸易的标准体系也需要不断更新和调整。动态的标准和规范可以更好地适应技术发展的步伐，解决新兴技术带来的挑战。例如区块链技术的应用推动了去中心化交易的出现，需要相应的标准来保障其安全性和可靠性。通过建立动态的标准体系，可以确保数字贸易的持续创新和发展。

二、数据价值化与数字贸易协同发展路径

（一）数据跨境流动的内涵与分类

数据跨境流动是现代数字经济的核心组成部分，涉及数据在不同国家和地区之间的传输、存储和处理。随着全球化进程的推进和数字技术的迅猛发展，数据已成为一种关键的生产要素，其跨境流动对于推动国际贸易、促进全球经济一体化具有重要意义。为了全面理解数据跨境流动的内涵和分类，首先须明确数据跨境流动的基本概念及其主要形式。数据跨境流动是指数据从一个国家或地区的境内传输至另一个国家或地区的过程。这一过程不仅包括数据的物理传输，还涉及数据的存储和使用。数据跨境流动对于全球业务的协调、跨国公司的运营、国际市场的交易以及全球供应链的管理至关重要。它使得企业能够利用全球资源，优化运营效率，提升市场竞争力。例如跨国公司通过在不同国家的数据中心存储和处理数据，以支持全球业务的顺畅运行。

关于数据跨境流动，数据的类型和流动方式是关键因素。根据数据的性质和处理方式，数据跨境流动可以分为以下几种主要类型：一是个人数据流动，个人数据流动指的是涉及个人身份信息的数据在不同国家之间的传输。包括消费者的交易记录、在线行为数据以及社交媒体信息等。个人数据的跨境流动需要遵循严格的隐私保护法规，以保障个人信息的安全和隐私。例如欧盟的《通用数据保护条例》（GDPR）对个人数据的跨境流动提出了严格的要求，旨在保护欧盟公民的隐私权利。二是商业数据流动，商业数据流动涉及企业运营过程中的数据，如供应链数据、市场分析数据、销售数据等。这类数据流动支持了企业在全球范围内的业务协作和运营优化。通过跨境流动，企业可以获得全球市场的信息、优化供应链管理、提高决策效率。例如电子商务平台通过全球数据中心处理交易数据，以提升用户体验和运营效率。三是政府数据流动，政府数据流动指的是政府部门间或政府与国际组织间的数据共享。这包括公共服务数据、统计数据、政策

文件等。这类数据流动有助于国家间的政策协作、公共事务管理和跨国问题的解决。例如国际组织通过数据共享，推动全球公共卫生合作和环境保护工作。

数据跨境流动的分类还可以根据其具体的应用场景和目标进行更细化的划分。例如根据数据处理的方式，可以将数据流动分为实时数据流动和批量数据流动；根据数据的使用目的，可以分为商业用途、科研用途和政府用途等。这些分类有助于理解数据在不同场景下的流动特点及其对全球经济和社会的影响。

（二）实现数据跨境流动策略

实现数据跨境流动是推动全球数字经济和国际贸易的关键因素之一。数据的自由流动能够提升全球业务的效率、促进国际市场的整合，但同时也面临着隐私保护、安全保障以及政策协调等挑战。为了实现顺畅且安全的数据跨境流动，各国及其企业须采取一系列有效的策略，包括优化政策法规、采用先进技术和加强国际合作等。这些策略不仅有助于支持全球业务的发展，也为国际市场的融合提供了基础。

1. 优化政策法规

实现数据跨境流动的首要策略是优化相关的政策法规。各国在数据保护和隐私方面的法规存在差异，这导致跨境数据流动出现障碍。因此，建立统一的数据保护框架和标准，对于促进数据自由流动至关重要。国家间的政策协调和法律对接可以减少因法规不一致而产生的摩擦。例如欧盟的《通用数据保护条例》（GDPR），在保护个人隐私方面设立了严格的标准，但这些标准与其他国家的法规存在冲突。因此，推动国家间的数据保护协议和互认机制，有助于缓解这些问题，确保数据的顺利流动。

此外，各国可以通过制定数据流动的总体战略，明确数据跨境流动的目标和原则。这包括对数据跨境传输的规定、数据主体权利的保障以及数据处理的透明度等方面进行系统的规划。通过这些措施，可以在保障数据安全和隐私的同时促进数据的高效流动。例如亚太经济合作组织（APEC）提出的数据隐私规则，就为其成员经济体提供了一个数据流动和隐私保护的平衡框架。

2. 采用先进技术

技术手段是实现数据跨境流动的重要保障，随着数据量的增加和技术的进步，采用先进的技术手段能够有效提升数据流动的安全性和效率。数据加密技是保护数据传输安全的基本手段。通过加密技术，可以确保数据在传输过程中不被未经授权的第三方访问或篡改。此外，数据去标识化和匿名化技术可以在保护个人隐私的同时实现数据的有效利用。例如医疗数据和金融数据的处理可以通过去标识化技术来保护患者和用户的隐私，同时仍能支持数据分析和研究。

另外，区块链技术作为一种去中心化的数据库技术，也为数据跨境流动提供了新的解决方案。区块链技术的不可篡改性和透明性可以增强数据传输过程中的信任，减少数据泄露和篡改的风险。通过建立基于区块链的跨境数据交换平台，可以提升数据流动的安全性和透明度，促进全球数据共享。

3. 加强国际合作

实现数据跨境流动还需要加强国家间的合作与协调。数据跨境流动涉及多个国家和地区，单一国家或企业难以解决所有问题。因此国际合作对于推动数据流动和解决跨境数据问题至关重要。各国政府、国际组织以及企业应积极参与国家间的数据流动讨论，制定和完善全球数据治理规则。

例如国际组织如国际贸易中心（ITC）、经济合作与发展组织（OECD）等，在推动全球数据流动方面发挥了重要作用。通过这些组织的平台，各国可以就数据流动的规则和标准进行讨论和协调，达成共识，从而推动数据流动的顺利实施。此外，跨国公司和行业协会也可以通过建立行业标准和自律机制，促进数据跨境流动的规范化和标准化。

4. 推动数据流动的透明度和可追溯性

数据流动的透明度和可追溯性对于实现安全的数据跨境流动同样重要。透明的数据流动，可以增强各方对数据处理过程的信任，减少数据隐私和安全问题的争议。通过建立数据流动的监控和审计机制，可以实现对数据流动过程的实时跟踪和管理。这包括对数据传输、存储和处理的全过程进行记录和审计，以便在发生数据泄露或违规行为时能够及时发现和应对。

实现数据跨境流动的策略涉及政策法规优化、技术手段应用、国际合作和透明度提升等多个方面。通过制定统一的数据保护框架、采用先进的技术手段、加强国际合作和推动数据流动的透明度，可以有效促进数据的自由流动，同时保障数据的安全和隐私。这些策略不仅支持了全球数字经济的快速发展，也为国际贸易的深度融合提供了坚实的基础。

第四节 基于金融服务的数字经济与数字贸易协同发展路径

一、产业数字金融助力数字经济发展路径

(一) 产业链金融助力制造业数字化转型

在制造业的数字化转型过程中，产业链金融发挥了关键作用，通过优化资金流动、提升供应链效率、降低风险和促进技术引进，为制造业的数字化升级提供了强有力的支持。产业链金融作为一种创新的金融模式，通过对产业链各环节的资金需求进行精准管理，帮助企业解决融资难题，加速生产过程的智能化和信息化，从而推动了制造业的全面数字化转型。

一是产业链金融通过提供针对性的融资服务，解决了制造企业在数字化转型过程中面临的资金瓶颈问题。传统融资方式往往无法满足制造企业对资金的快速和灵活需求，而产业链金融通过基于供应链的金融产品，如供应链融资、应收账款融资和订单融资，为企业提供了更多的融资选项。这些金融产品不仅能够帮助企业获得足够的资金支持，还可以降低融资成本，提高资金使用效率。例如某家制造企业通过与金融机构合作，利用供应链融资平台获得了大额的融资支持，从而能够顺利引进先进的生产设备和技术，加快了生产线的数字化改造进程。

二是产业链金融通过优化供应链管理，提高了制造企业的整体运营效率。在传统的生产模式中，供应链中的资金流动往往不畅，导致了生产环节的延误和资源的浪费。而产业链金融通过提供供应链金融解决方案，能够有效改善供应链中的资金流动，提高资金使用效率。例如金融机构通过对供应链数据的分析，提供了基于大数据的供应链金融服务，帮助制造企业实时监控供应链中的资金流动和风险状况，从而能够及时调整生产计划和资金安排，提升了生产效率和响应速度。此外，产业链金融还通过降低风险和提供保险服务，帮助制造企业应对数字化转型过程中遇到的各种风险。在数字化转型过程中，制造企业需要面对技术风险、市场风险和供应链风险等多种挑战。产业链金融通过提供风险管理工具和保

第十章 数字经济与数字贸易协同发展路径

险服务，帮助企业降低这些风险。例如某家制造企业通过与金融机构合作，购买了专门针对数字化转型过程中的技术风险的保险产品，从而能够在出现技术故障时获得及时赔偿，保障了生产过程的稳定性和连续性。

再者，产业链金融通过促进技术引进和升级，推动了制造企业的数字化转型。制造企业在数字化转型过程中需要引进先进的生产技术和设备，而这些技术和设备通常需要大量的资金投入。产业链金融通过提供专项融资服务，帮助企业顺利引进和应用新技术。例如某家制造企业通过产业链金融平台获得了专门用于技术引进的融资支持，从而能够顺利引入最新的自动化生产设备，实现了生产线的智能化升级，大幅提升了生产效率和产品质量。

最后，产业链金融还促进了制造企业与金融机构之间的深度合作，推动了金融服务的创新和发展。在制造业数字化转型过程中，金融机构通过与企业的紧密合作，深入了解企业的需求和挑战，开发出更多符合企业需求的金融产品和服务。例如，某金融机构与制造企业合作，开发了基于区块链技术的供应链金融产品，实现了对供应链中每个环节的透明化管理，提升了供应链的安全性和效率。

（二）物联网金融助力金融业数字化转型

在金融业数字化转型的过程中，物联网金融（IoT金融）凭借其先进的技术手段和应用场景，正成为推动金融服务创新和提升金融业整体效率的重要力量。物联网金融通过将物联网技术与金融服务相结合，能够提供更加智能、精准和高效的金融解决方案，推动金融业从传统的服务模式向数字化、智能化方向发展。

一是物联网技术为金融服务提供了丰富的实时数据，这些数据可以显著提高金融服务的智能化水平。在传统金融服务中，数据采集和处理往往存在延迟和不准确的问题，而物联网技术通过实时传感器和数据采集设备，能够获得大量高质量的实时数据。这些数据包括资产状态、环境条件和用户行为等信息，金融机构可以利用这些数据进行更加精准的风险评估和信用评估。例如保险公司通过安装在车辆上的物联网设备实时监控驾驶行为，从而能够根据实际驾驶情况调整保费，提供更加个性化的保险服务。

二是物联网金融提升了金融服务的效率和响应速度。在传统的金融服务中，信息传递和处理往往需要经过多个环节，导致服务效率低下。物联网技术通过实现信息的实时传递和处理，能够大幅提升金融服务的效率。例如通过物联网设备，金融机构可以实时监控用户的交易行为和账户状态，及时发现异常情况并采取措施，从而提高了金融服务的安全性和响应速度。此外，物联网技术还可以实现自动化的金融服务，如自动理赔、智能客服等，进一步提升了服务的便捷性和用户体验。此外，物联网金融在金融产品的创新和多样化方面也发挥了重要作用。传统金融产品通常比较单一，难以满足不同客户的个性化需求。而物联网技术的应用，使得金融机构能够基于实时数据和用户需求开发出更多创新的金融产品。例如通过物联网技术，金融机构可以推出基于位置的保险产品，如在特定区域内发生的事件可获得额外的保险保障，满足了用户的特定需求。此外，物联网金融还可以推动智能投资、智能支付等新型金融产品的发展，丰富金融市场的产品种类和服务模式。

再者，物联网金融通过改善风险管理，提升金融机构的风险控制能力。物联网技术提供了更加精准和实时的数据，这些数据可以用于识别和预测潜在的风险。金融机构可以通过对物联网数据的分析，及时发现并应对各种风险，如信用风险、市场风险和操作风险。例如通过对交易数据和资产状态的实时监控，金融机构可以及时识别不正常的交易行为或资产异常，采取相应的风险控制措施，减少潜在的损失。

最后，物联网金融推动了金融行业的生态系统建设，促进了金融科技与传统金融的融合。物联网技术不仅对金融机构内部的服务流程和产品创新产生影响，还推动了金融科技公司、设备供应商和数据分析公司等相关领域的合作和发展。通过建立开放的金融生态系统，金融机构可以与各类合作伙伴共同推动金融创新，提升整体服务能力和市场竞争力。例如金融机构与物联网设备制造商合作，推出基于物联网技术的智能支付终端，为用户提供更加便捷和安全的支付体验。

（三）绿色金融引导数字经济持续发展

绿色金融作为一种新兴的金融模式，通过将环境可持续性和社会责任融入金融决策和投资策略中，正在为数字经济的持续发展提供强有力的支持。绿色金融的核心在于引导资本流向那些有助于环境保护和资源节约的项目和企业，同时推动金融市场向绿色和可持续方向发展。这种模式不仅能够促进环境保护，还能推动数字经济的健康和可持续发展。一是绿色金融通过提供资金支持，推动了绿色技术和可持续发展的数字化创新。数字经济的持续发展需要大量的绿色技术支

第十章 数字经济与数字贸易协同发展路径

持,如节能减排技术、清洁能源技术和资源循环利用技术。绿色金融通过设立绿色基金、绿色债券和绿色投资平台等金融工具,为这些绿色技术和项目提供资金支持。例如绿色债券可以为投资于清洁能源和环保技术的企业提供融资,帮助其加速技术研发和市场推广,从而推动数字经济在绿色技术领域的创新和发展。二是绿色金融在推动企业和项目的绿色转型中发挥了关键作用,数字经济的发展离不开企业的支持,而企业的绿色转型对于实现可持续发展至关重要,绿色金融通过提供绿色信贷、绿色保险和绿色投资等金融产品,鼓励企业采纳绿色生产和运营模式。例如企业可以通过绿色信贷获得优惠利率的融资,用于升级生产设施,减少能源消耗和环境污染。绿色金融的支持使得企业能够在数字化转型过程中,同时兼顾环境保护和经济效益,实现可持续的成长。

此外,绿色金融还通过引导资本市场的绿色投资,促进了绿色经济的总体发展,资本市场的绿色投资不仅为绿色项目提供了资金支持,还推动了市场对绿色经济的重视和关注。例如绿色投资基金和绿色指数的推出,为投资者提供了专注于绿色项目的投资选择,同时也促使更多企业关注和参与绿色经济的发展。这种市场导向的变化,有助于形成绿色经济的良性循环,为数字经济的可持续发展奠定坚实的基础。再者,绿色金融通过推动政策和标准的制定,促进绿色经济环境的优化。政府和金融机构通过制定绿色金融政策和标准,规范绿色金融市场的发展,提供清晰的绿色投资指南和标准。例如绿色金融政策可以要求金融机构在进行投资时,必须考虑项目的环境影响,并制定相应的评估标准。这些政策和标准不仅提升了绿色投资的透明度和可靠性,还为数字经济的发展提供了良好的政策环境和市场信号。

(四)农村数字金融助力乡村数字经济发展

农村数字金融在推动乡村数字经济发展中发挥着越来越重要的作用,通过提供多样化的金融服务和技术支持,助力乡村经济的转型升级。农村数字金融不仅改善了农村金融服务的覆盖面和可获得性,还为乡村经济的发展提供了创新的动力和支持。

一是农村数字金融通过提升金融服务的可获得性,促进了乡村经济的包容性增长。在传统金融模式下,农村地区由于地理位置偏远和基础设施不足,金融服务的覆盖面有限。数字金融通过互联网和移动通信技术的应用,打破了地域限制，为农村居民和企业提供了更加便利和高效的金融服务。例如通过手机银行和数字钱包，农民可以随时随地进行存取款、转账和支付，极大地方便了他们的日常金融活动。此外，农村数字金融平台还能够为农民提供小额贷款、保险和投资等金融产品，满足其多样化的金融需求。

二是农村数字金融在推动农业和乡村企业的融资以及投资方面发挥了关键作用。农业和乡村企业在发展过程中往往面临融资难的问题，而传统金融机构对这些企业的支持有限。数字金融通过大数据分析和人工智能技术，能够提供更加精准的信用评估和风险控制，从而降低融资成本和门槛。例如通过数字化的贷款评估平台，农业企业可以根据其经营数据和生产情况获得贷款支持，而不再依赖传统的担保和抵押。数字金融的创新融资模式为农业和乡村企业的成长提供了有力的资金支持，促进了乡村经济的发展。

此外，农村数字金融还促进了乡村经济的数字化转型。数字化技术的应用不仅改善了农村金融服务，还推动了乡村经济的现代化进程，例如数字支付和电子商务平台的普及，使得农村产品可以更方便地进入市场，增加了农民的收入来源。同时农村数字金融平台还支持农业数据的收集和分析，帮助农民提高生产效率和管理水平。此外，农村数字金融还可以为乡村企业提供数字营销和供应链管理的解决方案，提升其市场竞争力和运营效率。

（五）科创金融助力数字技术创新

科创金融作为金融领域的一个重要分支，致力于支持和推动科技创新特别是数字技术的发展。通过为科技型企业提供专门的金融服务和支持，科创金融不仅促进了数字技术的创新和应用，还推动了经济的转型升级。

一是科创金融通过提供风险投资和创业融资，为数字技术创新提供了强有力的资金支持。数字技术的研发和应用通常需要大量的资金投入，尤其是在初创阶段，企业面临较高的风险和不确定性。科创金融通过设立风险投资基金、天使投资和创业贷款等金融产品，为科技型企业提供资金支持，帮助其克服融资难题。这些资金不仅用于技术研发和市场推广，还支持企业的规模扩张和团队建设，从而推动数字技术的快速发展和应用。

二是科创金融通过优化融资结构和提供定制化金融服务，提升了科技企业的融资效率。传统金融模式下，科技企业在融资过程中往往面临审批周期长、融资

第十章 数字经济与数字贸易协同发展路径

条件严苛等问题。科创金融通过创新金融产品和服务，如科技创新债券、科技保险和科技质押贷款等，为企业提供更加灵活和高效的融资方式。这些金融产品和服务能够根据科技企业的特点和需求进行定制，从而提高融资的便捷性和效率。

此外，科创金融还通过建立专业的金融服务平台，提供技术评估、市场分析和风险管理等综合服务，帮助科技企业优化融资决策和管理。再者，科创金融通过支持技术成果转化和产业化，推动了数字技术的应用和普及。

科技创新不仅仅停留在实验室阶段，还需要通过技术转化和商业化来实现实际应用。科创金融通过提供技术转化基金、产业投资和合作伙伴网络，帮助科技企业将技术成果转化为市场产品和服务。例如通过科创基金支持，企业可以将研发出的数字技术应用于智能制造、金融科技和医疗健康等领域，从而推动技术的广泛应用和市场化。此外，科创金融还通过促进科技企业与产业链上下游的合作，推动技术成果的产业化和规模化应用。科创金融还通过推动科技创新生态系统的建设，提升了数字技术创新的综合能力。科创金融不仅关注单一企业的融资需求，还注重整个科技创新生态系统的建设和发展。例如科创金融通过支持科技园区、创新孵化器和创业基地的建设，为科技企业提供良好的创业环境和资源支持。同时科创金融还鼓励企业之间的合作和交流，促进技术分享和知识传播，从而推动整体科技创新生态系统的健康发展。

二、数字化供应链金融助力数字贸易路径

数字化供应链金融作为现代金融服务的重要组成部分，通过运用先进的数字技术和金融工具，优化供应链中的资金流动和信息流转。在全球化和数字化的背景下，数字化供应链金融不仅提高了供应链的效率和透明度，还促进了国际贸易的顺畅进行。以下探讨数字化供应链金融如何助力数字贸易的发展路径，主要包括其在供应链管理、跨境支付和金融风险管理中的作用。

（一）数字化供应链金融提升供应链管理效率

数字化供应链金融通过将传统的供应链管理与先进的数字技术相结合，显著提升了供应链的效率。通过采用区块链技术、物联网和大数据分析等手段，数字化供应链金融能够实时追踪和监控供应链中的每一个环节，提高了供应链的透明度和可视化水平。例如区块链技术可以记录和验证供应链中每个环节的交易信

息，防止信息造假和欺诈行为，从而提升供应链的可靠性。通过数字化供应链金融平台，企业可以实时获取供应链相关数据，优化库存管理和物流安排，从而降低运营成本和提高供应链的整体运作效率。

（二）数字化供应链金融促进跨境支付的便捷性

跨境支付是国际贸易中的关键环节，而数字化供应链金融通过提供高效、安全的支付解决方案，显著提高了跨境支付的便捷性。数字化支付技术，如电子支付和虚拟货币，使得跨境交易的资金转移更加迅速和高效。例如数字化供应链金融平台可以利用实时结算技术，减少传统跨境支付中的延迟及其相关手续费。此外，智能合约技术可以自动执行支付指令，减少人为干预和错误，从而提高支付的准确性和安全性。这些技术的应用不仅提高了跨境支付的效率，还降低了交易成本，促进了国际贸易的顺畅进行。

（三）数字化供应链金融强化金融风险管理

金融风险管理是供应链金融中的重要组成部分，数字化供应链金融通过运用先进的风险评估和管理工具，帮助企业识别和应对金融风险。通过大数据分析和人工智能技术，数字化供应链金融能够实时监测和预测供应链中的潜在风险。例如人工智能可以分析供应链中的交易数据，识别异常模式和潜在的风险因素，从而提供预警和风险防控建议。此外，数字化供应链金融还可以通过保险和对冲工具，帮助企业分散和管理风险，从而降低供应链金融中的潜在损失。

数字化供应链金融通过提升供应链管理效率、促进跨境支付的便捷性和强化金融风险管理，为数字贸易的发展提供了强有力的支持。通过采用先进的数字技术和金融工具，数字化供应链金融优化了供应链的运作流程，提高了国际贸易的效率和安全性。了解数字化供应链金融在这些方面的作用，有助于更好地应对全球化和数字化带来的挑战，推动国际贸易的进一步发展。

参考文献

[1] 蔡春林，陈原.国际贸易[M].北京：对外经济贸易大学出版社，2023.

[2] 蔡宏波.国际服务贸易[M].北京：机械工业出版社，2023.

[3] 王晓红.推动贸易高质量发展[M].北京：中国言实出版社，2023.

[4] 郭爱美，李淑贞.跨境数字贸易[M].北京：北京理工大学出版社，2023.

[5] 刘园.国际金融学（第3版）[M].北京：机械工业出版社，2023.

[6] 王铂.国际贸易中的劳工标准过去现在和未来[M].武汉：武汉大学出版社，2023.

[7] 徐苗.云计算在国际贸易中的应用[M].广州：华南理工大学出版社，2023.

[8] 石士钧.多边贸易体制论基于经济学视域的思考[M].上海：上海人民出版社，2023.

[9] 张潇.区域经济合作与人民币国际化研究[M].太原：山西人民出版社，2023.

[10] 刘慧玲."一带一路"背景下西南沿边口岸经济发展战略研究[M].北京：光明日报出版社，2023.07.

[11] 彭德雷，王达坡，孙安艺.国际经贸合规风险与应对[M].上海：上海人民出版社，2023.

[12] 刘俊霞.应用型高等院校精品系列教材国际贸易学[M].北京：对外经济贸易大学出版社，2023.

[13] 廖靓.新时代我国国际经济贸易战略选择与发展趋势研究[M].吉林出版集团股份有限公司，2022.

[14] 刘妍，赵帮宏，宗义湘.中国特色蔬菜国际贸易发展研究报告[M].北京：经济管理出版社，2022.

[15]傅龙海，陈剑霞，詹小琦.国际贸易理论与实务（第6版）[M].北京：对外经济贸易大学出版社，2022.

[16]曲如晓，刘霞，李凯杰.中国对外贸易概论（第5版）[M].北京：机械工业出版社，2022.

[17]宗泊，张惠珍.国际经济法[M].武汉：武汉大学出版社，2022.

[18]蓝振峰.国际数字贸易探索与中国实践研究[M].北京：中国纺织出版社，2022.

[19]郝亮.新发展格局下的贸易政策研究[M].上海：立信会计出版社，2022.

[20]刘萧玮.经济贸易的理论与实践研究[M].北京：中国原子能出版社，2022.

[21]赵景峰.对外贸易对中国绿色发展的影响研究[M].北京：中国经济出版社，2022.

[22]金毓.数字经济与数字贸易协同发展路径研究[M].北京：中国纺织出版社，2022.

[23]张艳.跨境电商经济发展研究[M].北京：中国纺织出版社，2022.

[24]张铎，杜莹莹.金融创新与国际贸易经济发展[M].北京：经济管理出版社，2021.

[25]贺宁华，康霏.国际区域经济发展与贸易[M].北京：经济科学出版社，2021.

[26]李盾，马玉霞.国际贸易概论[M].北京：机械工业出版社，2021.

[27]赵会珍."一带一路"倡议背景下国际经济与贸易行业的发展前景探析[J].时代金融，2023(8):74-76.

[28]林发勤.你应该知道的国际贸易[M].北京：机械工业出版社，2021.

[29]张先锋.数字贸易[M].合肥：合肥工业大学出版社，2021.

[30]易瑾超.国际服务贸易[M].北京：北京理工大学出版社，2021.02.

[31]王欣静.全球化背景下国际经济与贸易发展趋势探究[J].小小说月刊(综合)，2022(16):0073-0075.

[32]宋云博，张晓君.国际网络贸易安全风险防控法律实务[M].厦门：厦门大学出版社，2021.

[33]魏震，王玉霞，郑晶晶.经济可持续发展与贸易管理研究[M].哈尔滨：哈尔滨出版社，2021.

[34]刘盈，姜滢，李娟.金融贸易发展与市场经济管理[M].汕头：汕头大学出版社，2021.

[35]杨文婧.新常态背景下中国国际服务贸易发展研究[M].长春：吉林科学技术出版社，2021.